中等职业教育课程改革"十四五"规划教材

会计综合模拟实训教程

主　编○蔡丹凤　龙配林
副主编○胡　美　王　娇

图书在版编目(CIP)数据

会计综合模拟实训教程 / 蔡丹凤,龙配林主编. —上海:立信会计出版社,2024.4(2025.7重印)
ISBN 978-7-5429-7616-1

Ⅰ. ①会… Ⅱ. ①蔡… ②龙… Ⅲ. ①会计学—教材 Ⅳ. ①F230

中国国家版本馆 CIP 数据核字(2024)第 077853 号

策划编辑	王斯龙
责任编辑	王斯龙 汤 晏
美术编辑	吴博闻

会计综合模拟实训教程

KUAIJI ZONGHE MONI SHIXUN JIAOCHENG

出版发行	立信会计出版社
地　　址	上海市中山西路 2230 号　邮政编码　200235
电　　话	(021)64411389　传　真　(021)64411325
网　　址	www.lixinaph.com　电子邮箱　lixinaph2019@126.com
网上书店	http://lixin.jd.com　http://lxkjcbs.tmall.com
经　　销	各地新华书店
印　　刷	常熟市人民印刷有限公司
开　　本	787 毫米×1092 毫米　1/16
印　　张	18.5
字　　数	302 千字
版　　次	2024 年 4 月第 1 版
印　　次	2025 年 7 月第 2 次
书　　号	ISBN 978-7-5429-7616-1/F
定　　价	49.00 元

如有印订差错,请与本社联系调换

前 言

会计学是一门实践性很强的学科,实训是会计专业教学的一个必要环节。《会计综合模拟实训教程》是贵州省"十四五"职业教育规划立项建设教材。本教材贯彻落实党的二十大精神,紧扣《企业会计准则》和相关税收制度的规定,为学生入职会计岗位前提供全面的实操训练,强化会计基础规范和实际业务技能训练,提高会计职业认知和实际操作能力。

本教材按照制造企业会计核算工作过程,模拟企业一个月发生的经济业务,完成建账、填制和审核原始凭证、填制记账凭证、登记账簿、成本计算、编制会计报表、年终转账、会计档案整理、纳税申报等工作任务,使学生分别熟练掌握企业手工账核算和会计信息化账核算的基本流程和核算技能。本教材适用于财经类各专业应用型人才培养教学,同时也可供在职财务人员、财经类专业新进教师参考使用。

本教材的特点归纳如下:

1. 手工账核算和会计信息化账核算同步。本教材由会计手工综合模拟实训和会计信息化综合模拟实训两个模块组成,根据同一套实训资料分别完成手工账和会计信息化账核算,增强学生对会计岗位的适应性。

2. 票据样式结合当前流通票据,再现企业真实业务场景。本教材涉及的经济业务均以企业真实的最新格式的原始凭证来呈现,以少量精简的文字辅助描述,从而提高学生识别、分析原始凭证的能力和理解经济业务发生过程的能力,更好地实现"业财融合"。

3. 打通职业教育"最后一公里",提升学生岗位胜任能力。本教材实现了学校会计专业教学与实际会计工作岗位的无缝对接,融入手工账操作和会计信息化操作,培养学生会计处理的综合能力。

4. 融入课程思政元素。本教材在涉及某一具体业务时,附有与该内容相关的课程思政案例,落实"以德树人"的根本任务。

5. 切实做到"在做中教、在做中学"。本教材以企业一个月完整的经济业务作为蓝本,利于开展以学生为主体的理实一体课堂。

6. 配套提供相关业务平台,为教材使用者提供便利。本教材与北京伴学科技有限公司、新道科技股份有限公司联合编写,运用北京伴学科技有限公司的"会计票据工厂"软件制作大量的票据来设计业务,运用新道科技股份有限公司的"新道教育财税云平台"作为会计信息化平台进行操作演示,并免费为教材使用者提供软件使用、教师端及学生端的平台操作手册,以便教材使用者在短期内熟练操作平台。此外,在此教材的编写过程中,企业方为我们提供了精心的业务指导,以保证经济业务及票据更加贴合实际。

本教材由贵州省毕节市财贸学校会计事务专业高级讲师蔡丹凤、龙配林担任主编,由贵州省毕节市财贸学校会计师胡美、王娇担任副主编。在此教材的编写过程中,我们得到了毕节市财贸学校领导、会计事务专业各专任教师、北京伴学科技有限公司、新道科技股份有限公司、立信会计出版社以及同行专家的大力支持和帮助,在此谨向他们表示衷心的感谢!

为了使学生在实训过程中不过分依赖参考答案及课程资源,本教材配套的电子答案、课程资源及相关账簿等未呈现在教材中,如需索取,请与编者联系(49152169@qq.com),并备注学校名称及教师姓名。

由于编者水平有限,书中可能存在不足之处,敬请读者批评指正,恳请将建议或意见发编者邮箱(49152169@qq.com),我们将在修订版中予以更正。

编者
2024 年 4 月

新道教育财税云平台网址

目 录

模块一　会计手工综合模拟实训 ·· 001
　任务一　明确实训的目的及要求 ·· 001
　任务二　了解模拟企业基本情况 ·· 002
　任务三　熟悉模拟企业会计政策和会计核算方法 ······················· 004
　任务四　模拟企业会计手工核算 ·· 006

模块二　会计信息化综合模拟实训 ·· 219
　任务一　运用信息化核算的说明 ·· 219
　任务二　建账 ··· 220
　任务三　总账系统初始化 ··· 234
　任务四　日常业务核算 ··· 259
　任务五　编制会计报表 ··· 284

模块一　会计手工综合模拟实训

任务一　明确实训的目的及要求

一、实训目的

（1）本实训旨在通过对企业会计模拟实训的操作，让学生系统地掌握企业会计核算的全过程，从而加强对所学会计理论和知识的理解与认识，完成从理论到实践的过程，为学生毕业后从事会计工作奠定坚实的基础。

（2）本实训能够帮助学生学会会计核算操作的全部基本技能，从建账、填制原始凭证、填制记账凭证到登记会计账簿；从日常会计核算、成本计算到编制会计报表、年终结账等。

二、实训目标

（1）熟悉企业会计手工核算的操作流程。
（2）掌握中小企业会计核算，能完成出纳、会计各岗位工作任务。
（3）培养会计人员基本的职业素养。

三、实训要求

（一）非分岗实训
由一人扮演出纳、会计等多个工作岗位角色，独立完成整套实训。

（二）要求
（1）填制需要补充完整的原始凭证。
（2）审核原始凭证。
（3）填制通用记账凭证。
（4）登记日记账和明细分类账。
（5）编制科目汇总表。
（6）登记总分类账。
（7）编制总账科目试算平衡表。
（8）编制资产负债表和利润表。
（9）填写纳税申报表。

四、实训材料清单

实训材料清单如表 1-1-1 所示。

表 1-1-1　　　　　　　　　　实训材料清单

序号	实训材料	份数	序号	实训材料	份数
1	记账凭证	80~100	8	应交增值税明细账	2
2	现金日记账	1	9	科目汇总表	4
3	银行存款日记账	2	10	原始凭证粘贴单	50~60
4	总分类账	45~50	11	凭证封面	2
5	三栏式明细账	100~110	12	凭证封底	2
6	数量金额式明细账	14~16	13	凭证包角	1
7	生产成本明细账	5~7			

任务二　了解模拟企业基本情况

一、模拟企业基本资料

模拟企业为贵州毕节奇伟服装有限公司,其基本信息如表 1-2-1 所示。

表 1-2-1　　　　　贵州毕节奇伟服装有限公司基本信息

企业名称	贵州毕节奇伟服装有限公司			
法定代表人	王红艳			
经营范围	服装生产、销售			
地址、电话	毕节高新技术产业开发区标准厂房 12 幢 0857-8225755			
纳税人识别号	91520500MA6DYX887D(一般纳税人)			
执行会计准则	《企业会计准则》			
基本户开户银行	中国工商银行股份有限公司贵州毕节阳光支行			
基本户账号	2406070109200063228			
基本户开户行地址	毕节市七星关区桂花路 18 号			
一般存款户开户行	中国建设银行股份有限公司贵州毕节兴旺支行			
一般存款户账号	5200169413605261674			
一般存款户开户行地址	毕节市七星关区桂花路 220 号			
会计主管	李薇薇			
会计	杨付洋	出纳		林艳艳
收款人	林艳艳	发票复核	赵宏伟	发票开票人	沈丹丹
销售主管	梁国浩	采购主管	杨子夏	生产主管	王子轩
行政主管	黄柏川	车间主管	李子涵	仓管员	李子奕
预留银行印鉴章	1. 贵州毕节奇伟服装有限公司财务专用章　2. 王红艳印			

二、企业生产组织形式和工艺流程

(一)企业生产组织形式

企业设有两个基本生产车间(西服生产车间和休闲服生产车间)和一个辅助生产车间(机修车间),生产模式为单步骤、大批量重复生产西服和休闲服,并设置专门销售机构(销售部)、行政部、财务部、仓储部等。

(二)服装生产流程

服装生产工艺流程主要包括:设计—投入布料—裁剪—缝纫—整理—质检—包装—完成。

三、主要往来单位资料

主要往来单位包括客户往来单位、供应商往来单位和其他往来单位,具体信息如表 1-2-2 至表 1-2-4 所示。

表 1-2-2　　　　　　　　　客户往来单位信息

客户编号	客户名称	社会信用代码	法人代表	地址及电话	开户银行及账号
001	毕节百货商厦有限责任公司	91520500MA6KH2D1HK	李华芳	毕节市七星关区桂花路220号,0857-8221755	中国建设银行股份有限公司贵州毕节兴旺支行 5200169413605251675
002	毕节广元商厦有限公司	91520500MA6DKH1EX6	尹丽元	毕节市七星关区清毕路8号,0857-8222496	中国建设银行股份有限公司贵州毕节兴旺支行 5200169413605254858
003	大方县万达商场有限公司	91520521MAB6K2DH1K	钱铭满	毕节市大方县奢香大道125号,0857-5221766	中国工商银行股份有限公司贵州大方银利支行 2406070109400068254

表 1-2-3　　　　　　　　　供应商往来单位信息

供应商编号	供应商名称	社会信用代码	法人代表	地址及电话	开户银行及账号
101	贵阳通黔纺织科技有限公司	91520113MA6KH2B1HR	余朝挺	贵阳市云岩区观水路25号,0851-88507551	中国建设银行股份有限公司贵阳振兴支行 5200169414805252487
102	贵阳市金誉纺织有限公司	915201300MA6AH6D1KK	胡昭焕	贵阳市观山湖区金阳路34号,0851-88564551	中国建设银行股份有限公司贵阳金碧支行 5200169414805245567 85
103	贵州清镇纺织有限公司	91520130MA6KK2DAKW	肖明玥	贵阳清镇市富强北路96号,0851-88521666	中国工商银行股份有限公司贵阳市清镇旺存支行 2406070108500084562

表 1-2-3　　　　　　　　　其他往来单位信息

其他企业名称	社会信用代码	地址及电话	开户银行及账号
贵州电网有限责任公司毕节众利供电局	91520500214402582B	毕节市桂花路14号,0857-7109182	中国工商银行股份有限公司毕节分行营业部 2406071009200002287
贵州毕节甜美水务有限责任公司	9152050221440282BW	毕节市七星关区麻园路三十米大道54号,0857-8225648	中国工商银行股份有限公司毕节分行营业部 2406071009200002256

(续表)

其他企业名称	社会信用代码	地址及电话	开户银行及账号
贵州众利永佳超市有限公司	91520502MA6NH17XJ6	毕节市七星关区洪山街道爱民广场,0857-7456823	中国工商银行股份有限公司毕节万利支行 2406071009200002298
毕节兴龙大酒店有限责任公	91520500MA6KH16XJ8	毕节市七星关区桂花路56号,0851-8229875	中国工商银行股份有限公司贵州毕节阳光支行 2406071009200045876
毕节明都大酒店有限公司	91520500MA6LR17X8J	毕节市七星关区洪山路41号,0857-8563214	中国工商银行毕节万利支行 2406071009200005897

任务三　熟悉模拟企业会计政策和会计核算方法

一、会计政策和会计核算程序

（一）执行的会计政策

该企业执行《企业会计准则》。

（二）会计核算程序

该企业采用科目汇总表核算程序，每月 15 日和月末最后一日定期汇总该期间记账凭证发生额，编制科目汇总表，并据以登记总账。记账凭证采用通用记账凭证。

二、会计核算方法

（一）存货核算方法

存货采用实际成本法核算，并按全月一次加权平均法确定发出存货的实际成本；周转材料——低值易耗品采用"一次摊销法"。

（二）固定资产折旧方法

固定资产折旧采用年限平均法计提。

（三）无形资产摊销方法

无形资产按合同约定的期限采用直线法摊销。

（四）资产减值核算方法

在资产负债表日判断资产是否存在可能发生减值的迹象。资产存在减值迹象的，要进行减值测试，估计资产的可回收金额，计提减值准备。

（五）成本核算方法

1. 基本生产成本

（1）产品成本计算采用品种法，"生产成本"总账科目下设"基本生产成本"和"辅助生产成本"两个二级明细科目。

（2）"基本生产成本"明细账，按品种设置三级明细账，设置"直接材料""直接人工"和"制造费用"成本专栏。车间外购动力费计入制造费用。直接人工费和制造费用按产品工时比例分配。

(3) 基本生产车间核算西服和休闲服。西服不核算在产品成本,生产费用全部由完工产品负担;休闲服核算在产品成本,采用约当产量法核算,原材料投入采用一次性投料法。

2. 辅助生产成本

按辅助生产车间——机修车间开设"辅助生产成本"明细账,按费用项目设置"材料费""职工薪酬""折旧费""水电费""低值易耗品摊销""办公费""其他费用"等成本专栏,归集辅助生产车间发生的各种直接费用和间接费用。月末按受益对象提供的劳务量直接分配辅助生产费用。

3. 制造费用

按基本生产车间开设"制造费用"明细账,按费用项目设置"材料费""职工薪酬""折旧费""水电费""低值易耗品摊销""办公费""其他费用"等成本专栏。月末按生产工时分配制造费用。

4. 管理费用

管理费用应按费用项目设置"职工薪酬""折旧费""水电费""低值易耗品摊销""办公费""业务招待费""差旅费""保险费""修理费""财产损耗费""租赁费""车辆费用""其他费用"等细目。

5. 销售费用

销售费用应按费用项目设置"运输费""职工薪酬""折旧费""水电费""低值易耗品摊销""办公费""广告费""差旅费""保险费""修理费""财产损耗费""租赁费""其他费用"等细目。

6. 财务费用

财务费用应按费用项目设置"利息支出""手续费""现金折扣""其他费用"等细目。

(六) 税费及社会保险费

(1) 本企业属于一般纳税人,主要税费如下:增值税税率13%,城市维护建设税税率5%,教育费附加征收率3%,地方教育附加征收率2%,企业所得税税率25%。企业所得税按季预缴,年终汇算清缴。

(2) "五险一金"包括基本养老保险、基本医疗保险、失业保险、工伤保险、生育保险、住房公积金。

(七) 利润总额的核算方法

利润总额的计算与结转采用"账结法"。

(八) 利润分配的核算

年末按税后利润的10%提取法定盈余公积;根据股东会决议按税后利润的5%计提任意盈余公积;根据股东会决议向投资者分配利润。

(九) 借款利息的计算

企业短期借款利息按月预提,按季支付;长期借款利息按月预提,按年支付。

（十）存货核算及登记方法

本企业的存货主要包括原材料及周转材料、库存商品等，其核算及登记方法如表 1-3-1 所示。

表 1-3-1　　　　　　　　　　　存货核算及登记方法

存货	核算及登记方法
原材料及周转材料	根据材料入库单等原始凭证编制记账凭证，进行材料收入的明细分类核算；每月 15 日和月末最后一日根据科目汇总表进行材料收入的总分类核算
原材料及周转材料	根据领料单在材料明细账中登记发出材料数量，计算结存数量，进行材料数量核算
原材料及周转材料	月末，采用全月一次加权平均法计算并结转发出材料成本；根据领料单汇总编制发料汇总表，并根据发料汇总表编制记账凭证，进行材料发出总分类核算
库存商品	月份内根据产成品入库单和销售单进行库存商品收发存核算
库存商品	月末，根据产品成本计算单和完工产品成本汇总表结转完工产品成本
库存商品	月末，根据产成品销售单汇总编制产品销售成本计算表，采用全月一次加权平均法计算并结转产品销售成本，进行产成品总分类核算

任务四　模拟企业会计手工核算

一、期初余额登记

（1）会计科目设置及余额登记。根据贵州毕节奇伟服装有限公司 2022 年 11 月 30 日的总分类账和明细分类账余额，按照指定的账页格式登记期初余额，完成建账工作，其总分类账及明细分类账余额如表 1-4-1 所示。

表 1-4-1　　　　　　　　　　总分类账及明细分类账余额　　　　　　　　　　单位：元

科目编号	总账科目	明细科目	借或贷	余额	账页格式
1001	库存现金		借	12 456.45	金额式
1002	银行存款		借	840 646.25	金额式
100201		工商银行毕节阳光支行	借	542 458.55	金额式
100202		建设银行毕节兴旺支行	借	298 187.70	金额式
1012	其他货币资金		借	270 000.00	金额式
101201		存出投资款	借	120 000.00	金额式
101202		银行汇票存款	借	150 000.00	金额式
1121	应收票据		借	120 000.00	金额式
112101		毕节百货商厦有限责任公司	借	120 000.00	金额式
1122	应收账款		借	445 875.20	金额式
112201		毕节百货商厦有限责任公司	借	287 584.00	金额式
112202		毕节广元商厦有限公司	借	315 854.40	金额式

(续表)

科目编号	总账科目	明细科目	借或贷	余额	账页格式
112203		大方县万达商场有限公司	贷	157 563.20	金额式
1123	预付账款		借	194 400.00	金额式
112301		贵阳通黔纺织科技有限公司	借	180 000.00	金额式
112302		贵阳市金誉纺织有限公司	贷	135 600.00	金额式
112303		贵州清镇纺织有限公司	借	150 000.00	金额式
1221	其他应收款		借	4 000.00	金额式
122101		黄柏川	借	4 000.00	金额式
1231	坏账准备		贷	865.00	金额式
123101		应收账款	贷	865.00	金额式
1402	在途物资		借	80 000.00	金额式
140201		贵阳市金誉纺织有限公司	借	80 000.00	金额式
1403	原材料		借	342 000.00	金额式
140301		原料及主要材料	借	310 000.00	金额式
14030101		西服面料	借	120 000.00	数量金额式
14030102		休闲服面料	借	80 000.00	数量金额式
14030103		西服里料	借	60 000.00	数量金额式
14030104		休闲服里料	借	50 000.00	数量金额式
140302		辅助材料	借	32 000.00	金额式
14030201		拉链	借	18 000.00	数量金额式
14030202		纽扣	借	4 000.00	数量金额式
14030203		手提纸袋	借	10 000.00	数量金额式
1405	库存商品		借	536 500.00	金额式
140501		男士西服	借	225 000.00	数量金额式
140502		女士西服	借	136 000.00	数量金额式
140503		男士休闲服	借	112 500.00	数量金额式
140504		女士休闲服	借	63 000.00	数量金额式
1411	周转材料		借	44 920.00	金额式
141101		包装物	借	4 000.00	金额式
14110101		纸箱	借	4 000.00	数量金额式
141102		低值易耗品	借	40 920.00	金额式
14110201		机修配件	借	25 500.00	数量金额式

(续表)

科目编号	总账科目	明细科目	借或贷	余额	账页格式
14110202		生产工具	借	15 420.00	数量金额式
1601	固定资产		借	1 820 000.00	金额式
160101		房屋建筑物	借	800 000.00	金额式
160102		机器设备	借	530 000.00	金额式
160103		一般设备	借	120 000.00	金额式
160104		运输工具	借	220 000.00	金额式
160105		其他设备	借	150 000.00	金额式
1602	累计折旧		贷	653 984.76	金额式
160201		房屋建筑物	贷	201 083.33	金额式
160202		机器设备	贷	232 738.93	金额式
160203		一般设备	贷	55 891.67	金额式
160204		运输工具	贷	87 083.33	金额式
160205		其他设备	贷	77 187.50	金额式
1701	无形资产		借	450 000.00	金额式
170101		土地使用权	借	450 000.00	金额式
1702	累计摊销		贷	9 000.00	金额式
170201		土地使用权摊销	贷	9 000.00	金额式
1801	长期待摊费用		借	120 000.00	金额式
180101		门面租赁费	借	120 000.00	金额式
2001	短期借款		贷	500 000.00	金额式
200101		工商银行毕节阳光支行	贷	500 000.00	金额式
2201	应付票据		贷	226 000.00	金额式
220101		贵阳市金誉纺织有限公司	贷	226 000.00	金额式
2202	应付账款		贷	322 052.40	金额式
220201		贵阳通达服装设备有限责任公司	贷	250 000.00	金额式
220202		贵州电网有限责任公司毕节众利供电局	贷	58 760.00	金额式
220203		贵州毕节甜美水务有限责任公司	贷	13 292.40	金额式
2211	应付职工薪酬		贷	364 450.40	金额式
221101		工资	贷	272 721.90	金额式
221102		职工福利费	贷	54 685.00	金额式
221105		工会经费	贷	12 456.00	金额式

(续表)

科目编号	总账科目	明细科目	借或贷	余额	账页格式
221106		职工教育经费	贷	24 587.50	金额式
2221	应交税费		贷	29 566.10	金额式
222101		应交增值税			金额式
22210101		进项税额	借	285 845.45	金额式
22210102		销项税额	贷	395 845.20	金额式
22210103		转出未交增值税	借	160 113.60	金额式
22210104		进项税额转出	贷	32 485.20	金额式
22210105		转出多交增值税	贷	17 628.65	金额式
222102		未交增值税	贷	25 856.00	金额式
222103		应交城市维护建设税	贷	1 292.80	金额式
222104		应交教育费附加	贷	775.68	金额式
222105		应交地方教育附加	贷	517.12	金额式
222106		应交个人所得税	贷	1 124.50	金额式
2231	应付利息		贷	31 500.00	金额式
223101		工商银行毕节阳光支行	贷	4 000.00	金额式
223102		建设银行毕节兴旺支行	贷	27 500.00	金额式
2501	长期借款		贷	500 000.00	金额式
250101		建设银行毕节兴旺支行	贷	500 000.00	金额式
4001	实收资本		贷	1 000 000.00	金额式
400101		王红艳	贷	500 000.00	金额式
400102		蔡筱雨	贷	300 000.00	金额式
400103		武维齐	贷	200 000.00	金额式
4002	资本公积		贷	100 000.00	金额式
400201		资本溢价	贷	100 000.00	金额式
4101	盈余公积		贷	457 304.73	金额式
410101		法定盈余公积	贷	305 019.90	金额式
410102		任意盈余公积	贷	152 284.83	金额式
4103	本年利润		贷	654 785.60	金额式
4104	利润分配		贷	501 748.91	金额式
410401		未分配利润	贷	501 748.91	金额式
5001	生产成本		借	70 460.00	金额式
500101		基本生产成本	借	70 460.00	金额式
50010101		男士西服	借		金额式

(续表)

科目编号	总账科目	明细科目	借或贷	余额	账页格式
50010102		女士西服	借		金额式
50010103		男士休闲服	借	44 580.00	金额式
50010104		女士休闲服	借	25 880.00	金额式
500102		辅助生产成本（机修车间）			金额式
5101	制造费用				金额式
6001	主营业务收入				金额式
6111	投资收益				金额式
6301	营业外收入				金额式
6401	主营业务成本				金额式
6403	税金及附加				金额式
640301		城市维护建设税			金额式
640302		教育费附加			金额式
640303		地方教育附加			金额式
640304		车船税			金额式
6601	销售费用	按费用项目			金额式
6602	管理费用	按费用项目			金额式
6603	财务费用	按费用项目			金额式
6711	营业外支出				金额式
6801	所得税费用				金额式

（2）2022年11月30日存货明细如表1-4-2所示。

表1-4-2　　　　　　　　　2022年11月30日存货明细资料　　　　　　金额单位：元

存货类别	小类	品名	单位	数量	单价	金额
原材料	原料及主要材料	西服面料	米	800	150.00	120 000.00
		休闲服面料	米	1 000	80.00	80 000.00
		西服里料	米	1 000	60.00	60 000.00
		休闲服里料	米	1 000	50.00	50 000.00
	辅助材料	拉链	条	500	36.00	18 000.00
		纽扣	包	40	100.00	4 000.00
		手提纸袋	个	1 000	10.00	10 000.00
周转材料	包装物	纸箱	个	200	20.00	4 000.00
	低值易耗品	机修配件	套	30	850.00	25 500.00
		生产工具	套	40	385.50	15 420.00

(续表)

存货类别	小类	品名	单位	数量	单价	金额
库存商品	西服	男士西服	套	300	750.00	225 000.00
		女士西服	套	200	680.00	136 000.00
	休闲服	男士休闲服	件	300	375.00	112 500.00
		女士休闲服	件	150	420.00	63 000.00
生产成本（在产品）	休闲服	男士休闲服	件	150	297.20	44 580.00
		女士休闲服	件	120	215.67	25 880.00
在途物资	金誉纺织	休闲服面料	米	1 000	80.00	80 000.00

(3) 2022年11月30日固定资产明细如表1-4-3所示（特别说明：为减少期初固定资产卡片录入，固定资产明细清单作了汇总简化）。

表1-4-3　　　　　　　　　2022年11月30日固定资产明细

资产类别	资产名称	原值(元)	累计已提折旧(元)	预计净残值(元)	预计使用年限(年)
房屋建筑物	办公楼	500 000.00	128 645.83	25 000.00	20
	生产厂房	300 000.00	72 437.50	15 000.00	20
机器设备	缝纫机	300 000.00	143 888.89	20 000.00	6
	裁剪机	150 000.00	74 916.67	5 000.00	5
	锁边机	80 000.00	13 933.37	4 000.00	5
一般设备	变压器	50 000.00	23 750.00	2 500.00	5
	维修设备机器	70 000.00	32 141.67	3 500.00	5
运输设备	大众牌轿车	220 000.00	87 083.33	11 000.00	5
其他设备	计算机	150 000.00	77 187.50	7 500.00	4
合　计		1 820 000.00	653 984.76	93 500.00	

(4) 2022年在产品数量及成本项目如表1-4-4所示。

表1-4-4　　　　　　　　　2022年在产品数量及成本项目资料

产品名称	期初在产品数量及成本项目	期末在产品数量	完工百分比
男士西服	0	0	
女士西服	0	0	
男士休闲服	150件(直接材料费31 206.00元；直接人工费11 145.00元；制造费用2 229.00元)	100件	50%
女士休闲服	120件(直接材料费18 116.00元；直接人工费6 470.00元；制造费用1 294.00元)	100件	50%

(5) 本月产品产量及生产工时如表1-4-5所示。

表 1-4-5　　　　　　　　　　本月产品产量及生产工时

产品名称	产量(件)	实际工时(小时)
男士西服	400	3 500
女士西服	300	2 100
男士休闲服	1 000	5 200
女士休闲服	450	2 400
合计	2 150	13 200

（6）损益类账户 1～11 月账户累计发生额如表 1-4-6 所示。

表 1-4-6　　　　　　损益类账户 1～11 月账户累计发生额

账户名称	借或贷	1～11 月累计发生额(元)
6001 主营业务收入	贷	11 677 522.05
6051 其他业务收入	贷	645 000.00
6111 投资收益	贷	30 000.00
6301 营业外收入	贷	10 000.00
6403 税金及附加	借	25 875.56
640303 城市维护建设税	借	12 258.53
640304 教育费附加	借	7 355.12
640305 印花税	借	1 358.50
640306 地方教育附加	借	4 903.41
6601　销售费用	借	895 850.00
660101 职工薪酬	借	785 856.50
660102 业务费	借	12 000.00
660103 展览费	借	45 000.00
660105 广告费	借	30 000.00
660106 运输费用	借	22 993.50
6602　管理费用	借	1 495 131.40
660201 职工薪酬	借	1 159 550.00
660202 业务招待费	借	45 000.00
660203 办公费	借	75 648.50
660204 差旅费	借	35 485.00
660205 水电费	借	86 704.15

(续表)

账户名称	借或贷	1~11月累计发生额(元)
660206 折旧费	借	92 743.75
6603 财务费用	借	106 415.00
660301 手续费	借	3 455.00
660302 利息支出	借	102 960.00
6711 营业外支出	借	45 000.00
6801 所得税费用	借	218 261.87

二、会计业务核算处理

根据贵州毕节奇伟服装有限公司2022年12月发生的经济业务资料和原始凭证,完成会计核算处理。

(一) 经济业务资料

【业务1】1日,通过网银付款从贵阳通黔纺织科技有限公司购入西服面料一批。

【业务2】1日,基本生产车间领用材料一批。

【业务3】1日,借入2年期生产周转借款,年利率6%,按年支付利息,期满还本。

【业务4】2日,上月在途材料验收入库。

【业务5】4日,通过网银方式支付上月电费。

【业务6】5日,向毕节广元商厦有限公司销售男士西服200套,单价1 250.00元,增值税税率13%,货款未收到。

【业务7】5日,通过网银付款方式从贵州毕节永达纸品包装有限公司购入材料一批。

【业务8】6日,签发现金支票提取现金10 000.00元备用。

【业务9】6日,入库服装一批。

【业务10】7日,行政部李小燕预借差旅费3 000.00元,现金支票付讫。

【业务11】8日,购入生产设备一批。

【业务12】10日,存款账户之间划转款项。

【业务13】10日,缴纳11月税费。

【业务14】11日,通过网银付款方式购买办公用品。

【业务15】12日,李小燕报销差旅费。

【业务16】13日,通过网银付款方式购买商标权。

【业务17】13日,签发支票支付招聘人员广告费。

【业务18】14日,销售原材料。

【业务19】15日,签发转账支票委托银行代发2022年11月工资。

【业务20】15日,签发转账支票支付招待费。

【业务21】15日,通过网银付款方式支付上月水费。

【业务22】15日,领用材料。

【业务23】15日,销售服装一批。

【业务24】15日,通过网银付款方式缴纳职工住房公积金。

【业务25】15日,申报缴纳本月职工社会保险费。

【业务26】15日,现金支付食堂购买食材款。

【业务27】15日,收到通过预付款方式购入的材料,差额尚未补付。

【业务28】15日,收回前欠货款。

【业务29】15日,申报缴纳印花税(按次申报)。

【业务30】15日,销售部领用包装纸箱。

【业务31】15日,支付银行手续费。

【业务32】16日,银行承兑汇票到期收款。

【业务33】17日,购入股票。

【业务34】18日,支付设备维修费。

【业务35】19日,支付销售商品运输费。

【业务36】19日,销售商品一批。

【业务37】20日,基本生产车间领用材料。

【业务38】20日,偿还2年期借款,并支付本年度利息30 000.00元,已计提27 500.00元。

【业务39】21日,收到银行存款利息。

【业务40】21日,支付第4季度借款利息6 000.00元(已预提4 000.00元)。

【业务41】22日,购买办公用计算机。

【业务42】22日,销售包装纸箱。

【业务43】23日,生产车间领用生产工具(一次摊销)。

【业务44】23日,基本生产车间领用材料。

【业务45】24日,支付慰问金。

【业务46】24日,签发转账支票购买食堂食材。

【业务47】25日,通过网银付款方式预付货款。

【业务48】26日,签发转账支票捐款。

【业务49】26日,通过网银付款方式缴纳轿车保险费。

【业务50】27日,销售服装,款项通过网银收讫。

【业务51】27日,签发转账支票支付报刊费。

【业务52】28日,签发转账支票支付招待费。

【业务53】29日,报销轿车费用。

【业务54】29日,支付毕节市电信公司费用。

【业务55】31日,签发转账支票支付广告。

【业务56】31日,入库产品一批。

【业务57】31日,用现金支付行政部王玥报销业务招待费。

【业务58】31日,计提本月长期借款利息:本金1 300 000.00元,利率6%。

【业务59】31日,结转发出材料成本。

【业务60】31日,分配本月电费。

【业务61】31日,分配本月水费。

【业务62】31日,计提本月工资。

【业务63】31日,计提本月工资附加费(职工福利费14%,工会经费2%,职工教育经费3%)。

【业务64】31日,结转本月单位负担的社会保险费及住房公积金。

【业务65】31日,计提固定资产折旧。

【业务66】31日,摊销无形资产。

【业务67】31日,分配辅助生产费用。

【业务68】31日,结转制造费用。

【业务69】31日,结转完工产品成本。

【业务70】31日,计算结转原材料销售成本。

【业务71】31日,计算结转销售产品成本。

【业务72】31日,计算及结转本月未交增值税。

【业务73】31日,计提本月附加税费。

【业务74】31日,计提坏账准备。

【业务75】31日,补提2022年全年所得税(不考虑纳税调整)。

【业务76】31日,结转本月损益类账户。

【业务77】31日,计提盈余公积。

【业务78】31日,向股东分配股利。

【业务79】31日,向股东支付已分配股利。

【业务80】31日,年终结转"本年利润"账户。

【业务81】31日,结转"利润分配"相关明细账户。

【业务82】31日,结转"应交税费——应交增值税"所有三级明细账户。

(二)会计业务原始凭证

上述经济业务涉及的原始凭证如凭证1-1至凭证82-1所示。

凭证1-1

贵州毕节奇伟服装有限公司 付款申请单

申请部门:采购部　　　　　　　　　　　　　　　2022 年 12 月 01 日

摘　要	购买西服面料			合同编号	1234
合同金额	壹拾伍万零肆佰陆拾捌元整			已付金额	
付款金额	人民币(大写)壹拾伍万零肆佰陆拾捌元整			¥150 468.00	
付款方式	□现金　☑网银转账	□转账支票　□电汇	□银行汇票　□银行本票	□银行承兑汇票　□其他	用款日期 2022-12-01
收款单位	贵阳通黔纺织科技有限公司			领款人	燕明妮
总经理:王红艳		财务部经理:李薇薇		部门经理:杨子夏	经办人:陈辰

凭证1-1
　　经济业务处理提示：付款方式：网银转账。

凭证 1-2

材料入库单

发票号码：30571347、96716082
供应单位：贵阳通黔纺织科技有限公司　　　　　　　　　　　　　收料单编号：0001
收发类别：原料及主要材料　　　2022 年 12 月 01 日　　　　收料仓库：材料仓

编号	名称	规格	单位	数量 应收	数量 实收	实际成本(元) 买价 单价	实际成本(元) 买价 金额	运杂费	其他	合计
01	西服面料		米	1200	1200	110.00	132 000.00	1 200.00		133 200.00
合计				1200	1200		¥132 000.00	¥1 200.00		¥133 200.00
备注										

采购员：杨子夏　　　检验员：李子奕　　　记账员：杨付洋　　　保管员：李子奕

凭证 1-3

贵州增值税电子专用发票

发票代码：877352153987
发票号码：30571347
开票日期：2022年12月01日
校验码：62901528645036828631

机器编号：679466443691

购买方
名称：贵州毕节奇伟服装有限公司
纳税人识别号：91520500MA6DYX887D
地址、电话：毕节高新技术产业开发区标准厂房12幢0857- 8225755
开户行及账号：中国工商银行股份有限公司贵州毕节阳光支行2406070109200063228

密码区：
8%940*9>70*#*70%>>7*47399*929
0%2%167%>7->02-5591144>25*#4
13#77026911>2-1%9%5723*64>**
1969>0%#6>8*1-118>756-05#96

项目名称	规格型号	单位	数量	单价	金额	税率	税额
西服面料		米	1200	110.00	132000.00	13%	17160.00
合计					¥132000.00		¥17160.00
价税合计（大写）	⊗ 壹拾肆万玖仟壹佰陆拾元整				(小写) ¥149160.00		

销售方
名称：贵阳通黔纺织科技有限公司
纳税人识别号：91520113MA6KH2BIHR
地址、电话：贵阳市云岩区观水路25号0851-88507551
开户行及账号：中国建设银行股份有限公司贵阳振兴支行5200169414805252487

收款人：章猛华　　复核：金月辉　　开票人：燕明妮

凭证 1-2

经济业务处理提示：所购西服面料已经验收入库，通过"原材料"账户核算。

凭证 1-3

经济业务处理提示：取得增值税专用发票，税额为 17 160 元。

凭证1-4

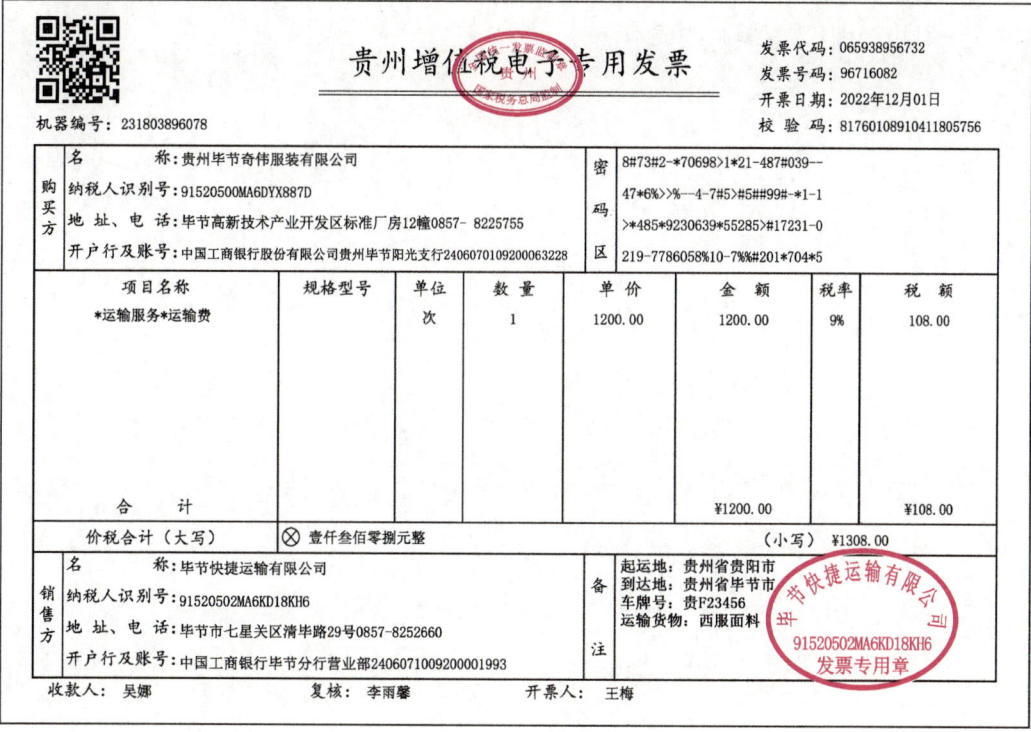

凭证1-5

中国工商银行 网银回单　　付款凭证

日期：　2022　年　12　月　01　日　　回单编号：1346

付款人户名：贵州毕节奇伟服装有限公司　　付款人开户行：中国工商银行股份有限公司贵州毕节阳光支行

付款人账号（卡号）：2406070109200063228

收款人户名：贵阳通黔纺织科技有限公司　　收款人开户行：中国建设银行股份有限公司贵阳振兴支行

收款人账号（卡号）：5200169414805252487

金额：人民币壹拾伍万零肆佰陆拾捌元整　　小写：¥150 468.00

业务（产品）种类：　　凭证种类：　　凭证号码：

摘要：支付材料费　　用途：　　币种：

交易机构：　　记账柜员：　　交易代码：　　渠道：

附言：

支付交易序号：

报文种类：　　委托日期：　　业务种类：

本回单为第　1　次打印，注意重复　　打印日期：2022.12.01　　打印柜员：　　验证码：

凭证 1-4

经济业务处理提示：采购费用（运输费）1 200元，取得增值税专用发票，税额为108元，采购费用计入材料采购成本。

凭证 2-1

领 料 单

领用部门：基本生产车间
仓库：材料仓　　　　2022 年 12 月 01 日　　　　编号：0001

编号	类别	材料名称	规格	单位	数量		实际成本(元)	
					请领	实发	单价	金额
	主要材料	西服面料		米	300	300		
	主要材料	西服里料		米	100	100		
	辅助材料	纽扣		包	3	3		
	辅助材料	手提袋		个	200	200		
用途	生产女士西服				领料部门		发料部门	
					负责人	领料人	核准人	发料人
					王子轩	李子涵	周金华	李子奕

第三联 记账联

凭证 2-2

领 料 单

领用部门：基本生产车间
仓库：材料仓　　　　2022 年 12 月 01 日　　　　编号：0002

编号	类别	材料名称	规格	单位	数量		实际成本(元)	
					请领	实发	单价	金额
	主要材料	休闲服面料		米	500	500		
	主要材料	休闲服里料		米	300	300		
	辅助材料	拉链		条	300	300		
	辅助材料	纽扣		包	1	1		
	辅助材料	手提袋		个	400	400		
用途	生产男士休闲服				领料部门		发料部门	
					负责人	领料人	核准人	发料人
					王子轩	李子涵	周金华	李子奕

第三联 记账联

凭证 2-1

经济业务处理提示：根据领料单登记原材料明细账的发出和结存数量，待月末计算加权平均单价后结转发出材料成本及结存材料成本，领用材料时不填制记账凭证。

凭证 2-2

经济业务处理提示：根据领料单登记原材料明细账的发出和结存数量，待月末计算加权平均单价后结转发出材料成本及结存材料成本，领用材料时不填制记账凭证。

凭证 2-3

领 料 单

领用部门：基本生产车间
仓库：材料仓　　　　　　　2022 年 12 月 01 日　　　　　　　编号：0003

编号	类别	材料名称	规格	单位	数量		实际成本(元)	
					请领	实发	单价	金额
	主要材料	西服面料		米	400	400		
	主要材料	西服里料		米	150	150		
	辅助材料	拉链		条	200	200		
	辅助材料	纽扣		包	4	4		
	辅助材料	手提袋		个	200	200		
用途	生产男士西服				领料部门		发料部门	
					负责人	领料人	核准人	发料人
					王子轩	李子涵	周金华	李子奕

第三联　记账联

凭证 2-4

领 料 单

领用部门：基本生产车间
仓库：材料仓　　　　　　　2022 年 12 月 01 日　　　　　　　编号：0004

编号	类别	材料名称	规格	单位	数量		实际成本(元)	
					请领	实发	单价	金额
	主要材料	休闲服面料		米	200	200		
	主要材料	休闲服里料		米	200	200		
	辅助材料	纽扣		包	3	3		
	辅助材料	手提袋		个	200	200		
用途	生产女士休闲服				领料部门		发料部门	
					负责人	领料人	核准人	发料人
					王子轩	李子涵	周金华	李子奕

第三联　记账联

凭证 2-3

经济业务处理提示：根据领料单登记原材料明细账的发出和结存数量，待月末计算加权平均单价后结转发出材料成本及结存材料成本，领用材料时不填制记账凭证。

凭证 2-4

经济业务处理提示：根据领料单登记原材料明细账的发出和结存数量，待月末计算加权平均单价后结转发出材料成本及结存材料成本，领用材料时不填制记账凭证。

凭证 3-1

借款合同

　　经　中国建设银行股份有限公司贵州毕节兴旺支行　(以下简称贷款方)与　贵州毕节奇伟服装有限公司　(以下简称借款方)充分协商，签订本合同，共同遵守。

　　第一、由贷款方提供贷款　壹佰叁拾万元整　(¥1 300 000)给借方，贷款期限自 2022 年 12 月 01 日至 2024 年 12 月 01 日。

　　第二、贷款方应按期、按额向借款方提供贷款，否则，按违约数额和延期天数，付给借款方违约金。违约金数额的计算，与逾期贷款罚息相同，即为 百万分之五 。

　　第三、贷款月利率为银行同期年月利率　0.5%　，每年　12　月结息，如遇调整，按调整的新利率和计息办法执行。利息支付方式为 按年支付利息,期满还本 。

　　第四、借款方应按协议使用贷款，不得转移用途。否则，贷款方有权停止发放新贷款，直至收回已发放的贷款。

　　第五、借款方保证按借款契约所定期限归还贷款本息。如需延期，借款方最迟在贷款到期前　3　天，提出延期申请，经贷款方同意，办理延期手续。但延期最长不得超过原定期限的一半。贷款方未同意延期或未办理延期手续的逾期贷款，加收罚息。

　　第六、贷款到期后　1　个月，如借款方不归还贷款，贷款方有权依照法律程序处理借款方作为贷款抵押的物资和财产，抵还借款本息。

　　第七、本协议书一式　2　份，借贷款双方各执正本　1　份。自双方签字起即生效。
……
　　第十一、合同争议的解决方式

　　本合同在履行过程中发生的争议，由借贷双方协商解决；协商不成的依法向人民法院提起诉讼

贷款方：_____　　　借款方：贵州毕节奇伟服装有限公司
法定代表人：_____　　　法定代表人：王红艳
签订日期：　2022　年　12　月　01　日　　签订日期：　2022　年　12　月　01　日

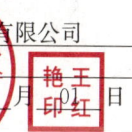

思政案例
(非流动负债)

凭证 3-2

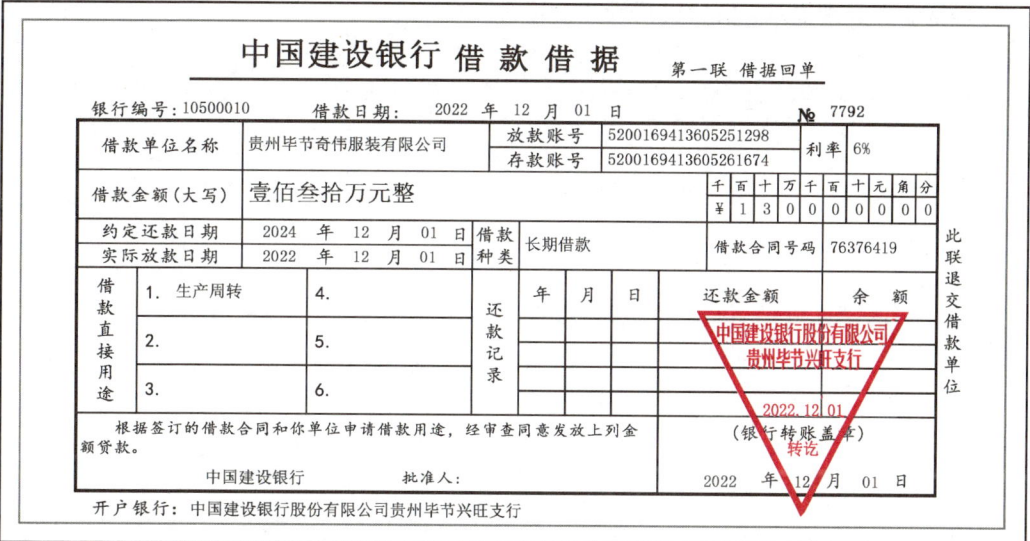

凭证 3-1
经济业务处理提示：借款期限 2 年。

凭证 3-2
经济业务处理提示：借款银行为建设银行。

凭证 4-1

材料入库单

发票号码：50795421
供应单位：贵阳市金誉纺织有限公司 收料单编号：0002
收发类别：原料及主要材料　　2022 年 12 月 02 日　　收料仓库：材料仓

编号	名称	规格	单位	数量 应收	数量 实收	实际成本(元) 买价 单价	实际成本(元) 买价 金额	运杂费	其他	合计
	休闲服面料		米	1000	1000	80.00	80 000.00			80 000.00
	合计			1000	1000		¥80 000.00			¥80 000.00
	备注									

采购员：杨子夏　　检验员：李子奕　　记账员：杨付洋　　保管员：李子奕

凭证 5-1

贵州毕节奇伟服装有限公司 付款申请单

申请部门：行政部　　　　　　　　　　　　　　　　　　2022 年 12 月 04 日

摘要	支付上月电费	合同编号	
合同金额		已付金额	
付款金额	人民币（大写）伍万捌仟柒佰陆拾元整		¥58 760.00
付款方式	□现金　□转账支票　□银行汇票　□银行承兑汇票　☑网银转账　□电汇　□银行本票　□其他	用款日期	2022-12-04
收款单位	贵州电网有限责任公司毕节众利供电局	领款人	章启立

总经理：王红艳　　财务部经理：李薇薇　　部门经理：黄柏川　　经办人：李子涵

凭证 5-2

中国工商银行　网银回单　　　　　　　　　　**付款凭证**

日期：2022 年 12 月 04 日　　回单编号：0954

付款人户名：贵州毕节奇伟服装有限公司　　付款人开户行：中国工商银行股份有限公司贵州毕节阳光支行
付款人账号（卡号）：2406070109200063228
收款人户名：贵州电网有限责任公司毕节众利供电局　　收款人开户行：中国工商银行毕节分行营业部
收款人账号（卡号）：2406071009200002287
金额：人民币伍万捌仟柒佰陆拾元整　　　　　　　　　　　　　　　　　小写：¥58 760.00

业务（产品）种类：　　　凭证种类：　　　凭证号码：
摘要：支付上月电费　　　用途：　　　币种：
交易机构：　　　记账柜员：　　　交易代码：　　　渠道：
附言：
支付交易序号：
报文种类：　　　委托日期：　　　业务种类：
本回单为第 1 次打印，注意重复　　打印日期：2022.12.04　　打印柜员：　　　验证码：

凭证 4-1
经济业务处理提示：根据入库单，进行"原材料"核算，结转"在途物资"。

凭证 5-1
经济业务处理提示：付款方式：网银转账。

凭证 5-2
经济业务处理提示：付款单位为贵州电网有限责任公司毕节众利供电局，查询"应付账款"期初余额为 58 760 元。

凭证 6-1

思政案例
（应收账款）

销 售 单

购货单位：毕节广元商厦有限公司	地址和电话：毕节市七星关区清毕路8号0857-8222496	单据编号：0001
纳税识别号：91520500MA6DKH1EX6	开户行及账号：中国建设银行股份有限公司贵州毕节兴旺支行5200169413605254858	制单日期：2022年12月05日

编码	产品名称	规格	单位	单价	数量	金额	备注
01	男士西服		套	1 250.00	200	250 000.00	
合计	人民币（大写）：贰拾伍万元整					¥250 000.00	

总经理：王红艳　　销售经理：梁国浩　　经办人：李子涵　　会计：杨付洋　　签收人：陈一

凭证 6-2

凭证 7-1

贵州毕节奇伟服装有限公司　付款申请单

2022 年 12 月 05 日

申请部门：行政部				
摘　要	支付购入手提袋费用		合同编号	
合同金额			已付金额	
付款金额	人民币（大写）壹万玖仟柒佰柒拾伍元整			¥19 775.00
付款方式	□现金　　□转账支票　　□银行汇票　　□银行承兑汇票		用款日期	2022-12-05
	☑网银转账　□电汇　　　□银行本票　　□其他			
收款单位	贵州毕节永达纸品包装有限公司		领款人	陈芳

总经理：王红艳　　财务部经理：李薇薇　　部门经理：黄柏川　　经办人：李子奕

凭证 6-2

经济业务处理提示：购货单位为毕节广元商厦有限公司，商品已经发出，登记库存商品明细账，开出增值税专用发票，款项未收到。

凭证 7-1

经济业务处理提示：付款方式：网银转账。

凭证 7-2

材料入库单

发票号码：93367813
供应单位：贵州毕节永达纸品包装有限公司 收料单编号：0003
收发类别：辅助材料 2022 年 12 月 05 日 收料仓库：材料仓

编号	名称	规格	单位	数量 应收	数量 实收	实际成本 买价 单价	实际成本 买价 金额	运杂费	其他	合计
	手提袋		个	2500	2500	7.00	17 500.00			17 500.00
	合　　计			2500	2500		¥17 500.00			¥17 500.00
	备　　注									

采购员：杨子夏　　检验员：李子奕　　记账员：杨付洋　　保管员：李子奕

凭证 7-3

凭证 7-2

经济业务处理提示：购买手提袋已验收入库。

凭证 7-3

经济业务处理提示：取得增值税专用发票，买价为 17 500 元，税额为 2 275 元。

凭证 7-4

中国工商银行 网银回单　　　　　　　　　　　付款凭证

日期：2022 年 12 月 05 日　　回单编号：2668

付款人户名：贵州毕节奇伟服装有限公司　　　　付款人开户行：中国工商银行股份有限公司贵州毕节阳光支行
付款人账号（卡号）：2406070109200063228
收款人户名：贵州毕节永达纸品包装有限公司　　收款人开户行：中国建设银行股份有限公司贵州毕节兴旺支行
收款人账号（卡号）：5200169413605252469
金额：人民币壹万玖仟柒佰柒拾伍元整　　　　　小写：¥19 775.00
业务（产品）种类：　　　凭证种类：　　　　　凭证号码：
摘要：支付购入手提袋费用　用途：　　　　　　币种：
交易机构：　　　　记账柜员：　　交易代码：　　渠道：
附言：
支付交易序号：
报文种类：　　　委托日期：　　　　　　　　　业务种类：
本回单为第 1 次打印，注意重复　打印日期:2022.12.05　打印柜员：

凭证 8-1

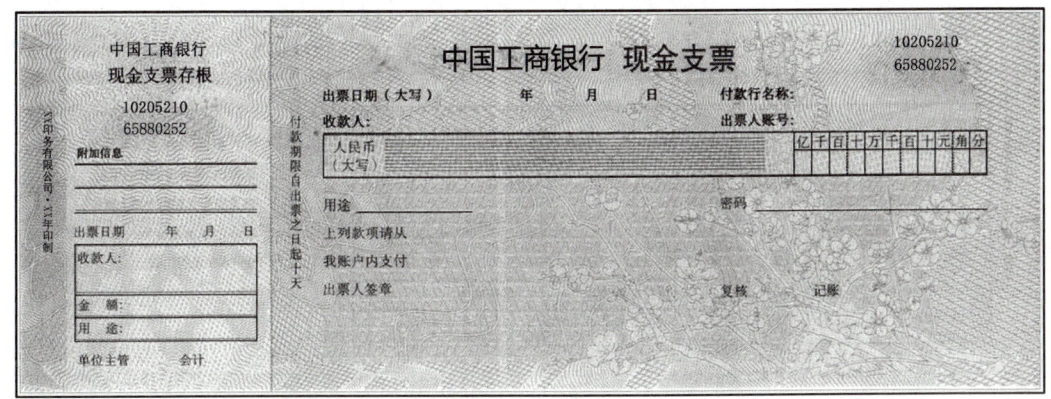

思政案例
（库存现金）

凭证 8-1

经济业务处理提示：2022 年 12 月 6 日签发现金支票提取备用金 10 000 元，填写现金支票并加盖银行预留印鉴章，收款单位是本单位，支票背面还需要背书加盖本单位银行预留印鉴章。

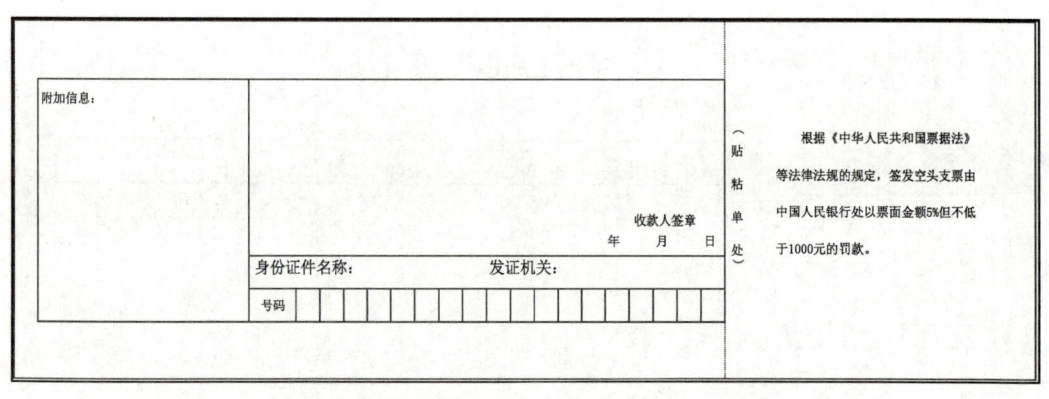

凭证 9-1

思政案例
（存货）

产成品入库单

交库单位：生产车间　　　　2022 年 12 月 06 日　　　　仓库：成品仓　编号：0001

产品编号	产品名称	规格	计量单位	数量 送检	数量 实收	单位成本	总成本	备注
	男士西服		套	100	100			
	女士西服		套	120	120			
	男士休闲服		套	600	600			
	女士休闲服		套	350	350			

仓库主管：周金华　　保管员：李子奕　　记账：杨付洋　　制单：李子奕

第二联 记账联

凭证 10-1

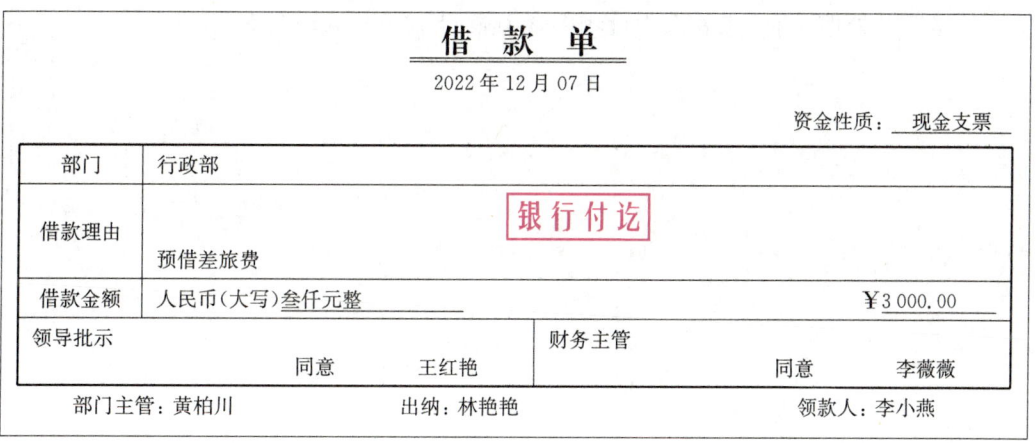

借 款 单
2022 年 12 月 07 日

资金性质：现金支票

部门	行政部
借款理由	预借差旅费
借款金额	人民币（大写）叁仟元整　　　￥3 000.00
领导批示	同意　王红艳	财务主管	同意　李薇薇

部门主管：黄柏川　　出纳：林艳艳　　领款人：李小燕

银行付讫

凭证 10-2

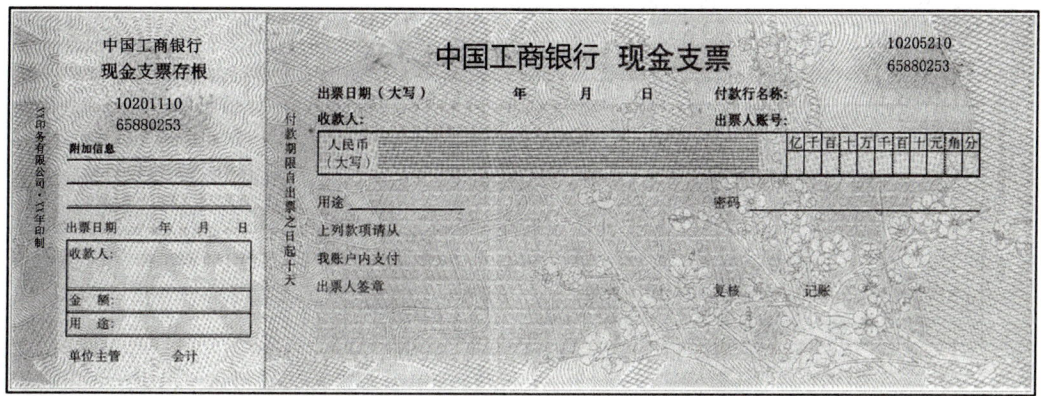

中国工商银行　现金支票

凭证 9-1

经济业务处理提示：产品生产完工，验收入库，登记"库存商品"明细账，不填制记账凭证。

凭证 10-1

经济业务处理提示：借款人为行政部李小燕，支付方式为现金支票。

凭证 10-2

经济业务处理提示：填写现金支票并加盖本单位银行预留印鉴章，收款人为李小燕，支票背面需要填写李小燕的身份信息。

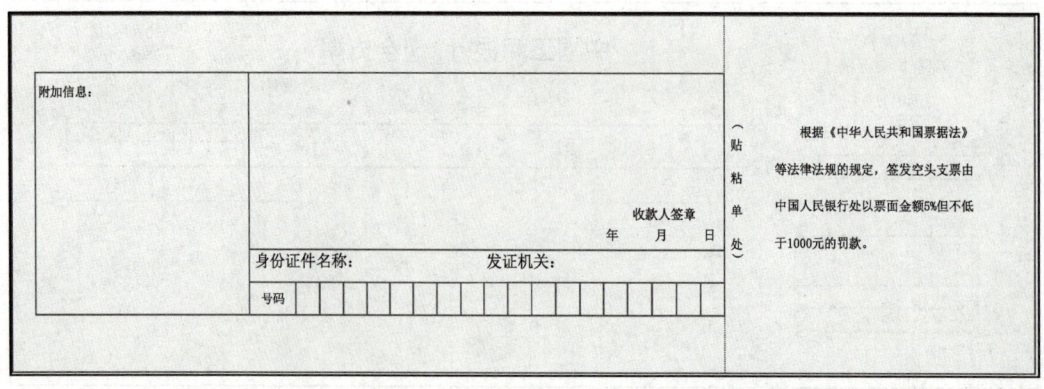

凭证 11-1

贵州毕节奇伟服装有限公司　付款申请单

申请部门：生产部　　　　　　　　　　　　　　　　　　2022 年 12 月 08 日

摘　要	购进智能缝纫机			合同编号	34670892
合同金额	贰拾贰万陆仟元整			已付金额	¥0.00
付款金额	人民币（大写）贰拾贰万陆仟元整				¥226 000.00
付款方式	□现金　　□转账支票　　□银行汇票　　□银行承兑汇票 ☑网银转账　□电汇　　　□银行本票　　□其他			用款日期	2022-12-08
收款单位	贵阳通达服装设备有限责任公司			领款人	刘媛
总经理：王红艳	财务部经理：李薇薇	部门经理：王子轩		经办人：陈辰	

思政案例
（固定资产）

凭证 11-2

贵州毕节奇伟服装有限公司　付款申请单

申请部门：生产部　　　　　　　　　　　　　　　　　　2022 年 12 月 08 日

摘　要	支付运输费			合同编号	34670892
合同金额	陆仟伍佰肆拾元整			已付金额	
付款金额	人民币（大写）陆仟伍佰肆拾元整				¥6 540.00
付款方式	□现金　　☑转账支票　　□银行汇票　　□银行承兑汇票 □网银转账　□电汇　　　□银行本票　　□其他			用款日期	2022-12-08
收款单位	毕节快捷运输有限公司			领款人	吴娜
总经理：王红艳	财务部经理：李薇薇	部门经理：王子轩		经办人：陈辰	

凭证 11-3

固定资产验收单

公司名称：贵州毕节奇伟服装有限公司

资产编号	0214	资产名称		智能缝纫机	
规格（编号）		资产代码		管理人	黄柏川
计量单位	台	单价(元)	¥40 000.00	金额(元)	¥40 000.00
出厂日期	2022 年 12 月 08 日		购置日期	2022 年 12 月 08 日	
生产厂家	贵阳通达服装设备有限责任公司		安装地点	毕节高新技术产业开发区标准厂房12幢	
附件情况					
固定资产验收情况说明： 验收合格					
验收确认： 合格				验收日期：　2022 年 12 月 08 日	
管理部门负责人签字：王子轩					
公司总经理签字：　　王红艳					

注：此表一式三份，使用部门、保管部门、财务部门各一份。

凭证 11-1

经济业务处理提示：付款方式：网银转账。

凭证 11-2

经济业务处理提示：支付运输费，付款方式：转账支票。

凭证 11-3

经济业务处理提示：固定资产验收入库。

凭证 11-4

固定资产验收单

公司名称：贵州毕节奇伟服装有限公司

资产编号	0215		资产名称		智能缝纫机	
规格（编号）			资产代码		管理人	黄柏川
计量单位	台		单价（元）	¥40 000.00	金额（元）	¥40 000.00
出厂日期	2022 年 12 月 08 日			购置日期	2022 年 12 月 08 日	
生产厂家	贵阳通达服装设备有限责任公司			安装地点	毕节高新技术产业开发区标准厂房12幢	
附件情况						

固定资产验收情况说明：
验收合格

验收确认：
合格

验收日期：2022 年 12 月 08 日

管理部门负责人签字：王子轩

公司总经理签字： 王红艳

注：此表一式三份，使用部门、保管部门、财务部门各一份。

凭证 11-5

固定资产验收单

公司名称：贵州毕节奇伟服装有限公司

资产编号	0216		资产名称		智能缝纫机	
规格（编号）			资产代码		管理人	黄柏川
计量单位	台		单价（元）	¥40 000.00	金额（元）	¥40 000.00
出厂日期	2022 年 12 月 08 日			购置日期	2022 年 12 月 08 日	
生产厂家	贵阳通达服装设备有限责任公司			安装地点	毕节高新技术产业开发区标准厂房12幢	
附件情况						

固定资产验收情况说明：
验收合格

验收确认：
合格

验收日期：2022 年 12 月 08 日

管理部门负责人签字：王子轩

公司总经理签字： 王红艳

注：此表一式三份，使用部门、保管部门、财务部门各一份。

凭证 11-4

经济业务处理提示：固定资产验收入库。

凭证 11-5

经济业务处理提示：固定资产验收入库。

凭证 11-6

固定资产验收单

公司名称：贵州毕节奇伟服装有限公司

资产编号	0217		资产名称		智能缝纫机	
规格（编号）			资产代码		管理人	黄柏川
计量单位	台		单价（元）	￥40 000.00	金额（元）	￥40 000.00
出厂日期	2022 年 12 月 08 日			购置日期	2022 年 12 月 08 日	
生产厂家	贵阳通达服装设备有限责任公司			安装地点	毕节高新技术产业开发区标准厂房 12 幢	
附件情况						
固定资产验收情况说明： 验收合格						
验收确认： 合格					验收日期：2022 年 12 月 08 日	
管理部门负责人签字：王子轩						
公司总经理签字：　　王红艳						

注：此表一式三份，使用部门、保管部门、财务部门各一份。

凭证 11-7

固定资产验收单

公司名称：贵州毕节奇伟服装有限公司

资产编号	0218		资产名称		智能缝纫机	
规格（编号）			资产代码		管理人	黄柏川
计量单位	台		单价（元）	￥40 000.00	金额（元）	￥40 000.00
出厂日期	2022 年 12 月 08 日			购置日期	2022 年 12 月 08 日	
生产厂家	贵阳通达服装设备有限责任公司			安装地点	毕节高新技术产业开发区标准厂房 12 幢	
附件情况						
固定资产验收情况说明： 验收合格						
验收确认： 合格					验收日期：2022 年 12 月 08 日	
管理部门负责人签字：王子轩						
公司总经理签字：　　王红艳						

注：此表一式三份，使用部门、保管部门、财务部门各一份。

凭证 11-6

经济业务处理提示：固定资产验收入库。

凭证 11-7

经济业务处理提示：固定资产验收入库。

凭证 11-8

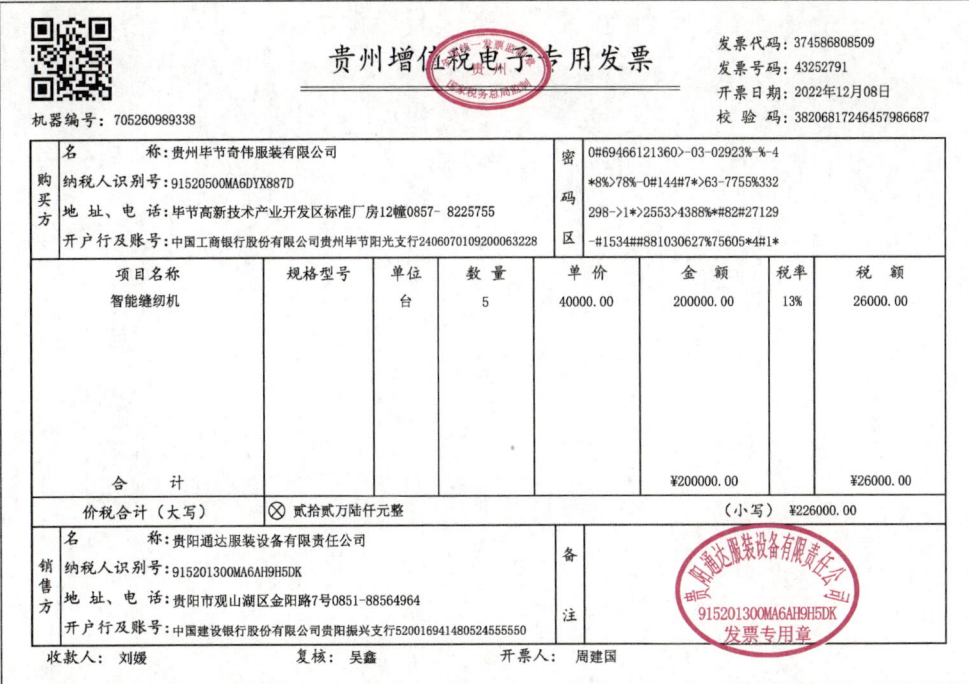

凭证 11-9

凭证 11-8

经济业务处理提示：取得增值税专用发票，价格 200 000 元，税额 26 000 元。

凭证 11-9

经济业务处理提示：取得运输费增值税专用发票，价款 6 000 元，税额 540 元。

凭证 11-10

中国工商银行 网银回单　　　　　　　　　**付款凭证**

日期：2022 年 12 月 08 日　　回单编号：3833

付款人户名： 贵州毕节奇伟服装有限公司　　付款人开户行：中国工商银行股份有限公司贵州毕节阳光支行
付款人账号（卡号）：2406070109200063228
收款人户名： 贵阳通达服装设备有限责任公司　　收款人开户行：中国建设银行股份有限公司贵阳振兴支行
收款人账号（卡号）：5200169414805245555550
金额： 人民币贰拾贰万陆仟元整　　　　　　　　小写：¥226 000.00
业务（产品）种类：　　　凭证种类：　　　凭证号码：
摘要： 购买机器设备　　　用途：　　　　币种：
交易机构：　　　记账柜员：　　　交易代码：　　　渠道：
附言：
支付交易序号：
报文种类：　　　委托日期：　　　业务种类：
本回单为第 1 次打印，注意重复　　打印日期：2022.12.08　　打印柜员：　　　验证码：

凭证 11-11

中国工商银行 转账支票存根
10205220
34120789

附加信息：

出票日期　年 月 日
收款人：
金　额：
用　途：
单位主管　　会计

中国工商银行 转账支票　　　　　　10205220
　　　　　　　　　　　　　　　　　　34120789

出票日期（大写）　　年　　月　　日　　付款行名称：
收款人：　　　　　　　　　　　　　　出票人账号：
人民币（大写）　　　　　　　　　　　亿千百十万千百十元角分

用途：　　　　　　　　　　　　　　　密码：
上列款项请从
我账户内支付
出票人签章　　　　　　　　复核　　记账
付款期限自出票之日起十天

凭证 11-11

经济业务处理提示：支付运输费，付款方式：转账支票，填写转账支票并加盖本单位银行预留印鉴章。

凭证 12-1

凭证 13-1

贵州毕节奇伟服装有限公司 付款申请单

申请部门：财务部　　　　　　　　　　　　　　　　　　　　　　　　　2022 年 12 月 10 日

摘　要	缴纳11月份税费					合同编号	
合同金额						已付金额	
付款金额	人民币（大写）贰万玖仟伍佰陆拾陆元壹角整					¥29 566.10	
付款方式	☐ 现金	☐ 转账支票	☐ 银行汇票	☐ 银行承兑汇票	用款日期	2022-12-10	
	☑ 网银转账	☐ 电汇	☐ 银行本票	☐ 其他			
收款单位	国家税务总局贵州毕节七星关区税务局				领款人		
总经理：王红艳		财务部经理：李薇薇		部门经理：李薇薇		经办人：杨付洋	

凭证 12-1

经济业务处理提示：本单位银行间划拨资金。

凭证 13-1

经济业务处理提示：付款方式为网银付款。

凭证 13-2

中国工商银行
电子缴税付款凭证

缴税日期：2022 年 12 月 10 月　　　　　　　　　　　　　　　　　　凭证字号：20200010

纳税人全称及纳税人识别号：贵州毕节奇伟服装有限公司　　　　91520500MA6DYX887D
付款人全称：贵州毕节奇伟服装有限公司
付款人账号：2406070109200063228　　　征收机关名称：国家税务总局贵州毕节七星关区税务局
付款人开户行：中国工商银行股份有限公司贵州毕节阳光支行　　收款国库（银行）名称：国家金库毕节七星关区支库
小写（合计）金额：¥29 566.10　　　　　　缴款书交易流水号：34561209
大写（合计）金额：人民币贰万玖仟伍佰陆拾陆元壹角整　　　税票号码：2394067161214770851

税（费）种名称	所属日期	实缴金额（单位：元）
增值税	2022.11.01—2022.11.30	25 856.00
城市维护建设税	2022.11.01—2022.11.30	1 292.80
教育费附加	2022.11.01—2022.11.30	775.68
地方教育附加	2022.11.01—2022.11.30	517.12
个人所得税	2022.11.01—2022.11.30	1 124.50

第　　次打印　　　　　　　　　　　　　　　打印时间：2022 年 12 月 10 月

客户回单联　　　　　验证码：652708　　　　复核：　　　　记账：

凭证 13-3

电子缴款凭证
打印日期：2022 年 12 月 10 日

纳税人识别号	91520500MA6DYX887D			税务征收机关	国家税务总局贵州毕节七星关区税务局
纳税人全称	贵州毕节奇伟服装有限公司			开户银行	中国工商银行股份有限公司贵州毕节阳光支行
				银行账号	2406070109200063228

系统税票号	征（费）种	税（品）目	所属时期起	所属时期止	实缴金额	缴款日期	备注
2294067161214770851	增值税	增值税	2022 年 11 月 01 日	2022 年 11 月 30 日	25 856.00	2022 年 12 月 10 日	
2294067161214770851	城市维护建设税	城市维护建设税	2022 年 11 月 01 日	2022 年 11 月 30 日	1 292.80	2022 年 12 月 10 日	
2294067161214770851	教育费附加	教育费附加	2022 年 11 月 01 日	2022 年 11 月 30 日	775.68	2022 年 12 月 10 日	
2294067161214770851	地方教育附加	地方教育附加	2022 年 11 月 01 日	2022 年 11 月 30 日	517.12	2022 年 12 月 10 日	
2294067161214770851	个人所得税	个人所得税	2022 年 11 月 01 日	2022 年 11 月 30 日	1 124.50	2022 年 12 月 10 日	
金额合计	（大写）贰万玖仟伍佰陆拾陆元壹角整				¥29 566.10		

本缴款凭证仅作为纳税人记账核算凭证使用，电子缴税凭证需与银行对账单电子划缴记录核对一致方有效。纳税人如需汇总开具正式完税证明，请凭税务登记证或身份证明到主管税务机关开具。

税务机关（电子章）
征税专用章

凭证 13-2

经济业务处理提示：缴纳各种税费，合计金额为 29 566.10 元。

凭证 13-3

经济业务处理提示：缴纳各种税费，合计金额为 29 566.10 元。

凭证 14-1

贵州毕节奇伟服装有限公司 付款申请单

申请部门：行政部						2022 年 12 月 11 日	
摘　要	购买办公用品					合同编号	
合同金额						已付金额	
付款金额	人民币（大写）贰仟玖佰叁拾捌元整					￥2 938.00	
付款方式	□ 现金	□ 转账支票	□ 银行汇票	□ 银行承兑汇票		用款日期	2022-12-11
	✓ 网银转账	□ 电汇	□ 银行本票	□ 其他			
收款单位	毕节永恒科技有限公司					领款人	吴晓波
总经理：王红艳		财务部经理：李薇薇		部门经理：黄柏川			经办人：李子涵

凭证 14-2

凭证 14-1

经济业务处理提示：付款方式为网银转账。

凭证 14-2

经济业务处理提示：取得增值税专用发票。

凭证 14-3

办公用品领用单

领用品名：复印纸 　　　2022 年 12 月 11 日

领用部门	领发数量(件)	金额(元)
行政部门	6	840.00
基本生产车间	1	140.00
辅助生产车间	1	140.00
销售部门	2	280.00
合计	10	￥1 400.00

审核：李薇薇　　　　　　　　　　　　　　　　　　制表：杨付洋

凭证 14-4

办公用品领用单

领用品名：打印机墨粉　　　2022 年 12 月 11 日

领用部门	领发数量(件)	金额(元)
行政部门	15	900.00
基本生产车间	2	120.00
辅助生产车间	1	60.00
销售部门	2	120.00
合计	20	￥1 200.00

审核：李薇薇　　　　　　　　　　　　　　　　　　制表：杨付洋

凭证14-3

经济业务处理提示：根据办公用品领用部门进行费用分摊。

凭证14-4

经济业务处理提示：根据办公用品领用部门进行费用分摊。

凭证 14-5

中国工商银行 网银回单   付款凭证

日期： 2022 年 12 月 11 日   回单编号： 0166

付款人户名： 贵州毕节奇伟服装有限公司　　　　　付款人开户行： 中国工商银行股份有限公司贵州毕节阳光支行
付款人账号（卡号）： 2406070109200063228
收款人户名： 毕节永恒科技有限公司　　　　　　　收款人开户行： 中国工商银行股份有限公司贵州毕节阳光支行
收款人账号（卡号）： 2406070147600043421
金额： 人民币贰仟玖佰叁拾捌元整　　　　　　　　小写： ¥2 938.00

业务(产品)种类：　　　　　　凭证种类：　　　　　　凭证号码：
摘要： 购买办公用品　　　　　　用途：　　　　　　　　币种：
交易机构：　　　　　　　　　记账柜员：　　　　　　交易代码：　　　　　　渠道：
附言：
支付交易序号：
报文种类：　　　　　　　　　委托日期：　　　　　　业务种类：　　　　　　打印柜员：　　　　　　验证码：

本回单为第 1 次打印，注意重复　　打印日期：2022.12.11

（中国工商银行股份有限公司贵州毕节阳光支行 网银回单专用章）

凭证 15-1

差旅费报销单

部门 行政部　　　　　　　2022 年 12 月 12 日

出差人					李小燕		出差事由			培训		
出发			到达			交通工具	交通费		出差补贴		其他费用	
月	日	时	地点	月	日	时	地点		单据张数	金额	天数	金额	项目	单据张数	金额

月	日	时	地点	月	日	时	地点	交通工具	单据张数	金额	天数	金额	项目	单据张数	金额
12	07		毕节	12	07		广州	高铁	1	654.00	6	400.00	住宿费	1	1 060.00
12	12		广州	12	12		毕节	高铁	1	654.00			市内车费	1	32.00
													邮电费		
													办公用品费		
													不买卧铺补贴		
													其他		
合计									2	¥1 308.00		¥400.00		2	¥1 092.00

报销总额： 人民币大写 贰仟捌佰元整　　　预借金额 ¥3 000.00　　补领金额　　　退还金额 ¥200.00

（现金收讫）

主管 李薇薇　　审核 李薇薇　　出纳 林艳艳　　领款人 李小燕

附件 4 张

凭证 15-1

经济业务处理提示：行政部李小燕报销差旅费，由于部门是行政部，通过"管理费用"进行核算，金额为 2 800 元。

凭证 15-2

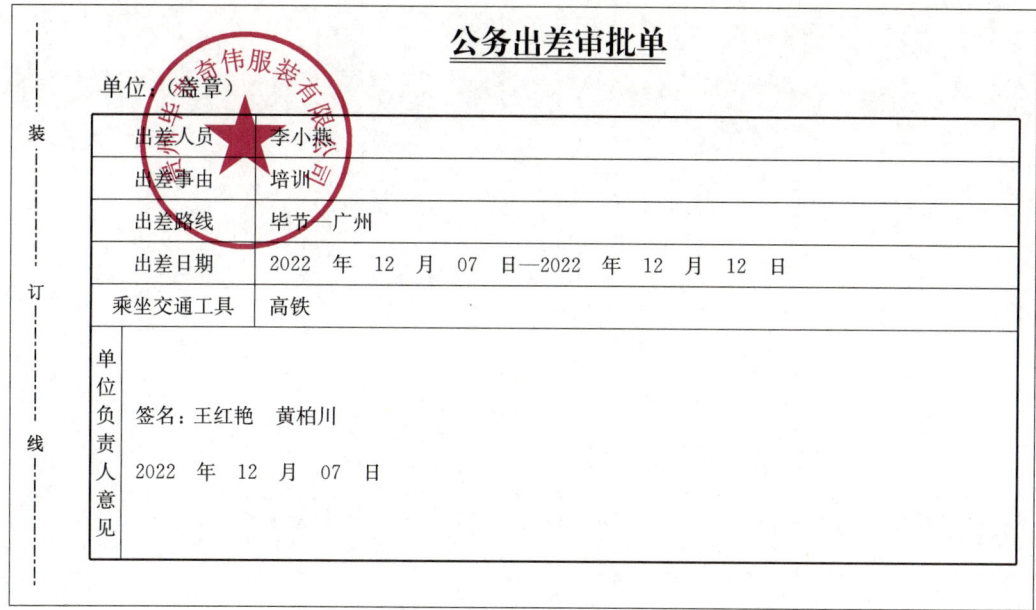

凭证 15-3

凭证 15-4

凭证 15-5

凭证 15-6

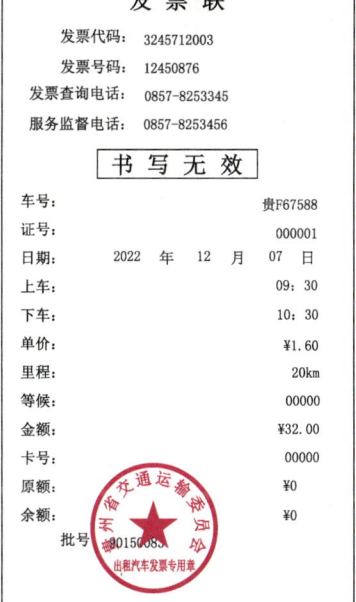

凭证 15-7

收款收据

2022 年 12 月 12 日　　NO. 0703400

现金收讫

今 收 到　李小燕

交　来　出差归来退回多余预借差旅费

金额(大写)　零拾零万零仟贰佰零拾零元零角零分

¥ 200.00　　收款单位(公章)　贵州毕节奇伟服装有限公司 财务专用章

第三联 记账

核准　李薇薇　　会计　杨付洋　　记账　杨付洋　　出纳　林艳艳　　经办人　林艳艳

凭证 16-1

贵州毕节奇伟服装有限公司　付款申请单

2022 年 12 月 13 日

申请部门：行政部								
摘　要	购买西服商标权					合同编号	72531467	
合同金额	伍拾叁万元整					已付金额		
付款金额	人民币（大写）伍拾叁万元整						￥530 000.00	
付款方式	☐ 现金 ✓ 网银转账		☐ 转账支票 ☐ 电汇		☐ 银行汇票 ☐ 银行本票	☐ 银行承兑汇票 ☐ 其他	用款日期	2022-12-13
收款单位	上海东伟服装有限公司					领款人	陈如	

总经理：王红艳　　财务部经理：李薇薇　　部门经理：黄柏川　　经办人：李子涵

凭证 15-7

经济业务处理提示：行政部李小燕报销差旅费，原预借 3 000 元，费用报销 2 800 元，退回现金 200 元。

凭证 16-1

经济业务处理提示：付款方式为网银转账。

凭证 16-2

上海增值税电子专用发票

发票代码：695313178139
发票号码：59764594
开票日期：2022年12月13日
校验码：44708610150246390435
机器编号：860388918476

购买方	名　　　称：贵州毕节奇伟服装有限公司 纳税人识别号：91520500MA6DYX887D 地　址、电　话：毕节高新技术产业开发区标准厂房12幢0857-8225755 开户行及账号：中国工商银行股份有限公司贵州毕节阳光支行2406070109200063228	密码区	15*554026>%0-1153#!*%96827302 51*7*>9338121%2%>%2*32367722 #*7*51940>#*732---678*-672>*8 232-35>5%-5*913*>24868#6103*

项目名称	规格型号	单位	数量	单价	金额	税率	税额
西服商标权		项	1	500000.00	500000.00	6%	30000.00
合　　计					¥500000.00		¥30000.00

价税合计（大写）　⊗ 伍拾叁万元整　　　　　（小写）¥530000.00

| 销售方 | 名　　　称：上海东伟服装有限公司
纳税人识别号：91525670MA6DWE8789
地　址、电　话：上海普新区小瓦街道23号020-89654032
开户行及账号：中国工商银行股份有限公司上海支行2407070229200063456 | 备注 | |

收款人：陈如　　复核：吴晓倩　　开票人：陈辰

凭证 16-3

中国工商银行 网银回单　　付款凭证

日期：2022 年 12 月 13 日　　回单编号：0430

付款人户名：贵州毕节奇伟服装有限公司　　付款人开户行：中国工商银行股份有限公司贵州毕节阳光支行
付款人账号（卡号）：2406070109200063228
收款人户名：上海东伟服装有限公司　　收款人开户行：中国工商银行股份有限公司上海支行
收款人账号（卡号）：2407070229200063456
金额：人民币伍拾叁万元整　　小写：¥530 000.00

业务(产品)种类：　　　凭证种类：　　　凭证号码：
摘要：购买西服商标权　　用途：　　　币种：
交易机构：　　记账柜员：　　交易代码：　　渠道：
附言：
支付交易序号：
报文种类：　　委托日期：　　业务种类：

本回单为第 1 次打印，注意重复　　打印日期：2022.12.13　　打印柜员：　　验证码：

凭证 16-2

经济业务处理提示：取得西服商标权增值税专用发票，价格 500 000 元，税额 30 000 元。

凭证 16-3

经济业务处理提示：网银支付价税合计金额为 530 000 元。

凭证 17-1

贵州毕节奇伟服装有限公司　付款申请单

申请部门：人事部					2022 年 12 月 13 日	
摘要	支付招聘人员广告费				合同编号	
合同金额					已付金额	
付款金额	人民币(大写)　壹仟元整				￥1 000.00	
付款方式	□现金　　　　☑转账支票　　□银行汇票　　□银行承兑汇票 □网银转账　　□电汇　　　　□银行本票　　□其他				用款日期	2022-12-13
收款单位	毕节电视台				领款人	吴晓柏
总经理：王红艳		财务部经理：李薇薇		部门经理：梁国浩		经办人：吴晓柏

凭证 17-2

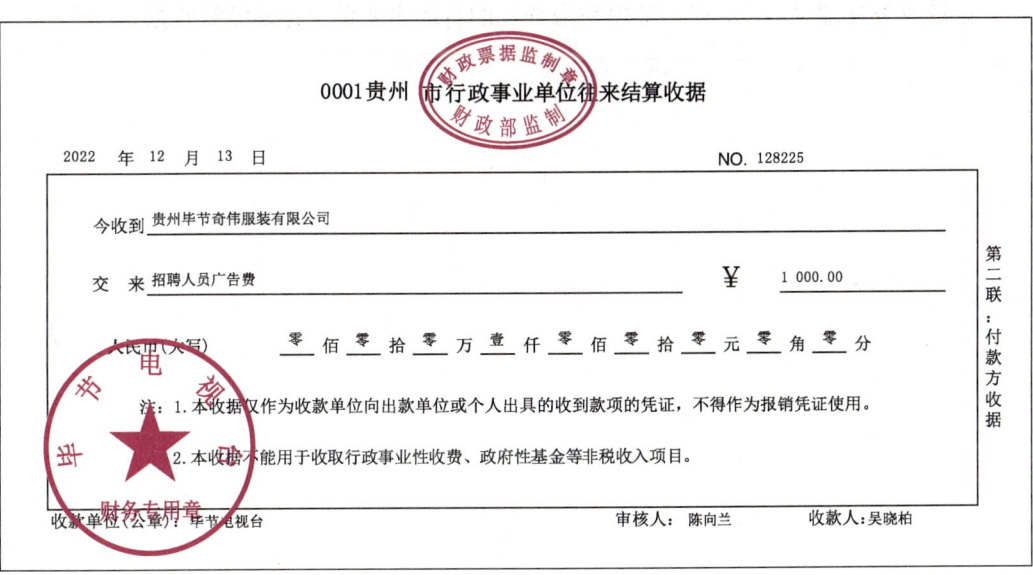

凭证 17-1

经济业务处理提示：付款方式为转账支票。

凭证 17-2

经济业务处理提示：取得毕节电视台开具的行政事业单位往来结算收据。

凭证 17-3

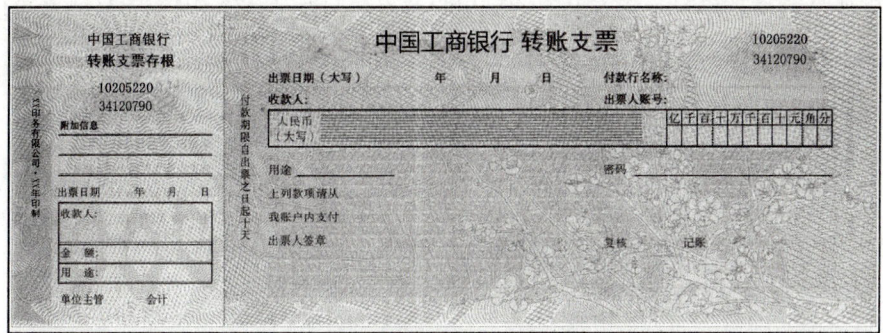

凭证 18-1

凭证 18-2

凭证 17-3

经济业务处理提示：支付毕节电视台招聘人员广告费 1 000 元，填写转账支票。

凭证 18-1

经济业务处理提示：销售原材料，材料已经发出。

凭证 18-2

经济业务处理提示：销售原材料，开具增值税普通发票。

凭证18-3

凭证19-1

贵州毕节奇伟服装有限公司 付款申请单

申请部门：行政部							2022 年 12 月 15 日	
摘　要	支付11月份工资						合同编号	
合同金额	零元整						已付金额	
付款金额	人民币（大写）贰拾柒万贰仟柒佰贰拾壹元玖角整						￥272 721.90	
付款方式	☐ 现金		✓ 转账支票		☐ 银行汇票	☐ 银行承兑汇票	用款日期	2022-12-15
	☐ 网银转账		☐ 电汇		☐ 银行本票	☐ 其他		
收款单位	贵州毕节奇伟服装有限公司						领款人	
总经理：王红艳		财务部经理：李薇薇			部门经理：黄柏川		经办人：杨一	

凭证 18-3

经济业务处理提示：销售原材料，款项通过微信转账到建行一般存款账户。

凭证 19-1

经济业务处理提示：付款方式为转账支票。

凭证 19-2

工资汇总表

2022 年 12 月 15 日　　　　　　　　　　　　　　　单位：元

部门	应付工资	代扣款项						实发工资
		养老保险(8%)	医疗保险(2%)	失业保险(0.3%)	住房公积金(5%)	个人所得税	合计	
基本生产车间	142 800.00	11 424.00	2 856.00	428.40	7 140.00	220.00	22 068.40	120 731.60
车间管理	18 400.00	1 472.00	368.00	55.20	920.00	0	2 815.20	15 584.80
行政部门	89 000.00	7 120.00	1 780.00	267.00	4 450.00	145.00	13 762.00	75 238.00
销售部门	50 000.00	4 000.00	1 000.00	150.00	2 500.00	240.00	7 890.00	42 110.00
辅助生产车间	22 500.00	1 800.00	450.00	67.50	1 125.00	0	3 442.50	19 057.50
合计	322 700.00	25 816.00	6 454.00	968.10	16 135.00	605.00	49 978.10	272 721.90

总经理：王红艳　　　　　　　财务主管：李薇薇　　　　　　　制表：杨付洋

（加盖公章：贵州毕节奇伟服装有限公司）

凭证 19-3

中国工商银行 转账支票存根
10205220
34120791

附加信息

出票日期　　年　月　日
收款人：
金　额：
用　途：
单位主管　　　　会计

中国工商银行 转账支票　　10205220　34120791

出票日期（大写）　　年　月　日　　付款人名称：　　出票人账号：
收款人：
人民币（大写）　　亿千百十万千百十元角分
用途：　　　密码：
上列款项请从
我账户内支付
出票人签章　　　　　复核　　记账
付款期限自出票之日起十天

凭证 19-2
经济业务处理提示：根据各部门工资汇总将工资分摊进相应的成本、费用。

凭证 19-3
经济业务处理提示：填写转账支票代发工资。

凭证 19-4

中国工商银行 付款通知书

日期：2022 年 12 月 15 日

机构号：215068　　　　　　　　　　　交易代码：364518

单位名称	贵州毕节奇伟服装有限公司	
账号	2406070109200063228	
摘要	委托银行代发 11 月份工资	
金额合计		￥272 721.90
金额合计（大写）	贰拾柒万贰仟柒佰贰拾壹元玖角整	

（盖章：贵州毕节奇伟服装有限公司 2022.12.15 转讫）

第二联 回单

注：此付款通知书加盖我行业务公章方有效。
流水号：941316507117　　　　　　　　　　　　　　　　经办：陈一兰

凭证 20-1

贵州毕节奇伟服装有限公司 付款申请单

申请部门：行政部　　　　　　　　　　　　　　　　　　2022 年 12 月 15 日

摘要	支付招待费				合同编号	
合同金额					已付金额	
付款金额	人民币（大写）贰仟壹佰贰拾元整				￥2 120.00	
付款方式	□现金　　☑转账支票　　□银行汇票　　□银行承兑汇票 □网银转账　　□电汇　　□银行本票　　□其他				用款日期	2022-12-15
收款单位	毕节明都大酒店有限公司				领款人	段元勋

总经理：王红艳　　财务部经理：李薇薇　　部门经理：黄柏川　　经办人：王明

凭证 20-1
经济业务处理提示：付款方式为转账支票。

凭证 20-2

贵州增值税电子普通发票

发票代码：614367547621
发票号码：56570780
开票日期：2022年12月15日
校验码：98800951173753314900

机器编号：838450879979

购买方	名　　称：贵州毕节奇伟服装有限公司 纳税人识别号：91520500MA6DYX887D 地　址、电　话：毕节高新技术产业开发区标准厂房12幢0857-8225755 开户行及账号：中国工商银行股份有限公司贵州毕节阳光支行2406070109200063228			密码区	2597>3855770%882%4-*8-37-%>1 50>21389%496#%3##8*53720#*0> 8%1430211#*109602995>4)*78** 85%*%77>2*##*8#9->5)>67*407#2

货物或应税劳务、服务名称	规格型号	单位	数量	单价	金额	税率	税额
*餐饮服务*餐饮		次	1	2000.00	2000.00	6%	120.00
合　计					¥2000.00		¥120.00

价税合计（大写）　⊗ 贰仟壹佰贰拾元整　　（小写）¥2120.00

销售方	名　　称：毕节明都大酒店有限公司 纳税人识别号：91520500MA6LR17X8J 地　址、电　话：毕节市七星关区洪山路41号0851-8563214 开户行及账号：中国工商银行毕节万利支行2406071009200005897	备注

收款人：段元勋　　复核：张龙燕　　开票人：王建琼　　销售方：（章）

凭证 20-3

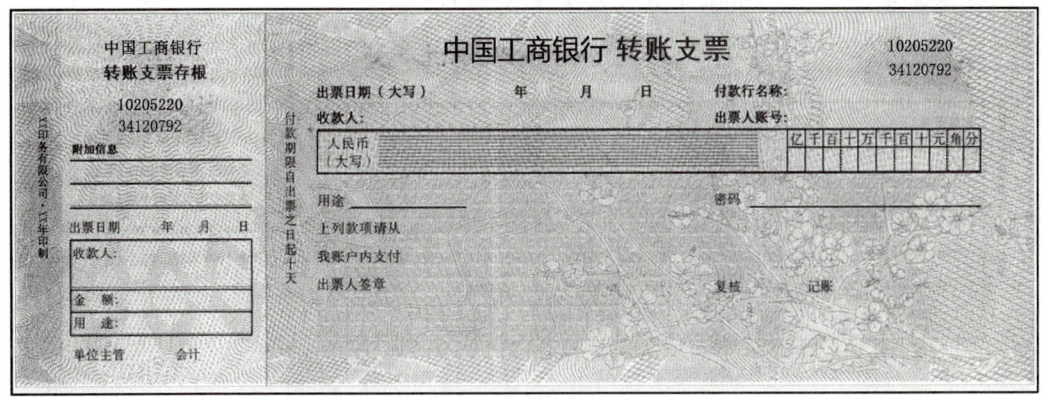

凭证 20-2

经济业务处理提示：取得增值税普通发票，餐饮服务不得抵扣增值税进项税额。

凭证 20-3

经济业务处理提示：付款方式为转账支票，填写转账支票。

凭证 21-1

贵州毕节奇伟服装有限公司　付款申请单

申请部门：行政部　　　　　　　　　　　　　　　　2022 年 12 月 15 日

摘要	支付上月水费		合同编号	
合同金额			已付金额	
付款金额	人民币（大写）　壹万叁仟贰佰玖拾贰元肆角整		￥13 292.40	
付款方式	☐现金　　☑转账支票　　☐银行汇票　　☐银行承兑汇票 ☐网银转账　☐电汇　　　☐银行本票　　☐其他		用款日期	2022-12-15
收款单位	贵州毕节甜美水务有限责任公司		领款人	陈艳
总经理：王红艳	财务部经理：李薇薇		部门经理：黄柏川	经办人：李子涵

凭证 21-2

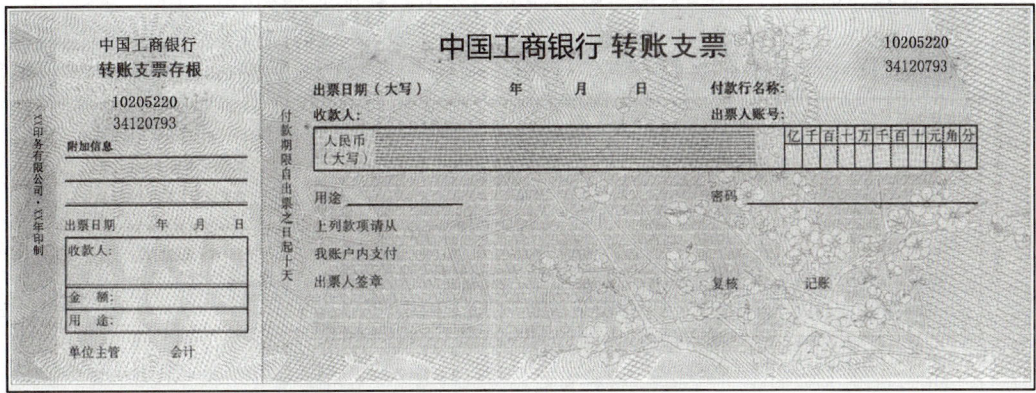

凭证 22-1

领　料　单

领用部门：机修车间

仓库：周转材料仓　　　　2022 年 12 月 15 日　　　　　　编号：0005

编号	类别	材料名称	规格	单位	数量		实际成本(元)	
					请领	实发	单价	金额
	周转材料	机修配件		套	20	20		
用途	日常备用			领料部门		发料部门		
				负责人	领料人	核准人	发料人	
				王子轩	李子涵	周金华	李子奕	

第三联　记账联

凭证 21-1
经济业务处理提示：业务内容为通过签发转账支票支付上月水费，水费已由上月计提，通过"应付账款"核算。

凭证 21-2
经济业务处理提示：出纳人员需根据业务内容填写转账支票付款。

凭证 22-1
经济业务处理提示：根据领料单登记周转材料明细账的发出和结存数量，待月末计算加权平均单价后结转发出周转材料成本及结存周转材料成本，领用材料时不填制记账凭证。

凭证 23-1

凭证 23-2

销 售 单

购货单位：毕节广元商厦有限公司		地址和电话：毕节市七星关区清毕路8号0857-8222496					单据编号：0003		
纳税识别号：91520500MA6DKH1EX6		开户行及账号：中国建设银行股份有限公司贵州毕节兴旺支行5200169413605254858					制单日期：2022年12月15日		
编码	产品名称	规格	单位	单价	数量	金额		备注	
1	休闲服	男士	件	750.00	300	225 000.00			
2	休闲服	女士	件	720.00	200	144 000.00			
	合计	人民币（大写）：叁拾陆万玖仟元整				¥369 000.00			
总经理：王红艳		销售经理：梁国浩		经办人：李子奕		会计：杨付洋		签收人：王伟	

凭证 23-1

经济业务处理提示：开具增值税专用发票，销项税额为 47 970 元；

凭证 23-2

经济业务处理提示：销售男士休闲服 300 件，金额 225 000 元，销售女士休闲服 200 件，金额 144 000 元。

凭证 23-3

中国工商银行 网银回单　　收款凭证

日期：2022 年 12 月 15 日　　回单编号：4930

付款人户名：毕节广元商厦有限公司	付款人开户行：中国建设银行股份有限公司贵州毕节兴旺支行
付款人账号（卡号）：5200169413605254858	
收款人户名：贵州毕节奇伟服装有限公司	收款人开户行：中国工商银行股份有限公司贵州毕节阳光支行
收款人账号（卡号）：2406070109200063228	
金额：人民币肆拾壹万陆仟玖佰柒拾元整	小写：¥416 970.00
业务（产品）种类：	凭证种类：　　　凭证号码：
摘要：支付购买休闲服款	用途：支付购买休闲服款　　币种：人民币
交易机构：　　记账柜员：　　交易代码：　　渠道：	
附言：	
支付交易序号：	
报文种类：　　委托日期：　　业务种类：	

本回单为第 1 次打印，注意重复　　打印日期：2022.12.15　　打印柜员：

（中国工商银行股份有限公司贵州毕节阳光支行 网银回单专用章）

凭证 24-1

贵州毕节奇伟服装有限公司　付款申请单

申请部门：行政部　　　　　　　　　　　　　　2022 年 12 月 15 日

摘　要	缴纳12月职工住房公积金				合同编号	99499641
合同金额	伍万壹仟捌佰伍拾元整				已付金额	
付款金额	人民币（大写）伍万壹仟捌佰伍拾元整				¥51 850.00	
付款方式	□现金	□转账支票	□银行汇票	□银行承兑汇票	用款日期	2022-12-15
	✓网银转账	□电汇	□银行本票	□其他		
收款单位	毕节市住房公积金管理中心				领款人	
总经理：王红艳	财务部经理：李薇薇		部门经理：黄柏川		经办人：李子涵	

凭证 23-3

经济业务处理提示：销售休闲服款项 416 970 元通过网银收款。

凭证 24-1

经济业务处理提示：业务内容为缴纳 12 月职工住房公积金。

凭证 24-2

住房公积金汇总表

编制单位：贵州毕节奇伟服装有限公司　　2022 年 12 月 15 日　　单位：元

部门	缴纳基数	个人应缴公积金	单位应缴公积金	合计	备注
生产工人	132 000.00	6 600.00	15 840.00	22 440.00	
车间管理人员	18 000.00	900.00	2 160.00	3 060.00	
辅助生产车间	25 000.00	1 250.00	3 000.00	4 250.00	
销售人员	40 000.00	2 000.00	4 800.00	6 800.00	
行政管理人员	90 000.00	4 500.00	10 800.00	15 300.00	
合计	305 000.00	15 250.00	36 600.00	51 850.00	

总经理：王红艳　　　　审核：李薇薇　　　　制单：杨付洋

凭证 24-3

住房公积金汇缴书

2022 年 12 月 15 日　　附变更清册 1 张

单位名称（公章）	贵州毕节奇伟服装有限公司										
单位登记号	50041050	资金来源	□财政统发　☑非财政统发				汇缴 2022 年 12 月份				
汇缴金额（大写）：伍万壹仟捌佰伍拾元整				千	百	十	万	千	百	十	元	角	分
						¥	5	1	8	5	0	0	0

	上月汇缴	本月增加	本月减少	本月汇缴
人数	20			20
金额	¥51 850.00			¥51 850.00
缴款方式	☑支票　□委托收款　□现金送款簿　□汇票			
票据号码	49169678		备注：	
付款银行	中国工商银行股份有限公司贵州毕节阳光支行			
付款账户	2406070109200063228			

单位财务主管签字（盖章）：李薇薇　　复核：杨付洋　　制单：林艳艳

凭证 24-2

经济业务处理提示：计算缴纳住房公积金中个人部分金额 15 250 元，单位部分 36 600 元，住房公积金已由上月计提。

凭证 24-3

经济业务处理提示：本月缴纳公积金总金额 51 850 元。

凭证 24-4

凭证 25-1

贵州毕节奇伟服装有限公司 付款申请单

申请部门：行政部				2022 年 12 月 15 日	
摘　要	缴纳职工社会保险费			合同编号	47571449
合同金额	壹拾壹万壹仟叁佰贰拾伍元整			已付金额	
付款金额	人民币（大写）壹拾壹万壹仟叁佰贰拾伍元整			￥111 325.00	
付款方式	☐ 现金	☐ 转账支票	☐ 银行汇票	☐ 银行承兑汇票	用款日期
	☑ 网银转账	☐ 电汇	☐ 银行本票	☐ 其他	2022-12-15
收款单位	国家税务总局毕节市七星关区税务局			领款人	
总经理：王红艳	财务部经理：李薇薇		部门经理：黄柏川		经办人：李子涵

凭证 24-4

经济业务处理提示：缴纳公积金金额通过工商银行账户网银支付。

凭证 25-1

经济业务处理提示：业务内容为：缴纳职工社会保险。

凭证25-2

社保缴纳明细汇总表

企业：贵州毕节奇伟服装有限公司　　　　　日期：2022年12月　　　　　　　　　单位：元

部门	缴费基数	基本养老保险		基本医疗保险		失业保险		工伤保险	生育保险
		单位16%	个人8%	单位7%	个人2%	单位0.7%	个人0.3%	单位0.5%	单位2%
生产工人	132 000.00	21 120.00	10 560.00	9 240.00	2 640.00	924.00	396.00	660.00	2 640.00
车间管理人员	18 000.00	2 880.00	1 440.00	1 260.00	360.00	126.00	54.00	90.00	360.00
辅助生产车间	25 000.00	4 000.00	2 000.00	1 750.00	500.00	175.00	75.00	125.00	500.00
销售人员	40 000.00	6 400.00	3 200.00	2 800.00	800.00	280.00	120.00	200.00	800.00
行政管理人员	90 000.00	14 400.00	7 200.00	6 300.00	1 800.00	630.00	270.00	450.00	1 800.00
合计	305 000.00	48 800.00	24 400.00	21 350.00	6 100.00	2 135.00	915.00	1 525.00	6 100.00

凭证25-3

中华人民共和国
税 收 完 税 证 明

(686)黔

填发日期：2022年12月15日　　税务机关：国家税务总局毕节市七星关区税务局

纳税人识别号	91520500MA6DYX887D		纳税人名称	贵州毕节奇伟服装有限公司	
原凭证号	税种	品目名称	税款所属时期	入(退)库日期	实缴(退)金额
627755676191751510251	企业职工基本养老保险	职工基本养老保险（单位缴纳）	2022-12-01—2022-12-31	2022-12-15	48 800.00
204553860227027805659	企业职工基本养老保险	职工基本养老保险（个人缴纳）	2022-12-01—2022-12-31	2022-12-15	24 400.00
353002602085756455815	失业保险费	失业保险（单位缴纳）	2022-12-01—2022-12-31	2022-12-15	2 135.00
930800895111122750213	失业保险费	失业保险（个人缴纳）	2022-12-01—2022-12-31	2022-12-15	915.00
089460637979841300579	工伤保险费	工伤保险（单位缴纳）	2022-12-01—2022-12-31	2022-12-15	1 525.00
金额合计（大写）	柒万柒仟柒佰柒拾伍元整				¥77 775.00
税务机关（盖章）		填票人 单位社保管理客户端	备注		

第一联（收据）缴纳税人作完税证明

妥善保管、手写无效

凭证 25-2

经济业务处理提示：计算缴纳职工社会保险中个人部分 31 415 元，单位部分 79 910 元，职工社会保险已由上月计提。

凭证 25-3

经济业务处理提示：职工社会保险通过税务局申报缴纳。

凭证25-4

中 华 人 民 共 和 国
税 收 完 税 证 明

(005)黔

填发日期：2022 年 12 月 15 日　　税务机关：国家税务总局毕节市七星关区税务局

纳税人识别号	91520500MA6DYX887D		纳税人名称	贵州毕节奇伟服装有限公司	
原凭证号	税种	品目名称	税款所属时期	入(退)库日期	实缴(退)金额
740656540471106108043	基本医疗保险费	基本医疗保险费（单位缴纳）	2022-12-01—2022-12-31	2022-12-15	21 350.00
899106282229825757300	基本医疗保险费	基本医疗保险费（个人缴纳）	2022-12-01—2022-12-31	2022-12-15	6 100.00
476904576365101043607	生育保险	生育保险（单位缴纳）	2022-12-01—2022-12-31	2022-12-15	6 100.00
			—		
			—		
			—		
金额合计	（大写）	叁万叁仟伍佰伍拾元整		￥33 550.00	
税务机关（盖章）		填票人	备注		
		单位社保管理客户端			

第一联（收据）缴纳税人作完税凭证明

妥善保管、手写无效

凭证25-5

　付款凭证

网银回单

日期：2022 年 12 月 15 日　　回单编号：1469

付款人户名：贵州毕节奇伟服装有限公司　　付款人开户行：中国工商银行股份有限公司贵州毕节阳光支行

付款人账号（卡号）：2406070109200063228

收款人户名：国家税务总局毕节市七星关区税务局　　收款人开户行：国家金库毕节七星关区支库

收款人账号（卡号）：

金额：人民币壹拾壹万壹仟叁佰贰拾伍元整　　小写：￥111 325.00

业务（产品）种类：　　凭证种类：　　凭证号码：

摘要：缴纳社会保险费　　用途：缴纳社会保险费　　币种：人民币

交易机构：　　记账柜员：　　交易代码：　　渠道：

附言：

支付交易序号：

报文种类：　　委托日期：　　业务种类：

本回单为第 1 次打印，注意重复　　打印日期：2022.12.15　　打印柜员：

凭证25-4

经济业务处理提示：职工社会保险通过税务局申报缴纳。

凭证25-5

经济业务处理提示：缴纳职工社会保险金额通过工商银行账户网银支付。

凭证 26-1

贵州毕节奇伟服装有限公司　付款申请单　现金付讫

申请部门：食堂　　　　　　　　　　　　　　　　　　　　　　2022 年 12 月 15 日

摘　要	付蔬菜款				合同编号	87273587
合同金额	肆仟伍佰元整				已付金额	
付款金额	人民币（大写）肆仟伍佰元整					￥4 500.00
付款方式	☑ 现金 □ 网银转账	□ 转账支票 □ 电汇	□ 银行汇票 □ 银行本票	□ 银行承兑汇票 □ 其他	用款日期	2022-12-15
收款单位	张全				领款人	张全
总经理：王红艳		财务部经理：李薇薇		部门经理：杨子夏		经办人：张全

凭证 26-2

贵州增值税普通发票

发票联　No 41833804

5200231120
代开
机器编号：982888812388
开票日期：2022年12月15日

购买方	名　称：贵州毕节奇伟服装有限公司 纳税人识别号：91520500MA6DYX887D 地址、电话：毕节高新技术产业开发区标准厂房12幢0857-8225755 开户行及账号：中国工商银行股份有限公司贵州毕节阳光支行2406070109200063228				密码区	##403>6)158>538%)0824121259> 2171-03>16753349975999954>3# 4%1557>3*07>607--48#*-8--->%4 85*2--61*2-39%*13**3%5-*74)	
货物或应税劳务、服务名称	规格型号	单位	数量	单价	金额	税率	税额
土豆		KG	1000	2.00	2000.00	免税	
茄子		KG	400	3.00	1200.00	免税	
白菜		KG	333.33	1.50	500.00	免税	
芹菜		KG	200	4.00	800.00	免税	
合　　计					￥4500.00		

价税合计（大写）　　⊗ 肆仟伍佰元整　　　　　　　　（小写）￥4500.00

校验码 52118 02817 08248 65199

销售方	名　称：国家税务总局毕节市七星关区税务局 纳税人识别号：115224010096559359 地址、电话：贵州省毕节市七星关区开行路东393号0857-8306850 开户行及账号：国家金库毕节七星关区支库	备注	国家税务总局毕节市七星关区税务局 代开发票专用章 123456789012

收款人：张桂　　　复核：刘婷　　　开票人：李冰　　　销售方：（章）

凭证 26-1

经济业务处理提示：通过现金付款方式支付食堂蔬菜款。

凭证 26-2

经济业务处理提示：取得增值税普通发票，不计算增值税税额。

凭证 26-3

贵州毕节奇伟服装有限公司
物 料 验 收 单

厂商名称：张全　　　　　　　　　日期：2022 年 12 月 15 日

	订单号码	物料名称	交货数量	实收数量	单位	抽样检验数量	抽样率	验收合格率	备注
收料	87273587	土豆	1 000	1 000	KG	100	10%	100%	
	87273587	茄子	400	400	KG	40	10%	100%	
	87273587	白菜	333.33	333.33	KG	33	10%	100%	
	87273587	芹菜	200	200	KG	20	10%	100%	

	检验标准检验项目			100 判定 ☑ 合　格　☐ 不合格	第四联 会计联
检验	1				
	2			不合格处理　☐退货 ☐选别 ☐加工 ☐特采 ☐其他	
	3				
	4				
	5				
	6				
	7			品管部　　　工程部	
	8				

备注：物资直接支付食堂使用	收料员	检验员	品保主管	仓管员	采购
	李子涵	李子奕		李子奕	杨子夏

凭证 27-1

贵州增值税电子专用发票

发票代码：043099984195
发票号码：10032595
开票日期：2022年12月15日
校验码：52220589346557649457

机器编号：209003086591

购买方	名　　称：贵州毕节奇伟服装有限公司 纳税人识别号：91520500MA6DYX887D 地址、电话：毕节高新技术产业开发区标准厂房12幢0857-8225755 开户行及账号：中国工商银行股份有限公司贵州毕节阳光支行2406070109200063228	密码区	%42*>%51%72-1>*930%#>114*5-> *1476467%947%>8*63805%21*%%9 %7298%14-6>>>6-#4451%#931116 %3973342*1*104%84444-720841

项目名称	规格型号	单位	数量	单价	金　额	税率	税　额
西服面料		米	700	160.00	112000.00	13%	14560.00
休闲服面料		米	800	85.00	68000.00	13%	8840.00
西服里料		米	1000	60.00	60000.00	13%	7800.00
休闲服里料		米	1800	50.00	90000.00	13%	11700.00
拉链		条	1500	40.00	60000.00	13%	7800.00
合　计					¥390000.00		¥50700.00

价税合计（大写）　⊗ 肆拾肆万零柒佰元整　　　　　　　　（小写）　¥440700.00

销售方	名　　称：贵阳通黔纺织科技有限公司 纳税人识别号：91520113MA6KH2B1HR 地址、电话：贵阳市云岩区观水路25号0851-88507551 开户行及账号：中国建设银行股份有限公司贵阳振兴支行5200169414805252487	备注	

收款人：章猛华　　　　复核：金月辉　　　　开票人：燕明妮

凭证 26-3
经济业务处理提示：购买的蔬菜验收合格，直接交付食堂使用，通过"应付职工薪酬-职工福利"核算。

凭证 27-1
经济业务处理提示：取得购买原材料的发票，进项税额 50 700 元。

凭证 27-2

材料入库单

发票号码：10032595
供应单位：贵阳通黔纺织科技有限公司
材料类别：原料及主要材料
收料单编号：0004
收料仓库：材料仓

2022 年 12 月 15 日

编号	名称	规格	单位	数量 应收	数量 实收	买价 单价	买价 金额	运杂费	合计	单位成本
1	西服面料		米	700	700	160.00	112 000.00		112 000.00	160.00
2	休闲服面料		米	800	800	85.00	68 000.00		68 000.00	0.00
3	西服里料		米	1 000	1 000	60.00	60 000.00		60 000.00	60.00
4	休闲服里料		米	1 800	1 800	50.00	90 000.00		90 000.00	50.00
5	拉链		米	1 500	1 500	40.00	60 000.00		60 000.00	40.00
	合计			5 800	5 800		￥390 000.00		￥390 000.00	
	备注									

采购员：杨子夏　　检验员：李子奕　　记账员：杨付洋　　保管员：李子奕

凭证 28-1

 网银回单　　　　收 款 凭 证

日期：2022 年 12 月 15 日　　　　回单编号：1051

付款人户名：毕节广元商厦有限公司　　　　付款人开户行：中国建设银行股份有限公司贵州毕节兴旺支行
付款人账号（卡号）：5200169413605254858
收款人户名：贵州毕节奇伟服装有限公司　　　　收款人开户行：中国工商银行股份有限公司贵州毕节阳光支行
收款人账号（卡号）：24060701092000063228
金额：人民币叁拾壹万伍仟捌佰伍拾肆元肆角整　　　　小写：¥315 854.40

业务（产品）种类：　　　　凭证种类：　　　　凭证号码：
摘要：支付前欠货款　　　　用途：支付前欠货款　　　　币种：人民币
交易机构：　　　　记账柜员：　　　　交易代码：　　　　渠道：
附言：
支付交易序号：
报文种类：　　　　委托日期：　　　　业务种类：

本回单为第 1 次打印，注意重复　　　　打印日期：2022.12.15　　　　打印柜员：

凭证 27-2

经济业务处理提示：原材料验收合格入库，作入库账务处理。款项已经预付，通过"预付账款"科目核算。

凭证 28-1

经济业务处理提示：通过工商银行网银转账收到毕节广元商厦有限公司转来前欠货款 315 854.4 元。

凭证 29-1

贵州毕节奇伟服装有限公司 付款申请单

2022 年 12 月 15 日

申请部门：财务部

摘　　要	缴纳合同印花税				合同编号	47414344
合同金额	柒佰伍拾元整				已付金额	
付款金额	人民币（大写）柒佰伍拾元整					¥750.00
付款方式	□ 现金	□ 转账支票	□ 银行汇票	□ 银行承兑汇票	用款日期	2022-12-15
	☑ 网银转账	□ 电汇	□ 银行本票	□ 其他		
收款单位	国家税务总局毕节市七星关区税务局				领款人	

总经理：王红艳　　财务部经理：李薇薇　　部门经理：李薇薇　　经办人：林艳艳

凭证 29-2

合同印花计算表

金额单位：元

合同金额	税率（0.03‰，减半征收）	应纳税额
2 000 000.00	0.015‰	300.00
3 000 000.00	0.015‰	450.00
合计		¥750.00

凭证 29-3

中 华 人 民 共 和 国
税 收 完 税 证 明

（834）黔

填发日期：2022 年 12 月 15 日　　税务机关：国家税务总局毕节市七星关区税务局

纳税人识别号	91520500MA6DYX887D		纳税人名称	贵州毕节奇伟服装有限公司	
原凭证号	税种	品目名称	税款所属时期	入(退)库日期	实缴(退)金额
53653381492962519 7836	印花税	合同印花税	2022-10-01— 2022-11-30	2022-12-15	750.00
		—			

金额合计　（大写）柒佰伍拾元整　　　　　　　　　　　　　　　¥750.00

税务机关（盖章）　　　填票人　　　备注

妥善保管、手写无效

第一联（收据）缴纳税人作完税凭证明

凭证 29-1
经济业务处理提示：业务内容为缴纳合同印花税。

凭证 29-2
经济业务处理提示：计算应缴纳合同印花税 750 元。通过"税金及附加"科目核算。

凭证 29-3
经济业务处理提示：已向税局缴纳印花税，取得完税凭证。

凭证 29-4

中国工商银行 网银回单

付款凭证

日期：2022 年 12 月 15 日　　　　回单编号：6187

付款人户名：贵州毕节奇伟服装有限公司
付款人开户行：中国工商银行股份有限公司贵州毕节阳光支行
付款人账号（卡号）：2406070109200063228
收款人户名：国家税务总局毕节市七星关区税务局
收款人开户行：国家金库毕节七星关区支库
收款人账号（卡号）：
金额：人民币柒佰伍拾元整　　　　小写：¥750.00
业务（产品）种类：　　凭证种类：　　凭证号码：
摘要：缴纳印花税　　用途：缴纳印花税　　币种：人民币
交易机构：　　记账柜员：　　交易代码：　　渠道：
附言：
支付交易序号：
报文种类：　　委托日期：　　业务种类：　　打印柜员：

本回单为第 1 次打印，注意重复　　打印日期：2022.12.15

（中国工商银行股份有限公司贵州毕节阳光支行 网银回单专用章）

凭证 30-1

领 料 单

领用部门：销售部
仓库：材料仓　　　　2022 年 12 月 15 日　　　　编号：460

编号	类别	材料名称	规格	单位	数量		实际成本(元)	
					请领	实发	单价	金额
	包装纸箱			个	50	50		
用途	包装产品			领料部门		发料部门		
				负责人	领料人	核准人	发料人	
				王子轩	李子涵	杨子夏	李子奕	

第三联 记账联

凭证 29-4
经济业务处理提示：税款通过工商银行网银转账支付。

凭证 30-1
经济业务处理提示：根据领料单登记原材料明细账的发出和结存数量，待月末计算加权平均单价后结转发出材料成本及结存材料成本，领用材料时不填制记账凭证。

凭证 31-1

贵州毕节奇伟服装有限公司 付款申请单

申请部门：财务部　　　　　　　　　　　　　　　　　　　　2022 年 12 月 15 日

摘　要	支付工行手续费			合同编号	35776466
合同金额	壹佰捌拾元整			已付金额	
付款金额	人民币（大写）壹佰捌拾元整				￥180.00
付款方式	□现金　　□转账支票　　□银行汇票　　□银行承兑汇票 ☑网银转账　□电汇　　　□银行本票　　□其他			用款日期	2022-12-15
收款单位	中国工商银行股份有限公司贵州毕节阳光支行			领款人	
总经理：王红艳		财务部经理：李薇薇	部门经理：李薇薇		经办人：林艳艳

凭证 31-2

凭证 31-1
经济业务处理提示：业务内容为支付工商银行手续费。

凭证 31-2
经济业务处理提示：取得银行手续费增值税电子普通发票，增值税税额不能抵扣。

凭证 31-3

中国工商银行　网银回单　　付款凭证

日期：2022 年 12 月 15 日　　回单编号：7967

付款人户名：贵州毕节奇伟服装有限公司	付款人开户行：中国工商银行股份有限公司贵州毕节阳光支行
付款人账号(卡号)：2406070109200063228	
收款人户名：中国工商银行股份有限公司贵州毕节阳光支行	收款人开户行：中国工商银行股份有限公司贵州毕节阳光支行
收款人账号(卡号)：2406070109200063001	
金额：人民币壹佰捌拾元整	小写：¥180.00
业务(产品)种类：	凭证种类：　　　　凭证号码：
摘要：银行手续费	用途：银行手续费　　币种：人民币
交易机构：	记账柜员：　　交易代码：　　渠道：
附言：	
支付交易序号：	
报文种类：	委托日期：　　业务种类：
本回单为第 1 次打印，注意重复	打印日期：2022.12.15　　打印柜员：　　验证码：

（中国工商银行股份有限公司贵州毕节阳光支行 网银回单专用章）

凭证 31-4

贵州毕节奇伟服装有限公司　付款申请单

申请部门：财务部　　　　　　　　　　　　　　2022 年 12 月 15 日

摘　要	支付建行手续费			合同编号	
合同金额	陆拾伍元整			已付金额	
付款金额	人民币（大写）陆拾伍元整				¥65.00
付款方式	□现金　　□转账支票　　□银行汇票　　□银行承兑汇票			用款日期	2022-12-15
	☑网银转账　　□电汇　　□银行本票　　□其他				
收款单位	中国建设银行股份有限公司贵州毕节兴旺支行			领款人	
总经理：王红艳	财务部经理：李薇薇		部门经理：李薇薇	经办人：林艳艳	

凭证 31-3

经济业务处理提示：手续费 180 元通过工商银行账户支付。

凭证 31-4

经济业务处理提示：业务内容为支付建设银行手续费。

凭证31-5

贵州增值税电子普通发票							

发票代码：536667990198
发票号码：11346618
开票日期：2022年12月15日
校验码：26292592508353095782
机器编号：849723108218

购买方	名　　　称：贵州毕节奇伟服装有限公司 纳税人识别号：91520500MA6DYX887D 地　址、电　话：毕节高新技术产业开发区标准厂房12幢0857-8225755 开户行及账号：中国工商银行股份有限公司贵州毕节阳光支行2406070109200063228	密码区	7->88-2#4%2>*723#79*8243%-78 7>91%2#*6#5#*9986>%848#*0>*0 40218*2106>8>8>5077861481#22 71-88%94>-##6%03439>>76>%212

货物或应税劳务、服务名称	规格型号	单位	数量	单价	金额	税率	税额
银行手续费			1	61.32	61.32	6%	3.68
合　　计					¥61.32		¥3.68

价税合计（大写）　⊗　陆拾伍元整　　　　　　　（小写）¥65.00

销售方	名　　　称：中国建设银行股份有限公司贵州毕节兴旺支行 纳税人识别号：91520671GG3ZZH052H 地　址、电　话：毕节市七星关区桂花路220号0857-8576603 开户行及账号：中国建设银行股份有限公司贵州毕节兴旺支行5200169413605260001	备注	

收款人：肖鹏飞　　复核：袁媛　　开票人：汪志强　　销售方：（章）

凭证31-6

付款凭证

中国建设银行　网银回单

日期：2022年12月15日　　回单编号：0655

付款人户名：贵州毕节奇伟服装有限公司　　付款人开户行：中国工商银行股份有限公司贵州毕节阳光支行
付款人账号（卡号）：2406070109200063228
收款人户名：中国建设银行股份有限公司贵州毕节兴旺支行　　收款人开户行：中国建设银行股份有限公司贵州毕节兴旺支行
收款人账号（卡号）：5200169413605260001
金额：人民币陆拾伍元整　　　　　　　　　　　　　　　　　　　小写：¥65.00

业务(产品)种类：　　　　凭证种类：　　　　凭证号码：
摘要：银行手续费　　　　用途：银行手续费　　　　币种：人民币
交易机构：　　　　记账柜员：　　　　交易代码：　　　　渠道：
附言：
支付交易序号：
报文种类：　　　　委托日期：　　　　业务种类：

本回单为第 1 次打印，注意重复　　打印日期：2022.12.15　　打印柜员：

凭证 31-5

经济业务处理提示：取得银行手续费增值税电子普通发票，增值税税额不能抵扣。

凭证 31-6

经济业务处理提示：手续费 65 元通过建设银行账户支付。

凭证 32-1

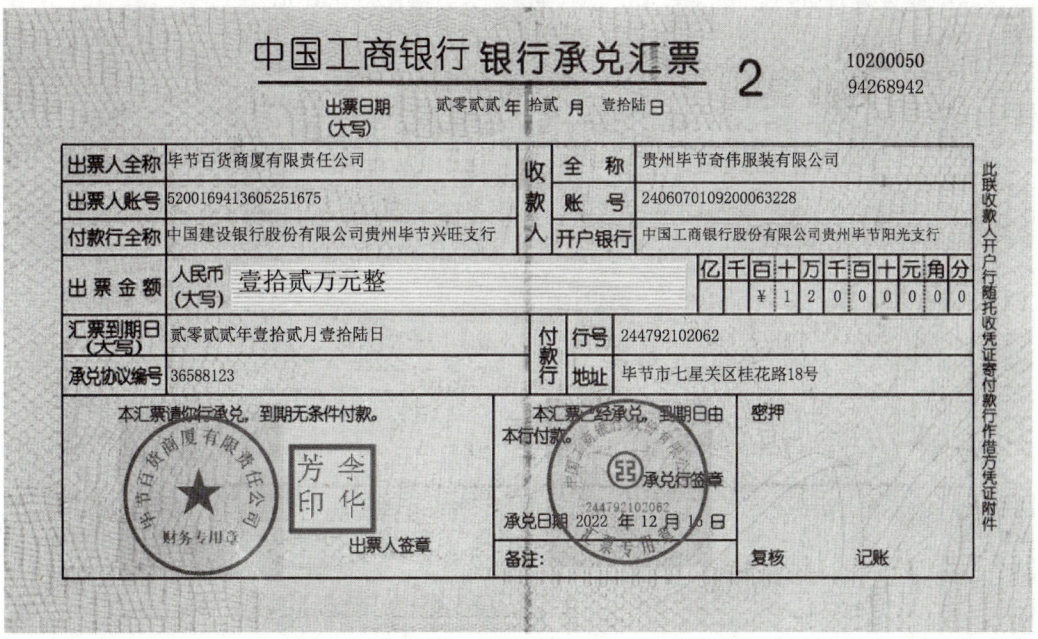

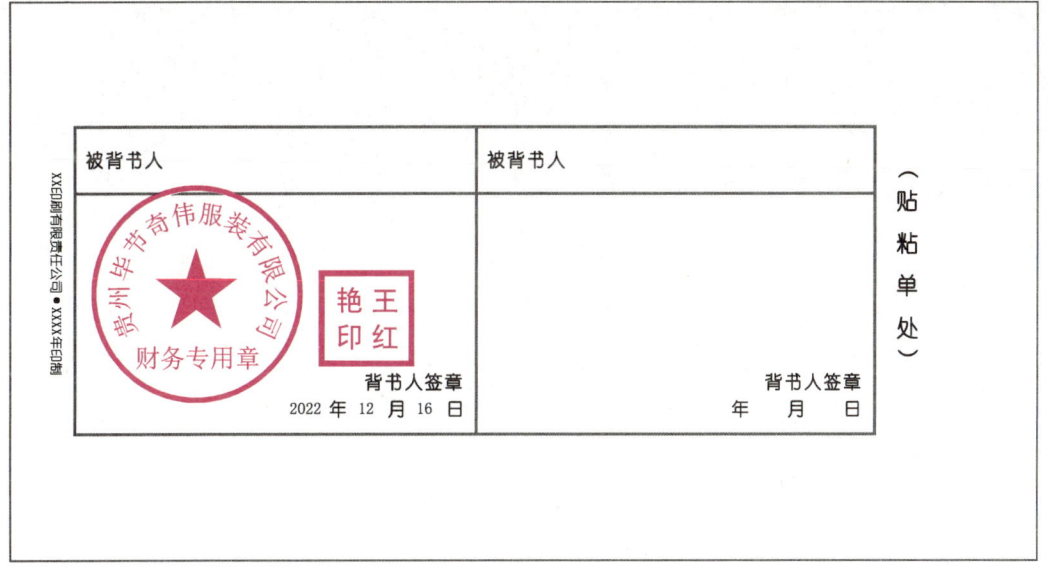

凭证 32-1

经济业务处理提示：银行承兑汇票到期承兑，金额 120 000 元。

凭证 32-2

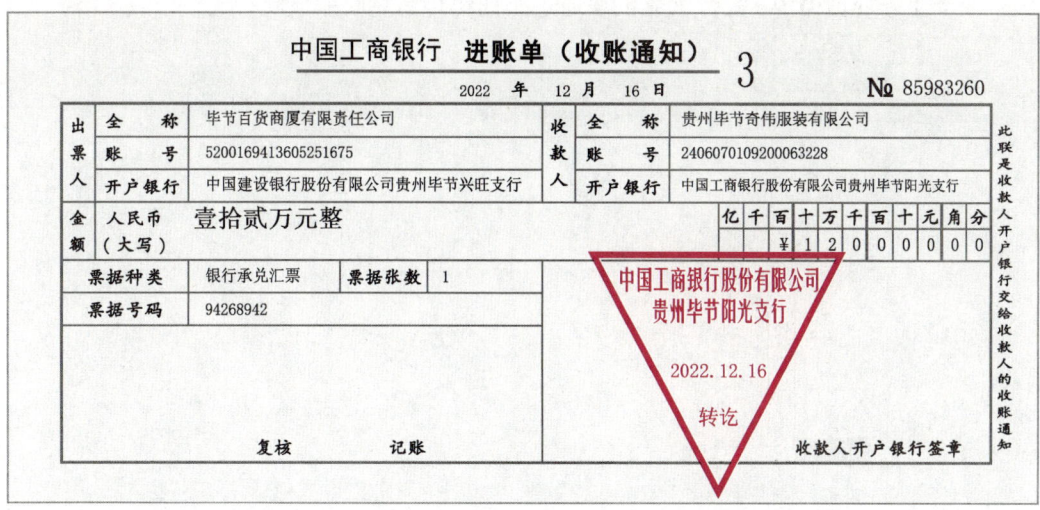

凭证 33-1

贵州毕节奇伟服装有限公司公司文件

奇伟办(2022)字第 01 号

关于购入"贵广网络"股票的决议

经公司经理办公会会议决定，拟以不高于 11.60 元/股的价格购买"贵广网络"（股票代码为：600996）股票 10 000 股，以备近期出售。

参会人员：王红艳　李薇薇　黄柏川　杨子夏

2022 年 12 月 17 日

思政案例
（投资）

凭证 33-2

凭证32-2

经济业务处理提示：银行承兑汇票通过工商银行承兑收账成功。

凭证33-1

经济业务处理提示：公司会议决定出售"贵广网络"股票，购入时通过"交易性金融资产"核算。

凭证33-2

经济业务处理提示：股票以单价11.6元成功出售，产生佣金812元。

凭证33-3

贵州增值税电子普通发票

发票代码：324517884543
发票号码：90131507
开票日期：2022年12月17日
校验码：96086481043705838733
机器编号：482844751060

购买方	名 称：贵州毕节奇伟服装有限公司
	纳税人识别号：91520500MA6DYX887D
	地 址、电 话：毕节高新技术产业开发区标准厂房12幢0857-8225755
	开户行及账号：中国工商银行股份有限公司贵州毕节阳光支行2406070109200063228

密码区：
*24>72#%-441#168#5>*5*644-67
>55*%2>889%1*%**0*574141094#
08121>5*7>%02-23925%0>>9%30>
4941%474716651%808165807#-8#

货物或应税劳务、服务名称	规格型号	单位	数量	单价	金额	税率	税额
服务费*佣金			1	766.04	766.04	6%	45.96
合 计					¥766.04		¥45.96

价税合计（大写）捌佰壹拾贰元整 （小写）¥812.00

销售方	名 称：华创证券有限责任公司毕节营业部
	纳税人识别号：91520500MA6DYX887D
	地 址、电 话：毕节七星关区洪山路洪山酒店财富国际大厦8楼
	开户行及账号：中国工商银行股份有限公司贵州毕节杜鹃支行2406070109200063749

收款人：周研军　　复核：李华　　开票人：韩飞　　销售方（章）

凭证34-1

贵州毕节奇伟服装有限公司 付款申请单

2022 年 12 月 18 日

申请部门：生产部	
摘 要	支付缝纫机维修费
合同编号	03717599
合同金额	肆仟伍佰贰拾元整
已付金额	
付款金额	人民币（大写）肆仟伍佰贰拾元整　　¥4 520.00
付款方式	☐现金　☐转账支票　☐银行汇票　☐银行承兑汇票　☑网银转账　☐电汇　☐银行本票　☐其他
用款日期	2022-12-18
收款单位	贵州毕节机器维修服务有限公司
领款人	李玉洁

总经理：王红艳　　财务部经理：李薇薇　　部门经理：王子轩　　经办人：李子涵

凭证33-3

经济业务处理提示：出售佣金取得增值税电子普通发票，增值税税额不能抵扣。

凭证34-1

经济业务处理提示：业务内容为生产部支付缝纫机维修费。

凭证34-2

凭证34-3

中国工商银行 网银回单　　　　付款凭证

日期：2022 年 12 月 18 日　　回单编号：2341

付款人户名：贵州毕节奇伟服装有限公司　　付款人开户行：中国工商银行股份有限公司贵州毕节阳光支行

付款人账号（卡号）：2406070109200063228

收款人户名：贵州毕节机器维修服务有限公司　　收款人开户行：中国工商银行股份有限公司贵州毕节阳光支行

收款人账号（卡号）：2406071009200067725

金额：人民币肆仟伍佰贰拾元整　　小写：¥4 520.00

业务（产品）种类：　　凭证种类：　　凭证号码：

摘要：支付维修费　　用途：支付维修费　　币种：人民币

交易机构：　　记账柜员：　　交易代码：　　渠道：

附言：

支付交易序号：

报文种类：　　委托日期：　　业务种类：

本回单为第 1 次打印，注意重复　　打印日期：2022.12.18　　打印柜员：

凭证 34-2

经济业务处理提示：取得维修费增值税电子专用发票，维修费 4 000 元，增值税税额 520 元。

凭证 34-3

经济业务处理提示：通过工商银行网银转账方式支付维修费 4 520 元。

凭证 35-1

贵州毕节奇伟服装有限公司　付款申请单

申请部门：销售部　　　　　　　　　　　　　　　　2022 年 12 月 19 日

摘　　要	支付运输费			合同编号	15869134
合同金额	陆仟伍佰肆拾元整			已付金额	
付款金额	人民币（大写）陆仟伍佰肆拾元整			¥6 540.00	
付款方式	□现金　☑转账支票　□银行汇票　□银行承兑汇票 □网银转账　□电汇　□银行本票　□其他			用款日期	2022-12-19
收款单位	毕节快捷汽车运输有限公司			领款人	游丽燕
总经理：王红艳		财务部经理：李薇薇	部门经理：梁国浩		经办人：李子涵

凭证 35-2

凭证 35-3

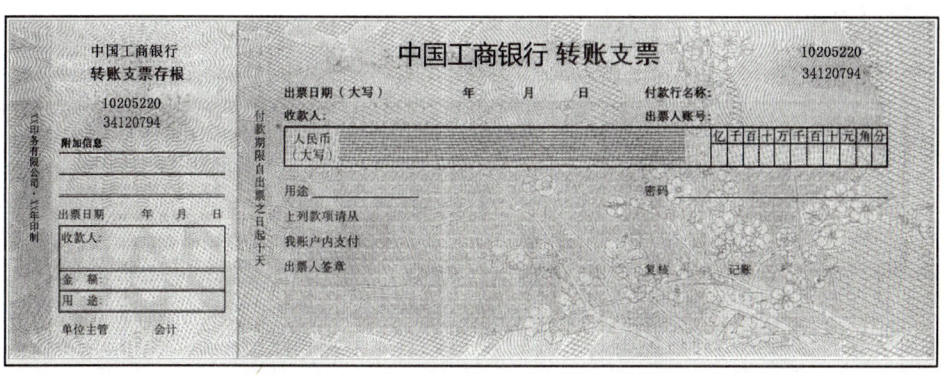

凭证 35-1
经济业务处理提示：业务内容为销售部支付销售运输费，通过"销售费用"科目核算。

凭证 35-2
经济业务处理提示：取得增值税电子专用发票，运输费 6 000 元，增值税税额 540 元。

凭证 35-3
经济业务处理提示：出纳人员填制工商银行转账支票支付。

凭证36-1

销 售 单

购货单位：	毕节广元商厦有限公司	地址和电话：	毕节市七星关区清毕路8号0857-8222496	单据编号：	0004
纳税识别号：	91520500MA6DKH1EX6	开户行及账号：	中国建设银行股份有限公司贵州毕节兴旺支行5200169413605254858	制单日期：	2022年12月19日

编码	产品名称	规格	单位	单价	数量	金额	备注
1	西服	男士	套	1 280.00	100	128 000.00	
2	休闲服	女士	件	700.00	120	84 000.00	
合计	人民币（大写）	贰拾壹万贰仟元整				¥212 000.00	

总经理：王红艳　　销售经理：梁国浩　　经办人：李子奕　　会计：杨付洋　　签收人：王伟

凭证36-2

凭证 36-1

经济业务处理提示：销售男士西服 100 套，金额 128 000 元，女士休闲服 120 件，金额 84 000 元。

凭证 36-2

经济业务处理提示：开具增值税电子专用发票，销项税额 27 560 元。

凭证 36-3

中国建设银行 银行承兑汇票 2

10500050
04794976

出票日期(大写)	贰零贰贰 年 壹拾贰 月 壹拾玖 日			
出票人全称	毕节广元商厦有限公司	收款人	全称	贵州毕节奇伟服装有限公司
出票人账号	5200169413605254858		账号	2406070109200063228
付款行全称	中国建设银行股份有限公司贵州毕节兴旺支行		开户银行	中国工商银行股份有限公司贵州毕节阳光支行
出票金额(大写)	贰拾叁万玖仟伍佰陆拾元整			¥ 239560 00
汇票到期日(大写)	贰零贰叁年零叁月壹拾玖日	付款行	行号	105709081379
承兑协议编号	99748092		地址	毕节市七星关区桂花路18号

本汇票请你行承兑，到期无条件付款。
出票人签章

本汇票已经承兑，到期日由本行付款。
承兑日期 2022 年 12 月 19 日

密押

复核　记账

凭证 37-1

领 料 单

领用部门：基本生产车间
仓库：材料仓　　　　2022 年 12 月 20 日　　　　编号：995

编号	类别	材料名称	规格	单位	数量		实际成本(元)	
					请领	实发	单价	金额
001	主要材料	西服面料		米	300	300		
002	主要材料	西服里料		米	100	100		
003	辅助材料	拉链		条	200	200		
004	辅助材料	手提袋		个	200	200		
用途	生产男士西服			领料部门		发料部门		
				负责人 王子轩	领料人 李子涵	核准人 杨子夏	发料人 李子奕	

第三联 记账联

凭证36-3
经济业务处理提示：销售服装取得银行承兑汇票，通过"应收票据"科目核算。

凭证37-1
经济业务处理提示：根据领料单登记原材料明细账的发出和结存数量，待月末计算加权平均单价后结转发出材料成本及结存材料成本，领用材料时不填制记账凭证。

凭证37-2

领 料 单

领用部门：基本生产车间

仓库：材料仓　　　　2022 年 12 月 20 日　　　　编号：996

编号	类别	材料名称	规格	单位	数量		实际成本(元)	
					请领	实发	单价	金额
001	主要材料	西服面料		米	300	300		
002	主要材料	西服里料		米	100	100		
003	辅助材料	纽扣		包	3	3		
004	辅助材料	手提袋		个	100	100		
用途	生产女士西服				领料部门		发料部门	
					负责人	领料人	核准人	发料人
					王子轩	李子涵	杨子夏	李子奕

第三联　记账联

凭证37-3

领 料 单

领用部门：基本生产车间

仓库：材料仓　　　　2022 年 12 月 20 日　　　　编号：997

编号	类别	材料名称	规格	单位	数量		实际成本(元)	
					请领	实发	单价	金额
001	主要材料	休闲服面料		米	500	500		
002	主要材料	休闲服里料		米	300	300		
003	辅助材料	拉链		条	400	400		
004	辅助材料	手提袋		个	500	500		
用途	生产男士休闲服				领料部门		发料部门	
					负责人	领料人	核准人	发料人
					王子轩	李子涵	杨子夏	李子奕

第三联　记账联

凭证 37-2

经济业务处理提示：根据领料单登记原材料明细账的发出和结存数量，待月末计算加权平均单价后结转发出材料成本及结存材料成本，领用材料时不填制记账凭证。

凭证 37-3

经济业务处理提示：根据领料单登记原材料明细账的发出和结存数量，待月末计算加权平均单价后结转发出材料成本及结存材料成本，领用材料时不填制记账凭证。

凭证37-4

领 料 单

领用部门：基本生产车间
仓库：材料仓　　　　　　　2022 年 12 月 20 日　　　　　　编号：998

编号	类别	材料名称	规格	单位	数量 请领	数量 实发	实际成本(元) 单价	实际成本(元) 金额
001	主要材料	休闲服面料		米	400	400		
002	主要材料	休闲服里料		米	200	200		
003	辅助材料	纽扣		包	3	3		
004	辅助材料	手提袋		个	200	200		

用途	生产女士休闲服	领料部门 负责人	领料部门 领料人	发料部门 核准人	发料部门 发料人
		王子轩	李子涵	杨子夏	李子奕

第三联　记账联

凭证38-1

贵州毕节奇伟服装有限公司　付款申请单

申请部门：财务部　　　　　　　　　　　　　　　　　　　　2022 年 12 月 20 日

摘　要	归还建行借款本金及利息		合同编号	95059848
合同金额	伍拾贰万肆仟元整		已付金额	
付款金额	人民币（大写）伍拾叁万元整			￥530 000.00
付款方式	□现金　　□转账支票　　□银行汇票　　□银行承兑汇票 ☑网银转账　□电汇　　　□银行本票　　□其他		用款日期	2022-12-20
收款单位	中国建设银行股份有限公司贵州毕节兴旺支行		领款人	
总经理：王红艳	财务部经理：李薇薇	部门经理：李薇薇		经办人：林艳艳

凭证38-2

计付贷款本金及利息（付款通知）

开户行：中国建设银行股份有限公司贵州毕节兴旺支行
账　号：5200169413605261674　　　　2022 年 12 月 20 日　　　　NO. 0946

借款人单位名称	贵州毕节奇伟服装有限公司			
借款金额	大写：伍拾万元整		小写：￥500 000.00	计息总积数
借款期限	2020.12.20	至	2022.12.20	
行号	利率	利息金额		本息合计
244792102062	6.00%	30 000.00		￥530 000.00

凭证 37-4

经济业务处理提示：根据领料单登记原材料明细账的发出和结存数量，待月末计算加权平均单价后结转发出材料成本及结存材料成本，领用材料时不填制记账凭证。

凭证 38-1

经济业务处理提示：业务内容为归还建设银行借款本金及利息。

凭证 38-2

经济业务处理提示：计算还款本金为 500 000 元，利息为 30 000 元。

凭证38-3

中国建设银行股份有限公司贵州毕节兴旺支行　（贷款）还款记录单

还款日期：2022 年 12 月 20 日

借款人名	贵州毕节奇伟服装有限公司	原借款凭证	银行编号	244792102062
			借款金额	50.00　　　　　　　　万元
放款户账号	5200169413605261674		借款日期	2020年12月20日
结算户账号	5200169413605261674		约定还款日期	2022 年 12 月 20 日

本次为第 1 次还款，还款金额为 53.00 万元，该笔借款尚欠 0 万元。

还款人（盖章）　　　　　　　　　银行信贷部门（盖章）

第一联　退还借款人

凭证38-4

银行借款利息计算表

2022 年 12 月 20 日

借款名称	借款金额	计息月份	借款利率	借款利息
长期借款	500 000.00	12 月	6%	2 500.00
合计				2 500.00

会计主管：李薇薇　　　　　制单：杨付洋　　　　　复核：李薇薇

凭证38-3

经济业务处理提示：还贷款项通过建设银行账户支付。

凭证38-4

经济业务处理提示：其中计算未计提的12月借款利息2 500元,通过"财务费用"核算。

凭证 39-1

中国工商银行 网银回单　　　　　收款凭证

日期：2022 年 12 月 21 日　　回单编号：5295

付款人户名：中国工商银行股份有限公司贵州毕节阳光支行
付款人账号(卡号)：2406070109200063001
收款人户名：贵州毕节奇伟服装有限公司
收款人账号(卡号)：2406070109200063228
金额：人民币贰佰伍拾元伍角整　　小写：¥250.50

付款人开户行：中国工商银行股份有限公司贵州毕节阳光支行
收款人开户行：中国工商银行股份有限公司贵州毕节阳光支行

业务(产品)种类：　　凭证种类：　　凭证号码：
摘要：银行结息　　用途：银行结息　　币种：人民币
交易机构：　　记账柜员：　　交易代码：　　渠道：
附言：
支付交易序号：
报文种类：　　委托日期：　　业务种类：

本回单为第 1 次打印，注意重复　　打印日期：2022.12.21　　打印柜员：

凭证 39-2

中国建设银行 网银回单　　　　　收款凭证

日期：2022 年 12 月 21 日　　回单编号：6705

付款人户名：中国建设银行股份有限公司贵州毕节兴旺支行
付款人账号(卡号)：5200169413605260001
收款人户名：贵州毕节奇伟服装有限公司
收款人账号(卡号)：5200169413605261674
金额：人民币肆佰贰拾元捌角整　　小写：¥420.80

付款人开户行：中国建设银行股份有限公司贵州毕节兴旺支行
收款人开户行：中国建设银行股份有限公司贵州毕节兴旺支行

业务(产品)种类：　　凭证种类：　　凭证号码：
摘要：银行结息　　用途：银行结息　　币种：人民币
交易机构：　　记账柜员：　　交易代码：　　渠道：
附言：
支付交易序号：
报文种类：　　委托日期：　　业务种类：

本回单为第 1 次打印，注意重复　　打印日期：2022.12.21　　打印柜员：

凭证39-1

经济业务处理提示：网银收到工商银行账户结算活期存款利息250.5元。

凭证39-2

经济业务处理提示：网银收到建设银行账户结算活期存款利息420.8元。

凭证40-1

贵州毕节奇伟服装有限公司 付款申请单

申请部门：财务部　　　　　　　　　　　　　　　　　　　　　　2022 年 12 月 21 日

摘　要	支付工行第四季度利息				合同编号	55795371
合同金额	陆仟元整				已付金额	
付款金额	人民币（大写）陆仟元整				￥6 000.00	
付款方式	□现金　　□转账支票　　□银行汇票　　□银行承兑汇票 ☑网银转账　　□电汇　　□银行本票　　□其他				用款日期	2022-12-21
收款单位	中国工商银行股份有限公司贵州毕节阳光支行				领款人	
总经理：王红艳		财务部经理：李薇薇		部门经理：李薇薇		经办人：林艳艳

凭证40-2

中国工商银行股份有限公司贵州毕节阳光支行　计付利息（收账通知）

2022 年 12 月 21 日

客户号	0039409497		结算账号	9533802060540314248		
单位名称：贵州毕节奇伟服装有限公司						客户联
计息起讫日期	2022 年 09 月 21 日	至	2022 年 12 月 20 日			
正常本金/积数	500 000.00		利率 4.8%		利息	6 000.00
逾期本金/积数			利率		利息	
欠息/积数			利率		利息	
币种			利息总金额		6 000.00	
银行盖章：						

中国工商银行股份有限公司
贵州毕节阳光支行
2022.12.21
转讫

凭证 40-1

经济业务处理提示：业务内容为支付工商银行第四季度借款利息。

凭证 40-2

经济业务处理提示：网银支付工商银行第四季度借款利息 6 000 元。

凭证40-3

银行借款利息计算表

2022 年 12 月 21 日

借款名称	借款金额	计息月份	借款利率	借款利息
长期借款	500 000.00	12 月	4.8%	2 000.00
		合计		2 000.00

会计主管：李薇薇　　　　　　制单：杨付洋　　　　　　复核：李薇薇

凭证41-1

贵州毕节奇伟服装有限公司　付款申请单

2022 年 12 月 22 日

申请部门：行政部			
摘　要	支付购进办公用计算机款	合同编号	58749824
合同金额	壹万壹仟叁佰元整	已付金额	
付款金额	人民币（大写）壹万壹仟叁佰元整		￥11 300.00
付款方式	☐现金　　☐转账支票　　☐银行汇票　　☑银行承兑汇票 ☐网银转账　☐电汇　　　☐银行本票　　☐其他	用款日期	2022-12-22
收款单位	毕节华阳科技网络有限公司	领款人	吴文

总经理：王红艳　　　财务部经理：李薇薇　　　部门经理：黄柏川　　　经办人：李子涵

凭证 40-3

经济业务处理提示：计算其中未计提的 12 月利息金额为 2 000 元，通过"财务费用"科目核算。

凭证 41-1

经济业务处理提示：付款方式：银行承兑汇票。

凭证41-2

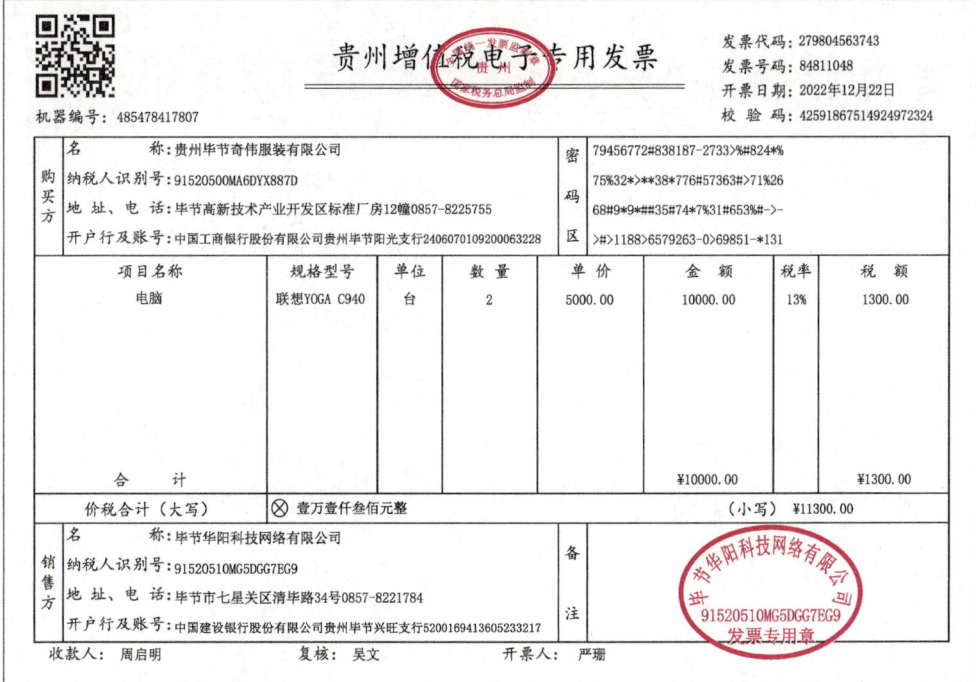

凭证41-3

固定资产验收单

公司名称：贵州毕节奇伟服装有限公司

资产编号	0512	资产名称	电脑		
规格(编号)	联想 YOGA C940	资产代码	0459	管理人	黄柏川
计量单位	台	单价(元)	￥5 000.00	金额(元)	￥5 000.00
出厂日期	2022 年 12 月 20 日		购置日期	2022 年 12 月 22 日	
生产厂家	联想集团股份有限公司		安装地点	毕节高新技术产业开发区标准厂房12幢	
附件情况					

固定资产验收情况说明：
验收合格

验收确认：
合格

验收日期： 2022 年 12 月 22 日

管理部门负责人签字：黄柏川

公司总经理签字： 王红艳

注：此表一式三份，使用部门、保管部门、财务部门各一份。

凭证 41-2

经济业务处理提示：取得增值税专用发票。

凭证 41-3

经济业务处理提示：所购固定资产已验收入库，通过"固定资产"账户核算。

凭证 41-4

固定资产验收单

公司名称：贵州毕节奇伟服装有限公司

资产编号	0513		资产名称	电脑		
规格（编号）	联想 YOGA C940		资产代码	0460	管理人	黄柏川
计量单位	台		单价（元）	￥5 000.00	金额（元）	￥5 000.00
出厂日期	2022 年 12 月 20 日			购置日期	2022 年 12 月 22 日	
生产厂家	联想集团股份有限公司			安装地点	毕节高新技术产业开发区标准厂房 12 幢	
附件情况						

固定资产验收情况说明：
验收合格

验收确认：
合格

验收日期：2022 年 12 月 22 日

管理部门负责人签字：黄柏川

公司总经理签字：王红艳

注：此表一式三份，使用部门、保管部门、财务部门各一份。

凭证 41-5

固定资产领用单

领用品名：电脑（联想 YOGA C940）　　2022 年 12 月 22 日

领用部门	领发数量	金额
财务部	1 台	5 000.00
行政部	1 台	5 000.00
合计		￥10 000.00

审核：黄柏川　　　　　　　　　　　　　　　　　　　　　　　　制表：李子涵

凭证 41-4

经济业务处理提示：所购固定资产已验收入库，通过"固定资产"账户核算。

凭证 41-6

中国工商银行 银行承兑汇票（存根） 3

10205250
15111251

出票日期（大写）：贰零贰贰 年 壹拾贰 月 贰拾贰 日

出票人全称	贵州毕节奇伟服装有限公司	收款人	全称	毕节华阳科技网络有限公司
出票人账号	2406070109200063228		账号	5200169413605233217
付款行全称	中国工商银行股份有限公司贵州毕节阳光支行		开户银行	中国建设银行股份有限公司贵州毕节兴旺支行

出票金额（大写）：人民币 壹万壹仟叁佰元整　￥11300000

汇票到期日（大写）：贰零贰叁年零叁月贰拾贰日

承兑协议编号：47531432

付款行 行号：244792102062　地址：毕节高新技术产业开发区标准厂房12幢

此联由出票人存查

中国工商银行 银行承兑汇票 2

10205250
83136674

出票日期（大写）：贰零贰贰 年 壹拾贰 月 贰拾贰 日

出票人全称	贵州毕节奇伟服装有限公司	收款人	全称	毕节华阳科技网络有限公司
出票人账号	2406070109200063228		账号	5200169413605233217
付款行全称	中国工商银行股份有限公司贵州毕节阳光支行		开户银行	中国建设银行股份有限公司贵州毕节兴旺支行

出票金额（大写）：人民币 壹万壹仟叁佰元整　￥11300000

汇票到期日（大写）：贰零贰叁年零叁月贰拾贰日

承兑协议编号：47531432

付款行 行号：244792102062　地址：毕节市七星关区桂花路18号

本汇票请你行承兑，到期无条件付款。　出票人签章

本汇票已经承兑，到期由本行付款。　承兑行签章　承兑日期 2022 年 12 月 22 日

此联收款人开户行随托收凭证寄付款行作借方凭证附件

凭证 41-6

经济业务处理提示：通过银行承兑汇票支付款项，通过"应付票据"账户核算。

凭证 42-1

销售单

购货单位：毕节鑫百裤业经营部　　地址和电话：毕节市七星关区桂花路19号 0857-8226613　　单据编号：0005
纳税识别号：91520500MA6KH2D1HK　　开户行及账号：中国建设银行股份有限公司贵州毕节兴旺支行520016941360522951　　制单日期：2022年12月22日

编码	产品名称	规格	单位	单价	数量	金额	备注
1	包装纸箱		个	30.00	100	3 000.00	
合计	人民币(大写)：叁仟元整					¥3 000.00	

总经理：王红艳　　销售经理：梁国浩　　经办人：李子奕　　会计：杨付洋　　签收人：陈璐

凭证 42-2

凭证 42-1

经济业务处理提示：销售包装纸箱，已发出，符合确认收入条件，通过"其他业务收入"账户核算。

凭证 42-2

经济业务处理提示：销售包装纸箱开具增值税专用发票。

凭证 42-3

收 款 收 据

2022 年 12 月 22 日　　NO.7916851

现金收讫

今　收　到　毕节鑫百裤业经营部

交　　来　购买包装纸箱款项

金额（大写）　零拾零万叁仟叁佰玖拾零元零角零分

¥ 3 390.00　　　　　　　收款单位（公章）

贵州毕节奇伟服装有限公司 财务专用章

第三联　记账

核准　李薇薇　　会计　杨付洋　　记账　杨付洋　　出纳　林艳艳　　经办人　李子涵

凭证 43-1

领 料 单

领用部门：生产车间
仓库：周转材料仓　　2022 年 12 月 23 日　　编号：827

编号	类别	材料名称	规格	单位	数量 请领	数量 实发	实际成本(元) 单价	实际成本(元) 金额
001	工具	生产工具		套	20	20		

| 用途 | 生产产品（一次摊销法） | 领料部门 负责人 王子轩 | 领料部门 领料人 李子涵 | 发料部门 核准人 杨子夏 | 发料部门 发料人 李子奕 |

第三联　记账联

凭证42-3

经济业务处理提示：销售包装纸箱收到款项，收款方式为现金收款。

凭证43-1

经济业务处理提示：根据领料单登记低值易耗品明细账的发出和结存数量，待月末计算加权平均单价后结转发出低值易耗品成本及结存低值易耗品成本，领用低值易耗品时不填制记账凭证。

凭证44-1

领 料 单

领用部门：基本生产车间
仓库：材料仓　　　　　　2022 年 12 月 23 日　　　　　　　　编号：999

编号	类别	材料名称	规格	单位	数量 请领	数量 实发	实际成本(元) 单价	实际成本(元) 金额
001	主要材料	西服面料		米	460	460		0
002	主要材料	西服里料		米	110	110		0
用途		生产男士西服			领料部门 负责人 王子轩	领料部门 领料人 李子涵	发料部门 核准人 杨子夏	发料部门 发料人 李子奕

第三联 记账联

凭证44-2

领 料 单

领用部门：基本生产车间
仓库：材料仓　　　　　　2022 年 12 月 23 日　　　　　　　　编号：1000

编号	类别	材料名称	规格	单位	数量 请领	数量 实发	实际成本(元) 单价	实际成本(元) 金额
001	主要材料	西服面料		米	240	240		0
002	主要材料	西服里料		米	40	40		0
用途		生产女士西服			领料部门 负责人 王子轩	领料部门 领料人 李子涵	发料部门 核准人 杨子夏	发料部门 发料人 李子奕

第三联 记账联

凭证 44-1

经济业务处理提示：根据领料单登记原材料明细账的发出和结存数量，待月末计算加权平均单价后结转发出材料成本及结存材料成本，领用材料时不填制记账凭证。

凭证 44-2

经济业务处理提示：根据领料单登记原材料明细账的发出和结存数量，待月末计算加权平均单价后结转发出材料成本及结存材料成本，领用材料时不填制记账凭证。

凭证44-3

领 料 单

领用部门：基本生产车间
仓库：材料仓　　　　　2022 年 12 月 23 日　　　　　编号：1001

编号	类别	材料名称	规格	单位	数量 请领	数量 实发	实际成本(元) 单价	实际成本(元) 金额
001	主要材料	休闲服面料		米	500	500		0
002	主要材料	休闲服里料		米	300	300		0
003	辅助材料	拉链		条	300	300		0

用途：生产男士休闲服

领料部门　负责人：王子轩　领料人：李子涵
发料部门　核准人：杨子夏　发料人：李子奕

第三联　记账联

凭证44-4

领 料 单

领用部门：基本生产车间
仓库：材料仓　　　　　2022 年 12 月 23 日　　　　　编号：1002

编号	类别	材料名称	规格	单位	数量 请领	数量 实发	实际成本(元) 单价	实际成本(元) 金额
001	主要材料	休闲服面料		米	240	240		0
002	主要材料	休闲服里料		米	80	80		0
003	辅助材料	手提袋		个	200	200		0

用途：生产女士休闲服

领料部门　负责人：王子轩　领料人：李子涵
发料部门　核准人：杨子夏　发料人：李子奕

第三联　记账联

凭证45-1

贵州毕节奇伟服装有限公司 付款申请单

2022 年 12 月 24 日

申请部门：行政部			
摘　要	付行政部王玥生病住院慰问金	合同编号	
合同金额		已付金额	
付款金额	人民币（大写）伍佰元整		￥500.00
付款方式	✓ 现金　□ 转账支票　□ 银行汇票　□ 银行承兑汇票 □ 网银转账　□ 电汇　□ 银行本票　□ 其他	用款日期	2022-12-24
收款单位		领款人	王玥

总经理：王红艳　　财务部经理：李薇薇　　部门经理：黄柏川　　经办人：李子涵

凭证 44-3

经济业务处理提示：根据领料单登记原材料明细账的发出和结存数量，待月末计算加权平均单价后结转发出材料成本及结存材料成本，领用材料时不填制记账凭证。

凭证 44-4

经济业务处理提示：根据领料单登记原材料明细账的发出和结存数量，待月末计算加权平均单价后结转发出材料成本及结存材料成本，领用材料时不填制记账凭证。

凭证 45-1

经济业务处理提示：付款方式：现金。

凭证45-2

贵州毕节奇伟服装有限公司公司文件

奇伟办（2022）字第02号

关于发放王玥同志慰问金的决定

我公司行政部员工王玥因疾病住院，经公司研究决定给予王玥同志发放慰问金500元。

2022年12月24日

凭证45-3

收款收据

NO. 1463729

2022年12月24日

今收到　贵州毕节奇伟服装有限公司

交　来　生病住院慰问金

金额（大写）　零拾零万零仟伍佰零拾零元零角零分

¥500.00　　　收款单位（公章）　王玥

现金付讫

第二联 收据

核准　　　会计　　　记账　　　出纳　　　经办人　王玥

凭证46-1

贵州毕节奇伟服装有限公司　付款申请单

申请部门：行政部　　　　　　　　　　　　　　2022年12月24日

摘　要	支付大米及猪肉款		合同编号	79554135
合同金额	叁仟陆佰捌拾元整		已付金额	
付款金额	人民币（大写）叁仟陆佰捌拾元整			¥3 680.00
付款方式	☐现金　☑转账支票　☐银行汇票　☐银行承兑汇票 ☐网银转账　☐电汇　☐银行本票　☐其他		用款日期	2022-12-24
收款单位	贵州众利永佳超市有限公司		领款人	李悦悦

总经理：王红艳　　　财务部经理：李薇薇　　　部门经理：黄柏川　　　经办人：李子涵

凭证 45-2

经济业务处理提示：职工生病住院慰问金通过"应付职工薪酬"账户核算。

凭证 45-3

经济业务处理提示：现金支付职工生病住院慰问金。

凭证 46-1

经济业务处理提示：付款方式：转账支票。

凭证 46-2

贵州增值税电子普通发票

发票代码：881833620405
发票号码：94149246
开票日期：2022年12月24日
校验码：52719065539955806820

机器编号：677750497158

购买方	名称：贵州毕节奇伟服装有限公司
	纳税人识别号：91520500MA6DYX887D
	地址、电话：毕节高新技术产业开发区标准厂房12幢0857-8225755
	开户行及账号：中国工商银行股份有限公司贵州毕节阳光支行2406070109200063228

密码区：
693*5525-151350735699#-61%>7
963*-%30*#0*8993>1092184>987
#->44*293526309200>6-#7%7#2%
%*68#02#92-#00-%279%##*62%78

货物或应税劳务、服务名称	规格型号	单位	数量	单价	金额	税率	税额
大米		千克	500	4.00	2000.00	9%	180.00
鲜猪肉		千克	50	30.00	1500.00	0%	0
合　计					¥3500.00		¥180.00

价税合计（大写）：⊗ 叁仟陆佰捌拾元整　　（小写）¥3680.00

销售方	名称：贵州众利永佳超市有限公司
	纳税人识别号：91520502MA6NH17XJ6
	地址、电话：毕节市七星关区洪山街道人民广场0857-7254109
	开户行及账号：中国工商银行毕节万利支行2406071009200002256

备注：（贵州众利永佳超市有限公司 发票专用章 91520502MA6NH17XJ6）

收款人：杨小波　　复核：王欣威　　开票人：李悦悦

凭证 46-3

贵州毕节奇伟服装有限公司
物料验收单

厂商名称：贵州众利永佳超市有限公司　　日期：2022 年 12 月 24 日

	订单号码	物料名称	交货数量	实收数量	单位	抽样检验数量	抽样率	验收合格率	备注
收料	79554135	大米	500	500	千克	50	10%	100%	
	79554135	鲜猪肉	50	50	千克	5	10%	100%	

	检验标准检验项目			IQC 判定		
检验	1			☑ 合　格		
	2			☐ 不合格		
	3			不合格处理	☐退货 ☐选别 ☐加工 ☐特采 ☐其他	
	4					
	5					
	6					
	7			品管部	工程部	
	8					

备注：物资直接支付食堂使用	收料员	检验员	品保主管	仓管员	采购
	李子奕	李子奕		李子奕	杨子夏

第四联　会计联

凭证 46-2

经济业务处理提示：取得增值税普通发票，增值税进项税额不得抵扣。

凭证 46-3

经济业务处理提示：食材已验收合格。

凭证 46-4

中国工商银行 转账支票存根	中国工商银行 转账支票	10205220
10205220 34120795	出票日期（大写）　年　月　日　付款行名称：	34120795
附加信息	收款人： 出票人账号：	
出票日期　年　月　日	人民币（大写） 亿千百十万千百十元角分	
收款人：	用途： 密码：	
金　额：	上列款项请从我账户内支付	
用　途：	出票人签章　　复核　　记账	
单位主管　会计		

凭证 47-1

贵州毕节奇伟服装有限公司　付款申请单

申请部门：采购部　　　　　　　　　　　　　　　　　2022 年 12 月 25 日

摘　要	预付货款			合同编号	79493510
合同金额	贰拾伍万元整			已付金额	
付款金额	人民币（大写）贰拾伍万元整				￥250 000.00
付款方式	□现金　　☑网银转账	□转账支票　□电汇	□银行汇票　□银行本票	□银行承兑汇票　□其他	用款日期 2022-12-25
收款单位	贵阳通黔纺织科技有限公司			领款人	燕明妮
总经理：王红艳	财务部经理：李薇薇		部门经理：杨子夏		经办人：陈辰

凭证 47-2

凭证46-4

经济业务处理提示：填写转账支票支付食材费，填制转账支票时应加盖财务专用章和法人章，正本联交与往来单位，存根联留存记账。

凭证47-1

经济业务处理提示：付款方式：网银转账。

凭证47-2

经济业务处理提示：预付货款，通过"预付账款"账户核算。

凭证48-1

贵州毕节奇伟服装有限公司　付款申请单

申请部门：行政部　　　　　　　　　　　　　　　　　　　　2022 年 12 月 26 日

摘　　要	疫情捐款				合同编号	88058501
合同金额	伍仟元整				已付金额	
付款金额	人民币（大写）伍仟元整				￥5 000.00	
付款方式	□现金　　　☑转账支票　　　□银行汇票　　　□银行承兑汇票 □网银转账　□电汇　　　　□银行本票　　　□其他				用款日期	2022-12-26
收款单位	毕节市红十字会				领款人	李丽
总经理：王红艳		财务部经理：李薇薇		部门经理：黄柏川		经办人：陈辰

凭证48-2

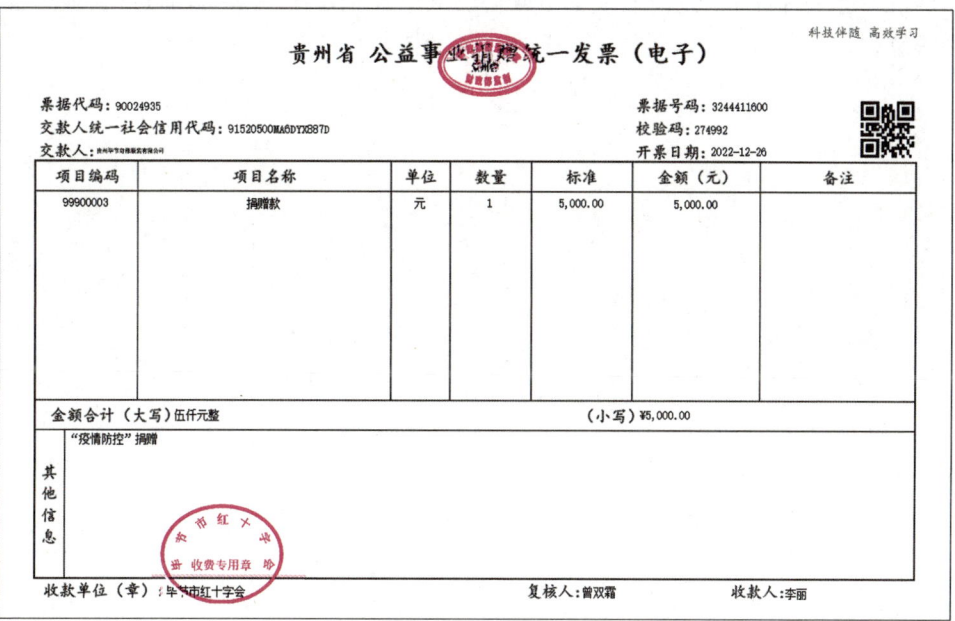

凭证48-3

凭证 48-1

经济业务处理提示：付款方式：转账支票。

凭证 48-2

经济业务处理提示：疫情捐款支出取得公共事业捐赠统一票据，通过"营业外支出"账户核算。

凭证 48-3

经济业务处理提示：填写转账支票支付疫情捐款，填制转账支票时应加盖财务专用章和法人章，正本联交与往来单位，存根联留存记账。

凭证49-1

贵州毕节奇伟服装有限公司 付款申请单

申请部门：行政部　　　　　　　　　　　　　　　　　　　　　　　2022 年 12 月 26 日

摘　要	付轿车保险费			合同编号	77372737
合同金额				已付金额	
付款金额	人民币（大写）伍仟壹佰叁拾元整				￥5 130.00
付款方式	□现金　　　□转账支票　　　□银行汇票　　　□银行承兑汇票 ✓网银转账　　□电汇　　　　□银行本票　　　□其他			用款日期	2022-12-26
收款单位	阳平财产保险股份有限公司毕节中心支公司			领款人	马姣
总经理：王红艳	财务部经理：李薇薇	部门经理：黄柏川		经办人：陈辰	

凭证49-2

贵州增值税电子专用发票

发票代码：945754122092
发票号码：15254083
开票日期：2022年12月26日
校 验 码：73934812551325069946

机器编号：889897867371

购买方	名　　称	贵州毕节奇伟服装有限公司	密码区	#8#-*7388-3%-10%%84953>336*> 19>>351312#%*66*->0256*63-43 >89063#5%#3323*#28806*138#84 067*-5729*-07*361924-*98%>5
	纳税人识别号	91520500MA6DYX887D		
	地址、电话	毕节高新技术产业开发区标准厂房12幢0857-8225755		
	开户行及账号	中国工商银行股份有限公司贵州毕节阳光支行2406070109200063228		

项目名称	规格型号	单位	数量	单价	金额	税率	税额
*保险服务*机动车交通事故责任强制险		份	1	896.23	896.23	6%	53.77
*保险服务*机动车商业险		份	1	3603.77	3603.77	6%	216.23
合　计					¥4500.00		¥270.00
价税合计（大写）	⊗ 肆仟柒佰柒拾元整				（小写）¥4770.00		

销售方	名　　称	阳平财产保险股份有限公司毕节中心支公司	备注	保/批单：65338300888923JMMDA000，车牌号：贵FE3146；代收车船税额合计：0.00元。税款所属期：2022/12-20 23/11；总计：5130元。
	纳税人识别号	91520502M814283253		
	地址、电话	毕节七星关区百际路235号97013951		
	开户行及账号	中国工商银行股份有限公司毕节七星关区碧顺路支行7053605305823916059		

收款人：梁姣　　　复核：马姣　　　开票人：徐妯

凭证49-1

经济业务处理提示：付款方式：网银转账。

凭证49-2

经济业务处理提示：取得增值税专用发票，备注栏代收车船税税额通过"税金及附加"账户核算。

凭证49-3

中国工商银行　网银回单　　　　付款凭证

日期：2022 年 12 月 26 日　　回单编号：4504

付款人户名：贵州毕节奇伟服装有限公司　　付款人开户行：中国工商银行股份有限公司贵州毕节阳光支行
付款人账号（卡号）：2406070109200063228
收款人户名：阳平财产保险股份有限公司毕节中心支公司　　收款人开户行：中国工商银行股份有限公司毕节七星关区碧顺路支行
收款人账号（卡号）：7053605305823916059
金额：人民币伍仟壹佰叁拾元整　　小写：¥5 130.00
业务（产品）种类：　　凭证种类：　　凭证号码：
摘要：付轿车保险费　　用途：付轿车保险费　　币种：人民币
交易机构：　　记账柜员：　　交易代码：　　渠道：
附言：
支付交易序号：
报文种类：　　委托日期：　　业务种类：

本回单为第 1 次打印，注意重复　　打印日期：2022.12.26　　打印柜员：　　校验码：

凭证50-1

销 售 单

购货单位：毕节百货商厦有限责任公司	地址和电话：毕节市七星关区桂花路220号0857-8221755	单据编号：0006
纳税识别号：91520500MA6KH2D1HK	开户行及账号：中国建设银行股份有限公司毕节兴旺支行52001694136052516751	制单日期：2022年12月27日

编码	产品名称	规格	单位	单价	数量	金额	备注
01	西服	女士	套	1 120.00	200	224 000.00	
02	休闲服	男士	套	805.00	200	161 000.00	
合计	人民币（大写）：叁拾捌万伍仟元整					¥385 000.00	

总经理：王红艳　　销售经理：梁国浩　　经办人：李子奕　　会计：杨付洋　　签收人：李华芳

凭证 49-3

经济业务处理提示：网银支付轿车保险费及车船税。

凭证 50-1

经济业务处理提示：销售货物,已发出,符合确认收入条件,通过"主营业务收入"账户核算。

凭证50-2

贵州增值税电子专用发票

发票代码：029287977678
发票号码：27461006
开票日期：2022年12月27日
校验码：49280283755670707968
机器编号：542452679214

| 购买方 | 名　　称：毕节百货商厦有限责任公司
纳税人识别号：91520500MA6KH2D1HK
地　址、电　话：毕节市七星关区桂花路220号0857-8221755
开户行及账号：中国建设银行股份有限公司贵州毕节兴旺支行5200169413605251675 | 密码区 | 2**%2543204696*323*7-〉5%80-#0
33449#05-81201440-8〉25-91694
20〉822361-*#0439764%8*39〉5-1
623-*6783-03784*68965512%538 |

项目名称	规格型号	单位	数量	单价	金额	税率	税额
*服装*西服	女士	套	200	1120.00	224000.00	13%	29120.00
*服装*休闲服	男士	套	200	805.00	161000.00	13%	20930.00
合　　计					¥385000.00		¥50050.00

价税合计（大写）　⊗肆拾叁万伍仟零伍拾元整　　　（小写）¥435050.00

| 销售方 | 名　　称：贵州毕节奇伟服装有限公司
纳税人识别号：91520500MA6DYX887D
地　址、电　话：毕节高新技术产业开发区标准厂房12幢0857-8225755
开户行及账号：中国工商银行股份有限公司贵州毕节阳光支行2406070109200063228 | 备注 | |

收款人：王红艳　　复核：杨付洋　　开票人：林艳艳

凭证50-3

中国工商银行　网银回单　收款凭证

日期：2022年12月27日　　回单编号：1484

付款人户名：毕节百货商厦有限责任公司
付款人账号（卡号）：5200169413605251675
收款人户名：贵州毕节奇伟服装有限公司
收款人账号（卡号）：2406070109200063228
金额：人民币肆拾叁万伍仟零伍拾元整

付款人开户行：中国建设银行股份有限公司贵州毕节兴旺支行
收款人开户行：中国工商银行股份有限公司贵州毕节阳光支行
小写：¥435 050.00

业务（产品）种类：　　凭证种类：　　凭证号码：
摘要：支付服装款　　用途：支付服装款　　币种：人民币
交易机构：　　记账柜员：　　交易代码：　　渠道：
附言：
支付交易序号：
报文种类：　　委托日期：　　业务种类：

本回单为第 1 次打印，注意重复　　打印日期：2022.12.27　　打印柜员：

凭证 50-2

经济业务处理提示：销售货物开具增值税专用发票。

凭证 50-3

经济业务处理提示：销售货物收到款项，收款方式为网银收款。

凭证 51-1

贵州毕节奇伟服装有限公司 付款申请单

2022 年 12 月 27 日

申请部门：	行政部			
摘 要	付报刊费		合同编号	20080295
合同金额	壹仟伍佰元整		已付金额	¥0
付款金额	人民币（大写）壹仟伍佰元整			¥1 500.00
付款方式	□现金 ☑转账支票 □银行汇票 □银行承兑汇票 □网银转账 □电汇 □银行本票 □其他		用款日期	2022-12-27
收款单位	毕节名群报刊有限公司		领款人	高凯心

总经理：王红艳　　财务部经理：李薇薇　　部门经理：黄柏川　　经办人：李丽

凭证 51-2

贵州增值税电子普通发票

发票代码：633675628972
发票号码：78323436
开票日期：2022年12月27日
校验码：37993365386673478394

机器编号：429582395524

购买方	名 称：贵州毕节奇伟服装有限公司 纳税人识别号：91520500MA6DYX887D 地 址、电 话：毕节高新技术产业开发区标准厂房12幢0857-8225755 开户行及账号：中国工商银行股份有限公司贵州毕节阳光支行2406070109200063228

密码区：
5>1515-15#>>-1490>314#30-6*2
%01286#6#>43#5>629151>4359##
8-126104969550305213>08608%1
0576#9188%7-5>9054%>04549>

货物或应税劳务、服务名称	规格型号	单位	数量	单价	金 额	税率	税 额
*印刷品*报刊费		份	1	1415.09	1415.09	6%	84.91
合　　计					¥1415.09		¥84.91

价税合计（大写）　⊗ 壹仟伍佰元整　　　（小写）¥1500.00

销售方	名 称：毕节名群报刊有限公司 纳税人识别号：91520501M447683511 地 址、电 话：毕节市鹏天路505号14101467 开户行及账号：中国工商银行股份有限公司毕节昂春路支行1839315478607295349	备注

收款人：刘凯心　　复核：高喻　　开票人：高义鹤　　销售方：（章）

凭证 51-3

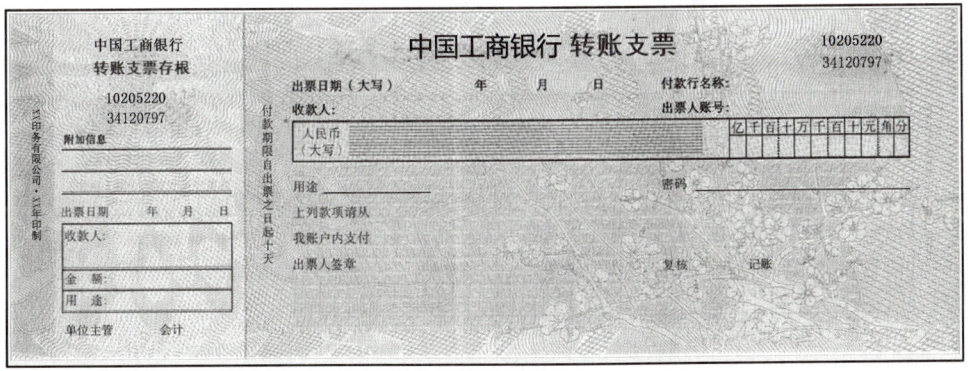

凭证 51-1

经济业务处理提示：付款方式：转账支票。

凭证 51-2

经济业务处理提示：取得增值税普通发票，增值税进项税额不得抵扣。

凭证 51-3

经济业务处理提示：填写转账支票支付报刊费，填制转账支票时应加盖财务专用章和法人章，正本联交与往来单位，存根联留存记账。

凭证 52-1

贵州毕节奇伟服装有限公司 付款申请单

申请部门：行政部				2022 年 12 月 28 日	
摘　要	支付餐费			合同编号	44448193
合同金额	壹仟贰佰元整			已付金额	
付款金额	人民币（大写）壹仟贰佰元整			￥1 200.00	
付款方式	□现金	✓转账支票	□银行汇票	□银行承兑汇票	用款日期 2022-12-28
	□网银转账	□电汇	□银行本票	□其他	
收款单位	毕节鸿福餐饮有限公司			领款人	何华
总经理：王红艳	财务部经理：李薇薇		部门经理：黄柏川		经办人：李丽

凭证 52-2

凭证 52-3

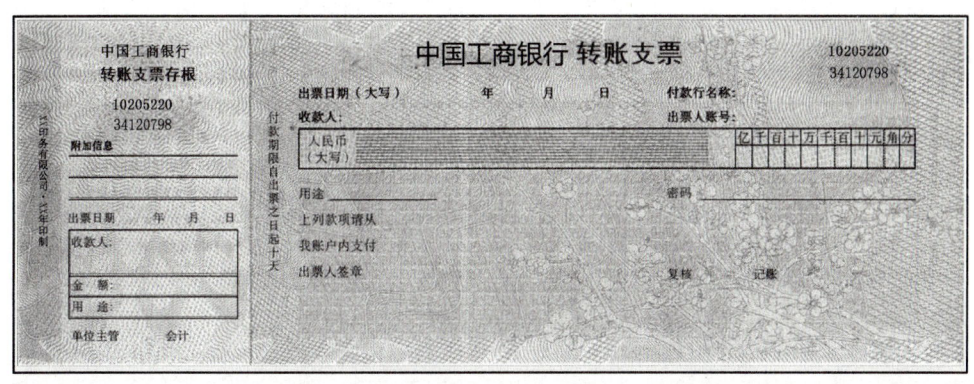

凭证 52-1

经济业务处理提示：付款方式：转账支票。

凭证 52-2

经济业务处理提示：取得增值税专用发票，餐饮服务不得抵扣增值税进项税额。

凭证 52-3

经济业务处理提示：填写转账支票支付餐饮费，填制转账支票时应加盖财务专用章和法人章，正本联交与往来单位，存根联留存记账。

凭证 53-1

费用报销单

报销部门：行政部　　　　2022 年 12 月 29 日填　　　　单据及附件共　3　页

用途	金额（元）	备注	部门审核	领导审批
报销车辆加油费及洗车费	800.00		黄柏川	王红艳
合计	￥800.00			

金额大写：零拾零万零仟捌佰零拾零元零角零分　　原借款：￥0元　　应退余款：￥0元

会计主管　李薇薇　　会计　杨付洋　　出纳　林艳艳　　报销人　王林　　领款人　王林

凭证 53-2

凭证 53-1

经济业务处理提示：报销办公费，实报实销。

凭证 53-2

经济业务处理提示：取得增值税专用发票。

凭证 53-3

贵州增值税电子专用发票

机器编号：836945440167		发票代码：050038682415 发票号码：10968742 开票日期：2022年12月29日 校验码：78649561830955145112

| 购买方 | 名　　称：贵州毕节奇伟服装有限公司
纳税人识别号：91520500MA6DYX887D
地址、电话：毕节高新技术产业开发区标准厂房12幢0857-8225755
开户行及账号：中国工商银行股份有限公司贵州毕节阳光支行2406070109200063228 | 密码区 | 880745338243*5*247306>04#3**
9--%-840*913>4455%4*343*-0--
2>2%604*02069>0399-6*3242-%7
*10-87-%2-6975427>>764965313 |

货物或应税劳务、服务名称	规格型号	单位	数量	单价	金额	税率	税额
洗车费			1	235.85	235.85	6%	14.15
合　　计					¥235.85		¥14.15

价税合计（大写）	贰佰伍拾元整	（小写）¥250.00

| 销售方 | 名　　称：毕节艾一车辆经营部
纳税人识别号：91520501M713718809
地址、电话：毕节市信园路616号35232561
开户行及账号：中国工商银行股份有限公司毕节亚和路支行4590768344035638306 | 备注 | （销售方章）毕节艾一车辆经营部
91520501M713718809
发票专用章 |

收款人：马玉　　复核：胡妩　　开票人：杨华　　销售方：（章）

凭证 53-4

领　款　单

2022 年 12 月 29 日

现金付讫

单位	贵州毕节奇伟服装有限公司	姓名	王林
今领到	报销车辆加油费及洗车费		
金额（大写）	捌佰元整	小写¥	800.00
		扣税¥	0
领导审批	王红艳	领款人　王林	实发¥　800.00

会计主管　李薇薇　　　　审核　杨付洋　　　　出纳　林艳艳

凭证 53-3

经济业务处理提示：取得增值税专用发票。

凭证 53-4

经济业务处理提示：王林领取报销款项，收款方式为现金收款。

凭证 54-1

贵州毕节奇伟服装有限公司 付款申请单

申请部门：行政部　　　　　　　　　　　　　　　　　　　2022 年 12 月 29 日

摘　　要	付电话及网络费			合同编号	97090501
合同金额	伍仟肆佰叁拾元整			已付金额	¥0
付款金额	人民币（大写）伍仟肆佰叁拾元整				¥5 430.00
付款方式	☐ 现金　　☐ 转账支票　　☐ 银行汇票　　☐ 银行承兑汇票 ☑ 网银转账　☐ 电汇　　　☐ 银行本票　　☐ 其他			用款日期	2022-12-29
收款单位	毕节市电信公司金海分公司			领款人	刘凯
总经理：王红艳		财务部经理：李薇薇	部门经理：黄柏川		经办人：李丽

凭证 54-2

凭证 54-1

经济业务处理提示：付款方式：网银转账。

凭证 54-2

经济业务处理提示：取得增值税专用发票。

凭证 54-3

中国工商银行 网银回单   付款凭证

日期：2022 年 12 月 29 日　　回单编号：3888

付款人户名：贵州毕节奇伟服装有限公司　　付款人开户行：中国工商银行股份有限公司贵州毕节阳光支行
付款人账号（卡号）：2406070109200063228
收款人户名：毕节市电信公司金海分公司　　收款人开户行：中国工商银行股份有限公司毕节市迅雷路支行
收款人账号（卡号）：6113169409691070759
金额：人民币伍仟肆佰叁拾元整　　小写：¥5 430.00
业务（产品）种类：　　凭证种类：　　凭证号码：
摘要：付电话及网络费　　用途：　　币种：
交易机构：　　记账柜员：　　交易代码：　　渠道：
附言：
支付交易序号：
报文种类：　　委托日期：　　业务种类：

本回单为第 1 次打印，注意重复　　打印日期：2022.12.29　　打印柜员：　　验证码：

（中国工商银行股份有限公司贵州毕节阳光支行 网银回单专用章）

凭证 55-1

贵州毕节奇伟服装有限公司 付款申请单

申请部门：行政部　　　　　　　　　　　　　　　　　　　2022 年 12 月 30 日

摘　要	付广告费	合同编号	49512560
合同金额	壹万零陆佰元整	已付金额	¥0
付款金额	人民币（大写）壹万零陆佰元整		¥10 600.00
付款方式	□现金　☑转账支票　□银行汇票　□银行承兑汇票 □网银转账　□电汇　□银行本票　□其他	用款日期	
收款单位	毕节众利广告有限责任公司	领款人	李婉

总经理：王红艳　　财务部经理：李薇薇　　部门经理：黄柏川　　经办人：李丽

凭证 54-3

经济业务处理提示：网银支付电话及网络费。

凭证 55-1

经济业务处理提示：付款方式：转账支票。

凭证 55-2

		贵州增值税电子专用发票			发票代码：067195130328		
					发票号码：80112029		
					开票日期：2022年12月30日		
机器编号：537588226975					校验码：95178003284996676990		

	名　　　称：贵州毕节奇伟服装有限公司	密	2902#31>520-3%2%%624>5926#09
购买方	纳税人识别号：91520500MA6DYX887D	码	6521*0*5)*#*6%9866>*##1841%%7
	地　址、电　话：毕节高新技术产业开发区标准厂房12幢0857-8225755	区	6>*#*51061-392##0>6%8634*#*>7
	开户行及账号：中国工商银行股份有限公司贵州毕节阳光支行2406070109200063228		941>4969*1#63182#507*2##>95%

项目名称	规格型号	单位	数量	单价	金额	税率	税额
*印刷品*广告费		次	1	10000.00	10000.00	6%	600.00
合　　　计					¥10000.00		¥600.00
价税合计（大写）	⊗ 壹万零陆佰元整			（小写）	¥10600.00		

	名　　　称：毕节众利广告有限责任公司	备	
销售方	纳税人识别号：91520501M812158791		（发票专用章）
	地　址、电　话：毕节市创同路243号97890405	注	
	开户行及账号：中国工商银行股份有限公司毕节市恒易路支行6042359788130479389		

收款人：周石　　　复核：李婉　　　开票人：王丽

凭证 55-3

中国工商银行 转账支票存根
10205220
34120799

附加信息

出票日期　年　月　日
收款人：
金　额：
用　途：
单位主管　　会计

中国工商银行 转账支票　　10205220　34120799

出票日期（大写）　　年　月　日　　付款行名称：
收款人：　　　　　　　　　　　　　出票人账号：
人民币（大写）　　　　　　　　　　｜亿｜千｜百｜十｜万｜千｜百｜十｜元｜角｜分｜

用途：　　　　　　　　　　　　　密码：
上列款项请从
我账户内支付
出票人签章　　　　　　复核　　　记账

付款期限自出票之日起十天

凭证 55-2

经济业务处理提示：取得增值税专用发票。

凭证 55-3

经济业务处理提示：填写转账支票支付广告费，填制转账支票时应加盖财务专用章和法人章，正本联交与往来单位，存根联留存记账。

凭证 56-1

产成品入库单

仓库：成品仓
交库单位：生产车间　　2022 年 12 月 31 日　　编号：0002

产品编号	产品名称	规格	计量单位	数量 送检	数量 实收	单位成本	总成本	备注
	西服	男士	套	300	300		0	
	西服	女士	套	180	180		0	
	休闲服	男士	件	400	400		0	
	休闲服	女士	件	100	100		0	

第二联 记账联

仓库主管：李子奕　　保管员：李子奕　　记账：杨付洋　　制单：李子奕

凭证 57-1

费用报销单

现金付讫

报销部门：行政部　　2022 年 12 月 31 日填　　单据及附件共 1 页

用　　　　途	金额（元）	备注
报销业务招待费	833.34	业务洽谈招待费
合　　　　计	¥833.34	

部门审核：黄柏川　　领导审批：王红艳

金额大写：零 拾 零 万 零 仟 捌 佰 叁 拾 叁 元 叁 角 肆 分　　原借款：¥0.00 元　　应退余款：¥0.00 元

会计主管 李薇薇　　会计 杨付洋　　出纳 林艳艳　　报销人 王玥　　领款人 王玥

凭证 56-1

经济业务处理提示：根据产成品入库单登记库存商品明细账的发出和结存数量，待月末计算加权平均单价后结转发出成本及结存成本，入库时不填制记账凭证。

凭证 57-1

经济业务处理提示：报销业务招待费，实报实销。

凭证 57-2

贵州增值税电子专用发票

发票代码：212644332192
发票号码：26219559
开票日期：2022年12月31日
校验码：58639730720821423227

机器编号：8998257765425

| 购买方 | 名称：贵州毕节奇伟服装有限公司
纳税人识别号：91520500MA6DYX887D
地址、电话：毕节高新技术产业开发区标准厂房12幢0857-8225755
开户行及账号：中国工商银行股份有限公司贵州毕节阳光支行2406071092000063228 | 密码区 | -92659628-0-1%3-*2->6%66#>0%
61-5934-6#72-710386#7%*34602
#%>56#2>>469888#06*28123#440
288%8*3##-0>>52>0>7*8%704553 |

货物或应税劳务、服务名称	规格型号	单位	数量	单价	金额	税率	税额
*餐饮服务*餐费			1	786.17	786.17	6%	47.17
合计					¥786.17		¥47.17

价税合计（大写）：捌佰叁拾叁元叁角肆分　（小写）¥833.34

| 销售方 | 名称：毕节兴龙大酒店有限责任公司
纳税人识别号：91520500MA6KH16XJ8
地址、电话：毕节市七星关区桂花路56号0851-8229875
开户行及账号：中国工商银行股份有限公司贵州毕节阳光支行2406071009200045876 | 备注 | |

收款人：李敏玉　　复核：林艳霞　　开票人：王明刚　　销售方：（章）

凭证 58-1

银行借款利息计算表

2022 年 12 月 31 日

借款名称	借款金额	计息月份	借款利率	借款利息
长期借款	1 300 000.00	2022 年 12 月	6%	6 500.00
备注：				
		合计		6 500.00

会计主管：李薇薇　　　　制单：杨付洋　　　　复核：李薇薇

凭证57-2

经济业务处理提示：取得增值税专用发票，餐饮服务不得抵扣增值税进项税额。

凭证58-1

经济业务处理提示：计提长期借款利息，年利率为6%。

凭证 59-1

2022 年 12 月领用材料核算表

编制单位：贵州毕节奇伟服装有限公司　　2022 年 12 月 31 日　　金额单位：元

原材料名称	计量单位	期初数量	单价	期初结存金额	本期购入数量	本期购入金额	本期发出数量	本期发出金额	期末结存数量	单价	期末结存金额
西服面料	米	800	150.00	120 000.00	1 900	245 200.00	2 000	270 520.00	700	135.26	94 680.00
休闲服面料	米	1 000	80.00	80 000.00	1 800	148 000.00	2 340	190 546.20	460	81.42	37 453.80
西服里料	米	1 000	60.00	60 000.00	1 000	60 000.00	600	36 000.00	1 400	60.00	84 000.00
休闲服里料	米	1 000	50.00	50 000.00	1 800	90 000.00	1 380	69 000.00	1 420	50.00	71 000.00
拉链	条	500	36.00	18 000.00	1 500	60 000.00	1 400	54 600.00	600	39.00	23 400.00
纽扣	包	40	100.00	4 000.00			17	1 700.00	23	100.00	2 300.00
手提纸袋	个	1 000	10.00	10 000.00	2 500	17 500.00	2 200	17 292.00	1 300	7.85	10 208.00
包装物（纸箱）	个	200	20.00	4 000.00			50	1 000.00	150	20.00	3 000.00
低值易耗品（机修配件）	套	30	850.00	25 500.00			20	17 000.00	10	850.00	8 500.00
低值易耗品（生产工具）	套	40	385.50	15 420.00			20	7 710.00	20	385.50	2 710.00

凭证 59-2

发出材料汇总表

单位：贵州毕节奇伟服装有限公司　　2022 年 12 月 31 日　　金额单位：元

材料名称	单位	单价	基本生产车间								合计
			男士西服		女士西服		男士休闲服		女士休闲服		
			数量	金额	数量	金额	数量	金额	数量	金额	
西服面料	米	135.26	1 160.00	156 901.60	840.00	113 618.40					270 520.00
西服里料	米	60.00	360.00	21 600.00	240.00	14 400.00					36 000.00
休闲服面料	米	81.43					1 500.00	122 145.00	840.00	68 401.20	190 546.20
休闲服里料	米	50.00					900.00	45 000.00	480.00	24 000.00	69 000.00
拉链	条	39.00	400.00	15 600.00	—	—	1 000.00	39 000.00	—	—	54 600.00
纽扣	包	100.00	4.00	400.00	6.00	600.00	1.00	100.00	6.00	600.00	1 700.00
手提袋	个	7.86	400.00	3 144.00	300.00	2 358.00	900.00	7 074.00	600.00	4 716.00	17 292.00
合计			2 324.00	197 645.60	1 386.00	130 976.40	4 301.00	213 319.00	1 926.00	97 717.20	639 658.20

复核：李薇薇　　　　　　　　　　　　　　　　　　　　　　　　　　　　制表：杨付洋

凭证 59-1

经济业务处理提示：月末计算原材料加权平均单价后结转发出成本及结存成本，根据本期发出金额计入"原材料""周转材料"各明细。

凭证 59-2

经济业务处理提示：根据发出材料汇总表计算得出产出男士西服、女士西服、男士休闲服、女士休闲服领用的基本生产车间原材料的汇总金额，计入"生产成本"各明细。

凭证 59-3

发出材料汇总表

单位：贵州毕节奇伟服装有限公司　　2022 年 12 月 31 日　　金额单位：元

材料名称	单价	机修车间 日常备用		销售部 包装产品		生产车间 生产产品		合计
		数量	金额	数量	金额	数量	金额	
低值易耗品（机修配件）	850.00	20.00	17 000.00					17 000.00
包装物（纸箱）	20.00			50.00	1 000.00			1 000.00
低值易耗品（生产工具）	385.50					20.00	7 710.00	7 710.00
合计		20.00	17 000.00	50.00	1 000.00	20.00	7 710.00	25 710.00

复核：李薇薇　　　　　　　　　　　　　　　　　　　　　　　　　　制表：杨付洋

凭证 60-1

凭证 59-3

经济业务处理提示：根据发出材料汇总表计算得出机修车间、销售部、生产车间领用周转材料的汇总金额，机修车间领用低值易耗品计入"生产成本—辅助生产成本—机修车间"，销售部领用包装物计入"销售费用—包装费"，生产车间领用低值易耗品计入"制造费用—低值易耗品摊销"。

凭证 60-1

经济业务处理提示：取得增值税专用发票，款项未支付，通过"应付账款"账户核算。

凭证 60-2

电费分配表

编制单位：贵州毕节奇伟服装有限公司　　2022 年 12 月 31 日

受益对象	耗用量(度)	分配率	分配金额(元)
基本生产车间	55 000	0.79	43 450.00
机修车间	6 000	0.79	4 740.00
行政管理部门	9 000	0.79	7 110.00
合计	70 000	0.79	55 300.00

制表：杨付洋　　　　　　　　　　　　　　　　　　　　　　　　审核：李薇薇

凭证 61-1

贵州增值税电子专用发票

发票代码：128272291431
发票号码：79858800
开票日期：2022年12月31日
校验码：37438639483711528164

机器编号：424845036695

购买方	名　　称：贵州毕节奇伟服装有限公司 纳税人识别号：91520500MA6DYX887D 地　址、电　话：毕节高新技术产业开发区标准厂房12幢0857-8225755 开户行及账号：中国工商银行股份有限公司贵州毕节阳光支行2406070109200063228	密码区	806>16*15>*%%84%342*#410>%5- 7%-8#-2*76322629642255*09389 61>71*#4*1869356>19>61096-11 >2>*->4>0960553648529*69-7#

项目名称	规格型号	单位	数量	单价	金额	税率	税额
水费		吨	3500	3.50	12250.00	3%	367.50
合　计					¥12250.00		¥367.50

价税合计（大写）　⊗ 壹万贰仟陆佰壹拾柒元伍角整　　　　　　（小写）¥12617.50

销售方	名　　称：贵州毕节甜美水务有限责任公司 纳税人识别号：9152050221440282BW 地　址、电　话：毕节市七星关区麻园路三十米大道54号0857-8225648 开户行及账号：中国工商银行股份有限公司毕节分行营业部2406071009200002256	备注

收款人：高适　　　　复核：张露涵　　　　开票人：王文波

凭证 60-2

经济业务处理提示：根据收益对象分配电费。

凭证 61-1

经济业务处理提示：取得增值税专用发票，税额 367.50 元，自来水企业一般纳税人采用简易征税。

凭证 61-2

水费分配表

编制单位：贵州毕节奇伟服装有限公司　　2022 年 12 月 31 日

受益对象	耗用量(吨)	分配率	分配金额(元)
基本生产车间	2 000	3.50	7 000.00
机修车间	500	3.50	1 750.00
行政管理部门	1 000	3.50	3 500.00
合计	3 500	3.50	12 250.00

制表：杨付洋　　　　　　　　　　　　　　　　　　　　　　　　　　　审核：李薇薇

凭证 62-1

贵州毕节奇伟服装有限公司 2022 年 12 月工资计提表

单位：贵州毕节奇伟服装有限公司　　日期：2022 年 12 月 31 日　　单位：元

思政案例
（流动负债）

对象		应发工资						社保	公积金	小计	个人所得税	实发工资
		计付工资	计件工资	资金	加班费	缺勤	小计					
基本生产车间	工人	120 000.00	70 000.00	60 000.00	16 000.00	−2 000.00	264 000.00	13 596.00	6 600.00	20 196.00	200.00	243 604.00
	管理人员	15 000.00		2 400.00			17 400.00	1 854.00	900.00	2 754.00		14 646.00
辅助生产车间	工人	14 000.00		7 000.00			21 000.00	2 575.00	1 250.00	3 825.00		17 175.00
行政人员		60 000.00		20 000.00		−1 000.00	79 000.00	9 270.00	4 500.00	13 770.00	145.00	65 085.00
销售人员		26 000.00		20 000.00			46 000.00	4 120.00	2 000.00	6 120.00	240.00	39 640.00
合计		235 000.00	70 000.00	109 400.00	16 000.00	−3 000.00	427 400.00	31 415.00	15 250.00	46 665.00	585.00	380 150.00

总经理：王红艳　　　　　　　　　审核人：李薇薇　　　　　　　　　制表人：杨付洋

凭证 61-2

经济业务处理提示：水费分配采用按直接耗用量为分配标准。

凭证 62-1

经济业务处理提示：生产工人采用计时工资和计件工资相结合，管理人员工资采用计时工资制。

凭证 63-1

职工福利费、工会经费、职工教育经费计提表

单位：贵州毕节奇伟服装有限公司　　日期：2022 年 12 月 31 日　　　　　　　单位：元

对象		计提基数	职工福利费		工会经费		职工教育经费	
			计提比例	计提金额	计提比例	计提金额	计提比例	计提金额
生产车间	工人	264 000.00	14%	36 960.00	2%	5 280.00	3%	7 920.00
	管理人员	17 400.00	14%	2 436.00	2%	348.00	3%	522.00
辅助生产车间工人		21 000.00	14%	2 940.00	2%	420.00	3%	630.00
行政人员		79 000.00	14%	11 060.00	2%	1 580.00	3%	2 370.00
销售人员		46 000.00	14%	6 440.00	2%	920.00	3%	1 380.00
合计		427 400.00		59 836.00		8 548.00		12 822.00

总经理：王红艳　　　　　　　　审核人：李薇薇　　　　　　　　制表人：杨付洋

凭证 64-1

社会保险费、住房公积金分配表

单位：贵州毕节奇伟服装有限公司　　日期：2022 年 12 月 31 日　　　　　　　单位：元

对象			社会保险费	住房公积金	合计
生产车间	工人	男士西服	9 170.00	4 200.00	13 370.00
		女士西服	5 502.00	2 520.00	8 022.00
		男士休闲服	13 624.00	6 240.00	19 864.00
		女士休闲服	6 288.00	2 880.00	9 168.00
	管理人员		4 716.00	2 160.00	6 876.00
辅助生产车间工人			6 550.00	3 000.00	9 550.00
行政人员			23 580.00	10 800.00	34 380.00
销售人员			10 480.00	4 800.00	15 280.00
合计			79 910.00	36 600.00	116 510.00

总经理：王红艳　　　　　　　　审核人：李薇薇　　　　　　　　制表人：杨付洋

凭证 63-1

经济业务处理提示：工资附加费按工资总额及制度规定比例提取。

凭证 64-1

经济业务处理提示：住房公积金和社会保险费按上年平均工资和当地缴纳比例计提。

凭证 65-1

固定资产折旧汇总表

年　月　日　　　　　　　　　　　　　　　　　　　　　　　　　单位：元

使用部门	类别	原值	月折旧率或单位折旧	折旧额
合计				

审核：　　　　　　　　　　　　　　　　　　　　　　　　　　　制单：

凭证 66-1

无形资产摊销计算表

单位名称：贵州毕节奇伟服装有限公司　　　2022 年 12 月 31 日　　　　　单位：元

使用部门	名称	使用年限	原值	购入时间	月摊销额	累计摊销额
	土地使用权	40	450 000.00	2022.02	937.50	9 937.50
	商标权	10	500 000.00	2022.12	4 166.67	4 166.67
合计			¥950 000.00		¥5 104.17	¥14 104.17

审核：李薇薇　　　　　　　　　　　　　　　　　　　　　　　单位：杨付洋

凭证 65-1

经济业务处理提示：固定资产折旧计提根据表 1-4-3 固定资产相关数据采用年限平均法计提。

凭证 66-1

经济业务处理提示：无形资产摊销采用直线法。

凭证67-1

辅助生产费用分配表

编制单位：贵州毕节奇伟服装有限公司　　2022 年 12 月 31 日　　金额单位：元

受益对象	耗用工时(小时)	分配率	分配金额
基本生产车间	2 000		
行政管理部门	500		
合计	2 500		

制表：杨付洋　　　　　　　　　　　　　　　　　　　　　　　审核：李薇薇

凭证68-1

制造费用分配表

车间：　　　　　　　　　年　月　日　　　　　金额单位：元

产品名称	分配标准(生产工时)	分配总额	分配率	分配金额
合计				

制表：　　　　　　　　　　　　　　　　　　　　　　　　　　审核：

凭证69-1

完工产品与月末在产品成本分配表

　　　　　　　　　　　　　　　　　　　　　　　　　　金额单位：元

产品名称：　　　　　　　年　月　日　　　　　　　产量：

成本项目	月初在产品成本	本月发生费用	生产费用合计	完工产品数量	月末在产品月约当数量	单位成本	完工产品成本	期末在产品成本
直接材料								
直接人工								
制造费用								
合计								

审核：　　　　　　　　　　　　　　　　　　　　　　　　　　制表：

凭证 67-1

经济业务处理提示：辅助生产费用分配按工时比例采用直接分配法。

凭证 68-1

经济业务处理提示：制造费用分配按产品生产工时比例分配。

凭证 69-1

经济业务处理提示：产品成本计算采用约当产量法计算。

凭证 69-2

完工产品与月末在产品成本分配表

金额单位：元

产品名称：　　　　　　　　　　年　月　日　　　　　　　　产量：

成本项目	月初在产品成本	本月发生费用	生产费用合计	完工产品数量	月末在产品月约当数量	单位成本	完工产品成本	期末在产品成本
直接材料								
直接人工								
制造费用								
合　计								

审核：　　　　　　　　　　　　　　　　　　　　　　　制表：

凭证 69-3

完工产品与月末在产品成本分配表

金额单位：元

产品名称：　　　　　　　　　　年　月　日　　　　　　　　产量：

成本项目	月初在产品成本	本月发生费用	生产费用合计	完工产品数量	月末在产品月约当数量	单位成本	完工产品成本	期末在产品成本
直接材料								
直接人工								
制造费用								
合　计								

审核：　　　　　　　　　　　　　　　　　　　　　　　制表：

凭证 69-4

完工产品与月末在产品成本分配表

金额单位：元

产品名称：　　　　　　　　　　年　月　日　　　　　　　　产量：

成本项目	月初在产品成本	本月发生费用	生产费用合计	完工产品数量	月末在产品月约当数量	单位成本	完工产品成本	期末在产品成本
直接材料								
直接人工								
制造费用								
合　计								

审核：　　　　　　　　　　　　　　　　　　　　　　　制表：

凭证 69-2

经济业务处理提示：产品成本计算采用约当产量法计算。

凭证 69-3

经济业务处理提示：产品成本计算采用约当产量法计算。

凭证 69-4

经济业务处理提示：产品成本计算采用约当产量法计算。

凭证 69-5

完工产品入库单

单位：元

完工产品名称	完工产品总成本	完工产品单位成本

凭证 70-1

销售成本汇总表

年　月　日　　　　　　　　　　　金额单位：元

产品名称	销售数量	单位成本	销售成本
合　计			

审核：　　　　　　　　　　　　　　　　　　　　制单：

凭证 69-5

经济业务处理提示：根据凭证 69-1 至凭证 69-4 计算结果汇总后，填制结转入库产品成本的记账凭证。

凭证 70-1

经济业务处理提示：先登记"原材料"明细账，然后采用全月一次加权平均法计算材料销售成本。

凭证 71-1

已销产品成本计算表

2022 年 12 月 31 日　　　　　　　　　　　　金额单位：元

产品名称	期初结存		本期完工入库		加权平均单价	本期销售		期末结存	
	数量	金额	数量	金额		数量	金额	数量	金额

审核：　　　　　　　　　　　　　　　　　　　　　　　　　　　　制单：

凭证 72-1

未交增值税计提表

年　月　日

项目	金额(元)

复核：　　　　　　　　　　　　　　　　　　　　　　　　　　　　制表：

凭证 71-1

经济业务处理提示：先登记"库存商品"明细账，然后采用全月一次加权平均法计算产品销售成本。

凭证 72-1

经济业务处理提示：先登记"应交税费—应交增值税"所属三级明细账本月发生额进行计算结转。

凭证 73-1

税金及附加计算表

年　月　日　　　　　　　　　　　　　　　　　　　　　　　　　　单位：元

项目	计提基数			计提比例	计提金额
	增值税	消费税	合计		
城市维护建设税					
教育费附加					
地方教育附加					

审核：　　　　　　　　　　　　　　　　　　　　　　　　　　　　　　制表：

凭证 74-1

坏账准备计提表

单位：元

期初应收账款借方余额	本期应收账款借方发生额	本期应收账款贷方发生额	当期应收账款余额	坏账准备率	应计提坏账准备	坏账准备余额	当期应计提坏账准备

复核：　　　　　　　　　　　　　　　　　　　　　　　　　　　　　制表人：

凭证 75-1

应交所得税计算表

年　月　日　　　　　　　　　　　　　　　　　　　　　　　　　金额单位：元

项目	本期利润总额	所得税税率	本期应交所得税
金额			

审核：　　　　　　　　　　　　　　　　　　　　　　　　　　　　　制表：

凭证 73-1

经济业务处理提示：根据凭证 72-1 计算的本月应交增值税计算附加税费。

凭证 74-1

经济业务处理提示：只计提"应收账款"的坏账准备。且采用应收账款余额百分比法。

凭证 75-1

经济业务处理提示：按全年利润总额(不考虑纳税调整事项)计算出全年应交所得税减去当年已经计提的所得税后为补提数(采用应付税款法)。

凭证 76-1

损益类账户发生额结转计算表
年　月

账户	本月发生额	
	借方	贷方
合计		

会计主管：　　　　　　　　　　　　　　　　　制单：

思政案例
（财务成果）

凭证 77-1

贵州毕节奇伟服装有限公司利润分配决议

经股东大会决议，2022年利润分配方案为：年末按净利润的10%计提法定盈余公积，按5%计提任意盈余公积。

贵州毕节奇伟服装有限公司
2022 年 12 月 31 日

思政案例
（所有者权益）

凭证 76-1

经济业务处理提示：根据本月损益类账户的发生额结转到"本年利润"。

凭证 77-1

经济业务处理提示：法定盈余公积和任意盈余公积的计提基数为当年实现的净利润。

凭证 77-2

利润分配计算表

2022 年 12 月 31 日　　　　　　　　　　　　　金额单位：元

利润分配项目	净利润	分配比例	分配额
提取法定盈余公积金			
提取任意盈余公积金			

审核：　　　　　　　　　　　　　　　　　　　制单：

凭证 78-1

贵州毕节奇伟服装有限公司利润分配决议

经股东大会决议，2022 年利润分配方案为：向股东分配股利 30 万元，王红艳按 50％分配，蔡筱雨按 30％分配，武维齐按 20％分配。

贵州毕节奇伟服装有限公司
2022 年 12 月 31 日

凭证 78-2

利润分配计算表

2022 年 12 月 31 日　　　　　　　　　　　　　金额单位：元

利润分配项目	股利分配总额	分配比例	分配额
分配股利（王红艳）			
分配股利（蔡筱雨）			
分配股利（武维齐）			

审核：　　　　　　　　　　　　　　　　　　　制单：

凭证 78-1

经济业务处理提示：根据股东会议决定分配金额按照持股比例分配。

凭证 79-1

付款凭证

中国工商银行 网银回单

日期：2022 年 12 月 31 日　　回单编号：5898

付款人户名：贵州毕节奇伟服装有限公司

付款人账号（卡号）：2406070109200063228

收款人户名：王红艳

收款人账号（卡号）：2406070109200034217

金额：人民币壹拾贰万元整　　　　小写：¥120 000.00

付款人开户行：中国工商银行股份有限公司贵州毕节阳光支行

收款人开户行：中国工商银行股份有限公司贵州毕节阳光支行

业务（产品）种类：　　凭证种类：　　凭证号码：

摘要：支付股利　　用途：　　币种：

交易机构：　　记账柜员：　　交易代码：　　渠道：

附言：

支付交易序号：

报文种类：　　委托日期：　　业务种类：

本回单为第 1 次打印，注意重复　　打印日期：2022.12.31　　打印柜员：

凭证 79-2

付款凭证

中国工商银行 网银回单

日期：2022 年 12 月 31 日　　回单编号：

付款人户名：贵州毕节奇伟服装有限公司

付款人账号（卡号）：2406070109200063228

收款人户名：蔡筱雨

收款人账号（卡号）：2406070109200056743

金额：人民币柒万贰仟元整　　　　小写：¥72 000.00

付款人开户行：中国工商银行股份有限公司贵州毕节阳光支行

收款人开户行：中国工商银行股份有限公司贵州毕节阳光支行

业务（产品）种类：　　凭证种类：　　凭证号码：

摘要：支付股利　　用途：　　币种：

交易机构：　　记账柜员：　　交易代码：　　渠道：

附言：

支付交易序号：

报文种类：　　委托日期：　　业务种类：

本回单为第 1 次打印，注意重复　　打印日期：2022.12.31　　打印柜员：

凭证 79-1

经济业务处理提示：根据分配股利金额代扣股息个人所得税后采用网银付款方式直接支付给股东个人。

凭证 79-2

经济业务处理提示：根据分配股利金额代扣股息个人所得税后采用网银付款方式直接支付给股东个人。

凭证 79-3

付款凭证

中国工商银行 网银回单

日期： 2022 年 12 月 31 日　　回单编号：

付款人户名：贵州毕节奇伟服装有限公司　　付款人开户行：中国工商银行股份有限公司贵州毕节阳光支行

付款人账号（卡号）：2406070109200063228

收款人户名：武维齐　　收款人开户行：中国工商银行股份有限公司贵州毕节阳光支行

收款人账号（卡号）：2406070109200098023

金额：人民币肆万捌仟元整　　小写：¥48 000.00

业务（产品）种类：　　凭证种类：　　凭证号码：

摘要：支付股利　　用途：　　币种：

交易机构：　　记账柜员：　　交易代码：　　渠道：

附言：

支付交易序号：

报文种类：　　委托日期：　　业务种类：

本回单为第 1 次打印，注意重复　　打印日期：2022.12.31　　打印柜员：　　验证码：

凭证 79-4

股息红利个人所得税计算表

2022 年 12 月 31 日　　　　金额单位：元

姓名	应纳税所得额	税率	应交个人所得税
王红艳			
蔡筱雨			
武维齐			

审核：　　　　　　　　　　　　　　　　制单：

凭证 80-1

年末本年利润结转计算表

2022 年 12 月 31 日　　　　单位：元

账户名称	借或贷	年末余额

审核：　　　　　　　　　　　　　　　　制单：

凭证 79-3

经济业务处理提示：根据分配股利金额代扣股息个人所得税后采用网银付款方式直接支付给股东个人。

凭证 79-4

经济业务处理提示：股息个人所得税税率为 20%。

凭证 80-1

经济业务处理提示：年末将"本年利润"结转到"利润分配——未分配利润"，结转后"本年利润"无余额。

凭证 81-1

年末利润分配明细结转计算表

2022 年 12 月 31 日　　　　　　　　　　　　　　　　　　　单位：元

项目	金额

审核：　　　　　　　　　　　　　　　　　　　　　　　制单：

凭证 82-1

年末"应交税费——应交增值税"明细结转计算表

2022 年 12 月 31 日　　　　　　　　　　　　　　　　　　　单位：元

项目	金额

审核：　　　　　　　　　　　　　　　　　　　　　　　制单：

凭证 81-1

经济业务处理提示：年末将"利润分配—各明细账"余额结转到"利润分配—未分配利润"，结转后除"利润分配—未分配利润"外，其余"利润分配"明细账均无余额。

凭证 82-1

经济业务处理提示：年末将"应交税费—应交增值税"所属明细账本年累计数对转，结转后"应交税费—应交增值税"所属明细账均无余额。

表 1-4-7 至表 1-4-12 是空白的财务报表及纳税申报表,以供教材使用者选用(特别说明,由于本教材所需凭证及账页较多,因此不再附上)。

思政案例
(财务报表)

表 1-4-7　　　　　　　　　　　资产负债表

资产	期末余额	上年年末余额	负债和所有者权益(或股东权益)	期末余额	上年年末余额
流动资产:			流动负债:		
货币资金			短期借款		
交易性金融资产			交易性金融负债		
衍生金融资产			衍生金融负债		
应收票据			应付票据		
应收账款			应付账款		
应收款项融资			预收款项		
预付款项			合同负债		
其他应收款			应付职工薪酬		
存货			应交税费		
合同资产			其他应付款		
持有待售资产			持有待售负债		
一年内到期的非流动资产			一年内到期的非流动负债		
其他流动资产			其他流动负债		
流动资产合计			流动负债合计		
非流动资产:			非流动负债:		
债权投资			长期借款		
其他债权投资			应付债券		
长期应收款			其中:优先股		
长期股权投资			永续债		
其他权益工具投资			租赁负债		
其他非流动金融资产			长期应付款		
投资性房地产			预计负债		
固定资产			递延收益		
在建工程			递延所得税负债		
生产性生物资产			其他非流动负债		
油气资产			非流动负债合计		
使用权资产			负债合计		
无形资产			所有者权益(或股东权益):		
开发支出			实收资本(或股本)		
商誉			其他权益工具		
长期待摊费用			其中:优先股		
递延所得税资产			永续债		
其他非流动资产			资本公积		
非流动资产合计			减:库存股		
			其他综合收益		
			盈余公积		
			未分配利润		
			所有者权益(或股东权益)合计		
资产总计			负债和所有者权益(或股东权益)总计		

表 1-4-8　　　　　　　　　　　　　　利润表

项目	本月金额	本期金额
一、营业收入		
减：营业成本		
税金及附加		
销售费用		
管理费用		
研发费用		
财务费用		
其中：利息费用		
利息收入		
加：其他收益		
投资收益(损失以"－"号填列)		
其中：对联营企业和合营企业的投资收益		
以摊余成本计量的金融资产终止确认收益(损失以"－"号填列)		
净敞口套期收益(损失以"－"号填列)		
公允价值变动收益(损失以"－"号填列)		
信用减值损失(损失以"－"号填列)		
资产减值损失(损失以"－"号填列)		
资产处置收益(损失以"－"号填列)		
二、营业利润(亏损以"－"号填列)		
加：营业外收入		
减：营业外支出		
三、利润总额(亏损总额以"－"号填列)		
减：所得税费用		
四、净利润(净亏损以"－"号填列)		
（一）持续经营净利润(净亏损以"－"号填列)		
（二）终止经营净利润(净亏损以"－"号填列)		
五、其他综合收益的税后净额		
（一）不能重分类进损益的其他综合收益		
1. 重新计量设定受益计划变动额		
2. 权益法下不能转损益的其他综合收益		
3. 其他权益工具投资公允价值变动		
（二）将重分类进损益的其他综合收益		
1. 权益法下可转损益的其他综合收益		
2. 其他债权投资公允价值变动		
3. 金融资产重分类计入其他综合收益的金额		
六、综合收益总额		
七、每股收益		
（一）基本每股收益		
（二）稀释每股收益		

表 1-4-9　中华人民共和国企业所得税月(季)度预缴纳税申报表(A类)

纳税人名称：		纳税人识别号/社会信用代码：	
填报日期：	税款所属期间：　　　至		金额单位：

预缴方式	□按照实际利润额预缴　　□按照上一纳税年度应纳税所得额平均额预缴 □按照税务机关确定的其他方法预缴	跨省机构行政区划
企业类型	□一般企业　　□跨地区经营汇总纳税企业总机构 □跨地区经汇总纳税企业分支机构	

按季度填报信息

项目	一季度		二季度		三季度		四季度		季度平均值
	季初	季末	季初	季末	季初	季末	季初	季末	
从业人数									
资产总额(万元)									

国家限制或禁止行业：□是　□否	小型微利企业：□是　□否

预缴税款计算

行次	项目	本年累计金额
1	营业收入	
2	营业成本	
3	利润总额	
4	加：特定业务计算的应纳税所得额	
5	减：不征税收入	
6	减：免税收入、减计收入、所得减免等优惠金额(填写 A201010)	
7	减：固定资产加速折旧(扣除)调减额(填写 A201020)	
8	减：弥补以前年度亏损	
9	实际利润额(3+4－5－6－7－8)\按照上一纳税年度应纳税所得额平均额确定的应纳税所得额	
10	税率(25%)	
11	应纳所得额(9行×10行)	
12	减：减免所得税额(填写 A201030)	
13	减：实际已缴纳所得税额	
14	减：特定业务预缴(征)所得税额	
15	本期应补(退)所得税额(11－12－13－14)\税务机关确定的本期应纳税所得额	

汇总纳税企业总分机构税款计算

16	总机构填报	总机构本期分摊应补(退)所得税额(17+18+19)	
17		其中：总机构分摊应补(退)所得税额(15×总机构分摊比例 25%)	
18		财政集中分配应补(退)所得税额(15×财政集中分配比例 25%)	
19		总机构具有主体生产经营职能的部门分摊所得税额(15×全部分支机构分摊比例 50%×总机构具有主体生产经营职能部门分摊比例 0%)	
20	分支机构填报	分支机构本期分摊比例	
21		分支机构本期分摊应补(退)所得税额	

附报信息

高新技术企业：□是　□否	科技型小企业：□是　□否
技术入股递延纳税事项：□是　否□	

申报日期：

表 1-4-10 **增值税及附加税费申报表（一般纳税人适用）**

根据国家税收法律法规及增值税相关规定制定本表，纳税人不论有无销售额，均应按税务机关核定的纳税期限填写本表，并向当地税务机关申报。

税款所属期间：　　　　　　至　　　　　　填表日期：　　　　　　金额单位：元（列至角分）

纳税人识别号（统一社会信用代码）：			所属行业：		
纳税人名称：		法定代表人姓名：	注册地址：		生产经营地址：
开户银行及账号：			登记注册类型：		电话号码：

	项目	栏次	一般项目		即征即退项目	
			本月数	本年累计	本月数	本年累计
销售额	（一）按适用税率计税销售额	1				
	其中：应税货物销售额	2				
	应税劳务销售额	3				
	纳税检查调整的销售额	4				
	（二）按简易办法计税销售额	5				
	其中：纳税检查调整的销售额	6				
	（三）免、抵、退办法出口销售额	7				
	（四）免税销售额	8				
	其中：免税货物销售额	9				
	免税劳务销售额	10				
税款计算	销项税额	11				
	进项税额	12				
	上期留抵税额	13				
	进项税额转出	14				
	免、抵、退应退税额	15				
	按适用税率计算的纳税检查应补缴税额	16				
	应抵扣税额合计	17				
	实际抵扣税额	18				
	应纳税额	19				
	期末留抵税额	20				
	简易计税办法计算的应纳税额	21				
	按简易计税办法计算的纳税检查应补缴税额	22				
	应纳税额减征额	23				
	应纳税额合计	24				
缴纳税款	期初未缴税额（多缴为负数）	25				
	实收出口开具专用缴款书退税额	26				
	本期已缴税额	27				
	①分次预缴税额	28				
	②出口开具专用缴款书预缴税额	29				
	③本期缴纳上期应纳税额	30				
	④本期缴纳欠缴税额	31				
	期末未缴税额（多缴为负数）	32				
	其中：欠缴税额（≥0）	33				
	本期应补（退）税额	34				
	即征即退实际退税额	35				
	期初未缴查补税额	36				
	本期入库查补税额	37				
	期末未缴查补税额	38				
附加税费	城市维护建设税本期应补（退）税额	39				
	教育费附加本期应补（退）费额	40				
	地方教育附加本期应补（退）费额	41				

声明：此表是根据国家税收法律法规及相关规定填写的，本人（单位）对填报内容（及附带资料）的真实性、可靠性、完整性负责。

　　　　　　　　　　　　　　　　　　　　　　　　　　　　　　　　纳税人（签章）：　　　　年　月　日

经办人：经办人身份证号：	受理人：	
代理机构签章：	受理税务机关（章）：	
代理机构统一社会信用代码：	受理日期：	年　月　日

表 1-4-11　　　　　　　　增值税及附加税费申报表附列资料（一）（本期销售情况明细）

纳税人名称（公章）：
填表日期：　　金额单位：元（列至角分）

项目及栏次		开具增值税专用发票		开具其他发票		未开具发票		纳税检查调整		合计			服务、不动产和无形资产扣除项目本期实际扣除金额	扣除后	
		销售额	销项（应纳）税额	销售额	销项（应纳）税额	销售额	销项（应纳）税额	销售额	销项（应纳）税额	销售额	销项（应纳）税额	价税合计		含税（免税）销售额	销项（应纳）税额
		1	2	3	4	5	6	7	8	9=1+3+5+7	10=2+4+6+8	11=9+10	12	13=11-12	14=13÷(100%+税率或征收率)×税率或征收率
一、一般计税方法计税	13%税率的货物及加工修理修配劳务	1													
	13%税率的服务、不动产和无形资产	2													
	9%税率的货物及加工修理修配劳务	3													
	9%税率的服务、不动产和无形资产	4													
	6%税率	5													
	其中：即征即退货物及加工修理修配劳务	6													
	即征即退服务、不动产和无形资产	7													
二、简易计税方法计税	6%征收率	8													
	全部征税项目 5%征收率的货物及加工修理修配劳务	9a													
	5%征收率的服务、不动产和无形资产	9b													

(续表)

项目及栏次		开具增值税专用发票		开具其他发票		未开具发票		纳税检查调整		合计			服务、不动产和无形资产扣除项目本期实际扣除金额	扣除后	
		销售额	销项(应纳)税额	销售额	销项(应纳)税额	销售额	销项(应纳)税额	销售额	销项(应纳)税额	销售额	销项(应纳)税额	价税合计		含税(免税)销售额	销项(应纳)税额
		1	2	3	4	5	6	7	8	9=1+3+5+7	10=2+4+6+8	11=9+10	12	13=11-12	14=13÷(100%+税率或征收率)×税率或征收率
二、简易计税方法	全部征税项目	4%征收率	10													
		3%征收率的货物及加工修理修配劳务	11													
		3%征收率的服务、不动产和无形资产	12													
		预征率	13a													
		预征率	13b													
		预征率	13c													
	其中:即征即退项目	即征即退货物及加工修理修配劳务	14													
		即征即退服务、不动产和无形资产	15													
三、免抵退税		货物及加工修理修配劳务	16													
		服务、不动产和无形资产	17													
四、免税		货物及加工修理修配劳务	18													
		服务、不动产和无形资产	19													

表 1-4-12　　增值税及附加税费申报表附列资料(二)(本期进项税额明细)

税款所属期间：

纳税人识别号(统一社会信用代码)　　　　　纳税人名称(公章)：　　　　　　　金额单位：元(列至角分)

一、申报抵扣的进项税额

项目	栏次	份数	金额	税额
(一)认证相符的增值税专用发票	1=2+3			
其中：本期认证相符且本期申报抵扣	2			
前期认证相符且本期申报抵扣	3			
(二)其他扣税凭证	4=5+6+7+8			
其中：海关进口增值税专用缴款书	5			
农产品收购发票或者销售发票	6			
代扣代缴税收缴款凭证	7			
加计扣除农产品进项税额	8a			
其他	8b			
(三)本期用于购建不动产的扣税凭证	9			
(四)本期用于抵扣的旅客运输服务扣税凭证	10			
(五)外贸企业进项税额抵扣证明	11			
当期申报抵扣进项税额合计	12=1+4+11			

二、进项税额转出额

项目	栏次	税额
本期进项税额转出额	13=14至23之和	
其中：免税项目用	14	
集体福利、个人消费	15	
非正常损失	16	
简易计税方法征税项目用	17	
免抵退税办法不得抵扣的进项税额	18	
纳税检查调减进项税额	19	
红字专用发票信息表注明的进项税额	20	
上期留抵税额抵减欠税	21	
上期留抵税额退税	22	
异常凭证转出进项税额	23a	
其他应作进项税额转出的情形	23b	

三、待抵扣进项税额

项目	栏次	份数	金额	税额
(一)认证相符的增值税专用发票	24	—	—	—
期初已认证相符但未申报抵扣	25			

(续表)

项目	栏次	份数	金额	税额
本期认证相符且本期未申报抵扣	26			
期末已认证相符但未申报抵扣	27			
其中：按照税法规定不允许抵扣	28			
（二）其他扣税凭证	29＝30至33之和			
其中：海关进口增值税专用缴款书	30			
农产品收购发票或者销售发票	31			
代扣代缴税收缴款凭证	32			
其他	33			
	34			

四、其他

项目	栏次	份数	金额	税额
本期认证相符的增值税专用发票	35			
代扣代缴税额	36			

模块二　会计信息化综合模拟实训

任务一　运用信息化核算的说明

一、操作背景

随着信息技术的飞速发展,使用计算机进行会计核算、实现会计信息化,已成为各企事业单位的必然选择,根据相关部门调查,目前会计信息化核算已达到95%以上。

财政部2013年12月6日发布,自2014年1月6日开始施行的《企业会计信息化工作规范》中,对会计软件提供商和服务机构、会计信息化的主体——企业及会计信息化的监督管理工作进行了指导性规范。

本教材依托畅捷教育财税云平台,围绕贵州毕节奇伟服装有限公司的生产经营过程展开,以该企业2022年12月的经济业务为范本,与第一模块的会计手工账同步进行,完成建账、账务处理初始化、日常业务核算、固定资产管理、编制会计报表等。手工账与会计信息化账同步进行,有利于提高教材使用者的专业技能。

特别说明:实际工作中,会计信息化不是将手工账搬到计算机上操作,会计信息化发展迅速,使用教材的老师需要结合实训平台开展教学。

二、实训平台说明

本教材依托畅捷教育财税云平台,为了能够给本教材使用者更好的体验,在新道股份科技有限公司大力支持下,免费提供了新道教育财税云平台,网址:https://t3.seentao.com/,以供教材使用者免费试用,教师在线申请账号即可试用。

三、会计信息化操作的基本要求

1. 核算内容要求

畅捷教育财税云平台包括总账系统、现金银行、项目管理、工资管理、固定资产和财务报表模块,本教材主要是面对中职系列学生和中小微企业,故只启用了总账系统、固定资产和财务报表模块。

2. 操作方法要求

（1）以三人小组为单位，按照贵州毕节奇伟服装有限公司的背景资料，独立完成该企业 2022 年 12 月的会计核算。

（2）操作结束后，各小组必须提交所核算企业本期的资产负债表、利润表以及核算的账套资料。

（3）完成手工账与会计信息化核算后，各小组要将两种核算方式的结果进行对比，总结两种核算方式的特点及优缺点，为日后参加实际工作作好准备。

新道教育财税云平台
教师端说明书

新道教育财税云平台
学生端说明书

任务二　建　账

一、创建考试

1. 登录畅捷教育财税云平台

（1）我校畅捷教育财税云平台网址：http://172.16.24.250：8888，授课教师可以使用管理员权限添加教师账号，然后登录教师账号，创建班级并添加学生信息。操作界面如图 2-2-1 至图 2-2-3 所示。

图 2-2-1　输入登录账号和密码

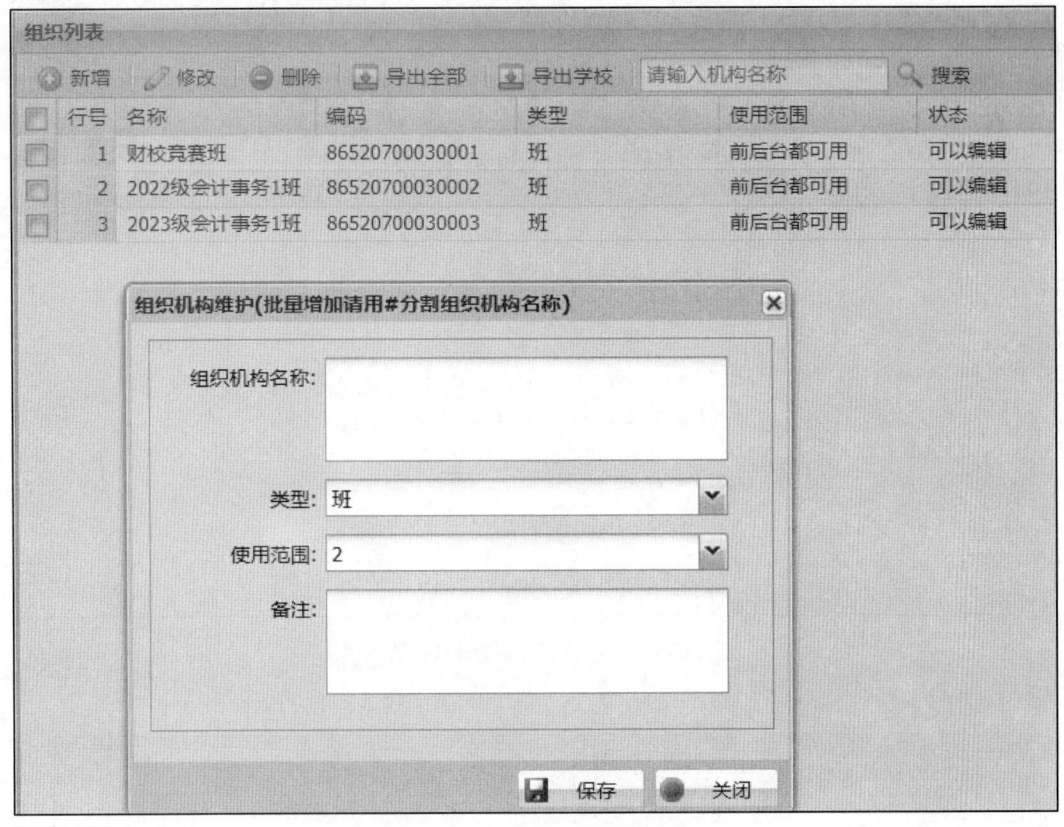

图 2-2-2　增加组织机构(班级)

图 2-2-3　新增学生信息

（2）外校使用本教材的教师需要先打开新道教育财税云平台网址：https://t3.seentao.com/。

点击"教师账号申请"获得审批后即可免费试用，如图 2-2-4 所示。创建班级及添加学生信息与畅捷教育财税云平台是相同的，操作界面如图 2-2-5 和图 2-2-6 所示。

图 2-2-4　教师试用账号申请

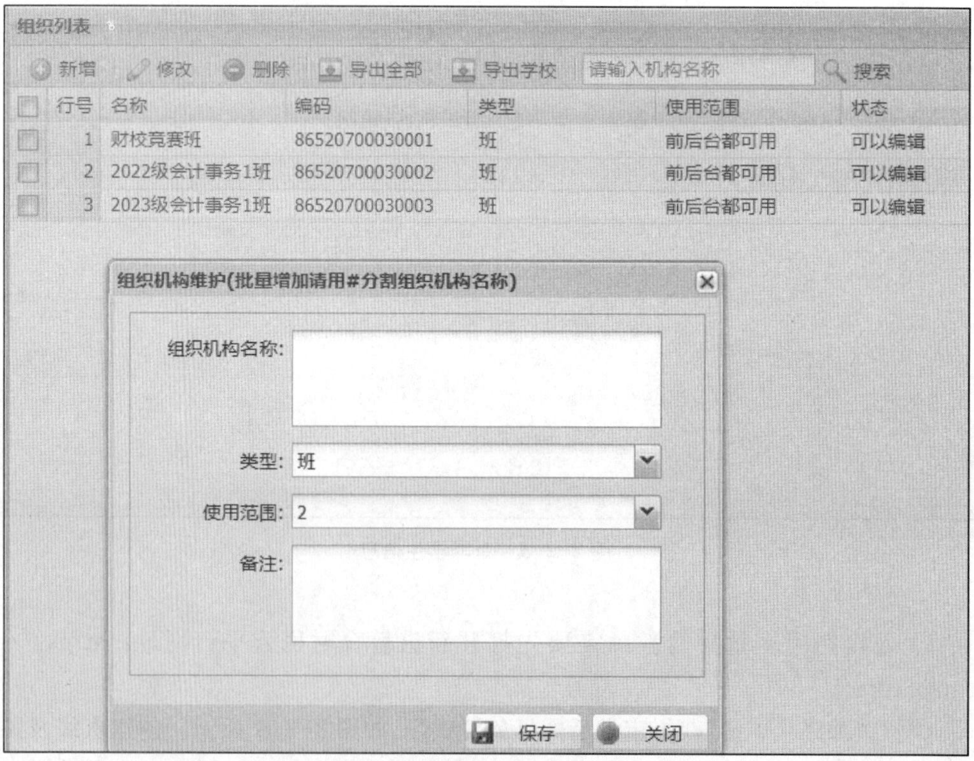

图 2-2-5　增加组织机构(班级)

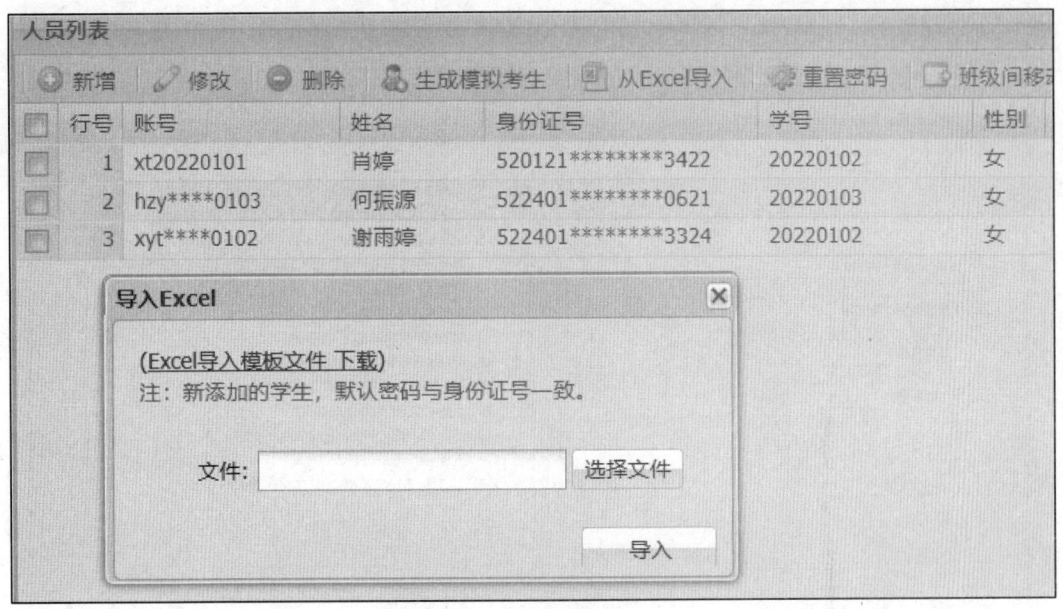

图 2-2-6 新增学生信息

2. 创建考试

创建考试的具体操作步骤为：执行【新建考试】—【新增】—【考试名称维护】—【保存】。考试的流程及操作界面如图 2-2-7 至图 2-2-9 所示。

3. 组织考试

具体操作步骤为：执行【组织考试】—【考前准备】—【添加考生】—【生成考生考号或是准考证】—【分配试卷】—【导出考号及密码】。考前准备有关操作界面如图 2-2-10 和图 2-2-11 所示。

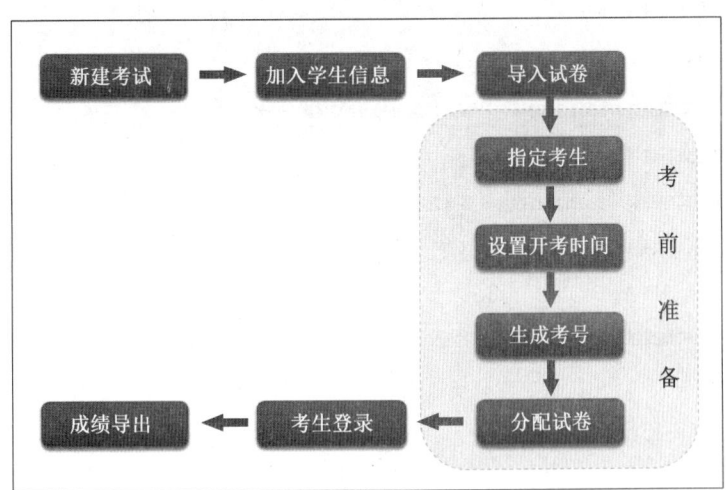

图 2-2-7 考试流程图

图 2-2-8 考试名称维护

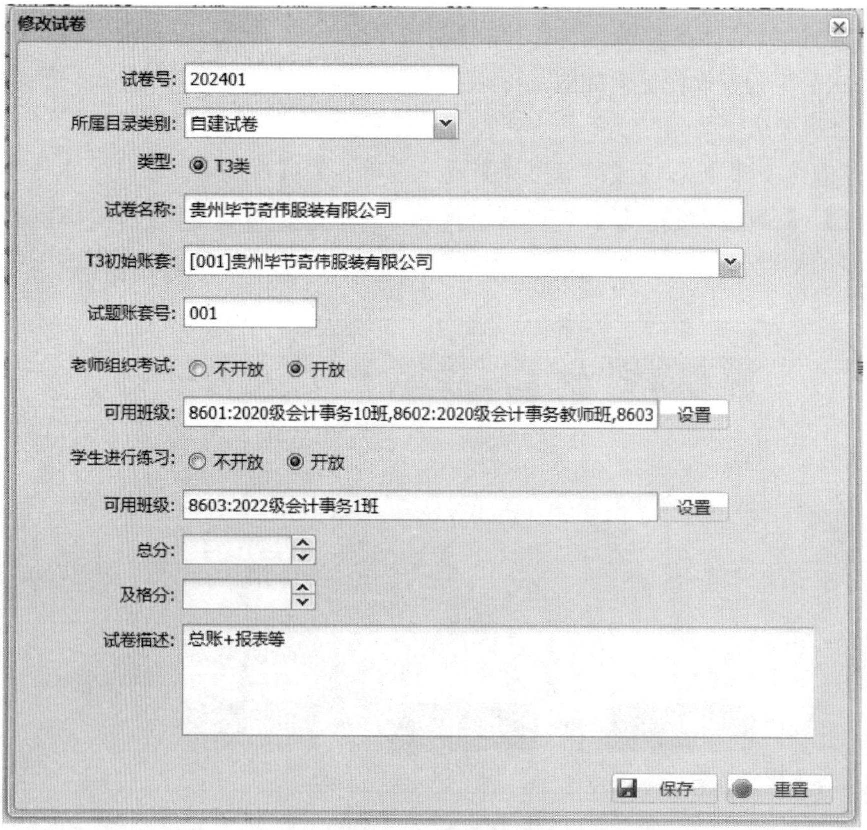

图 2-2-9 试卷修改

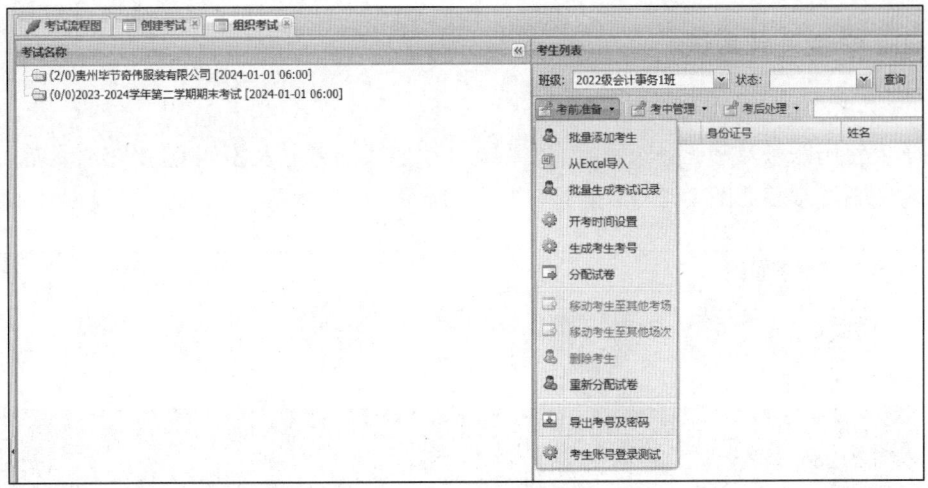

图 2-2-10　考前准备

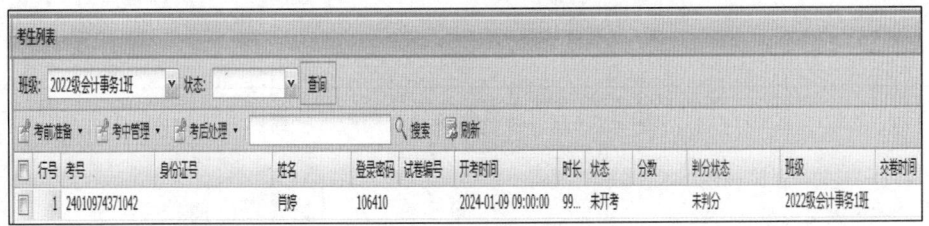

图 2-2-11　考生考号及密码

4. 考中管理

考中管理可进行考生补时、考试状态重置等。考中管理界面如图 2-2-12 所示。

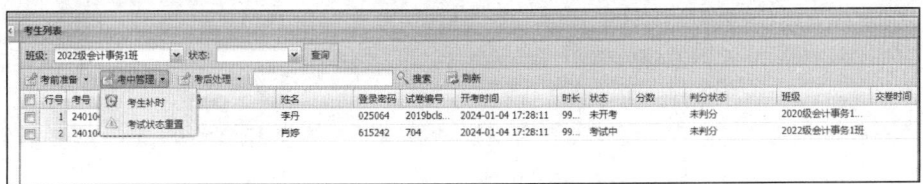

图 2-2-12　考中管理

5. 考后处理

考后处理可进行交卷算分、成绩导出、查分等。考后处理界面如图 2-2-13 所示。

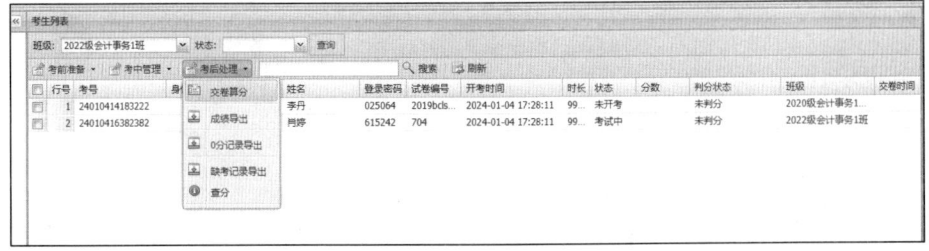

图 2-2-13　考后处理

二、学生登录考试

1. 学生登录

学生使用账号及密码登录平台，以系统自动生成的考号及密码登录考试系统。学生登录考试系统步骤如图 2-2-14 至图 2-2-16 所示。

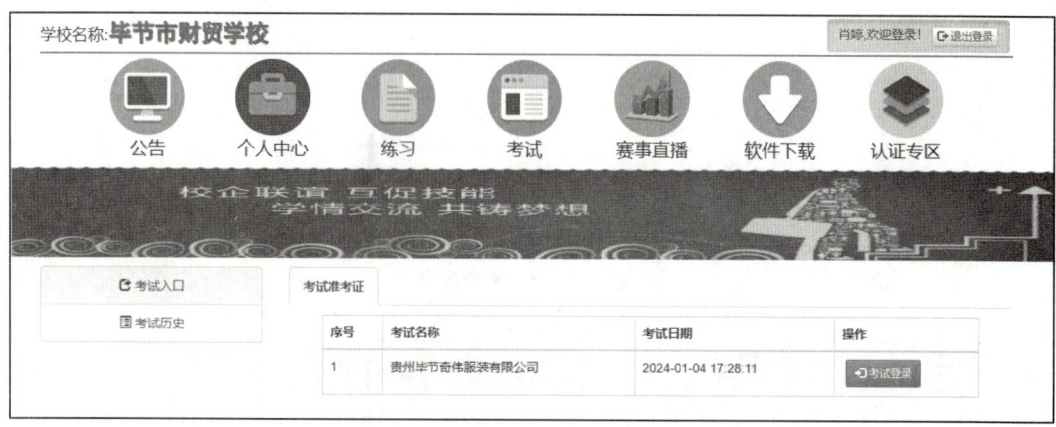

图 2-2-14　登录畅捷教育财税云平台

图 2-2-15　登录畅捷教育财税云平台考试系统

图 2-2-16　考试或练习界面

2. 建账

操作步骤：

（1）双击【系统管理】。

（2）执行【系统】—【注册】，打开注册【控制台】对话框。

（3）输入用户名"admin"，系统默认管理员密码为空，如图 2-2-17 所示。

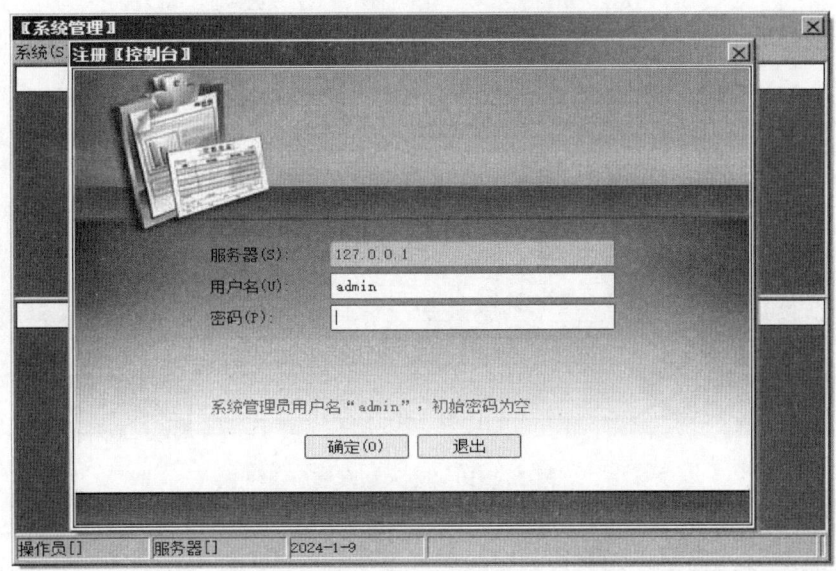

图 2-2-17　以管理员权限登录系统

（4）在【系统管理】窗口执行【账套】—【建立】，打开【添加账套】对话框。

（5）输入账套信息，如图 2-2-18 至图 2-2-24 所示。

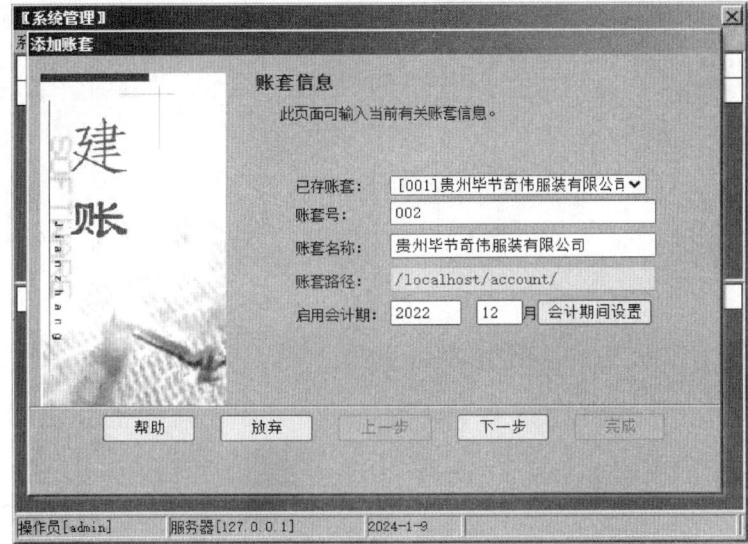

图 2-2-18　添加账套

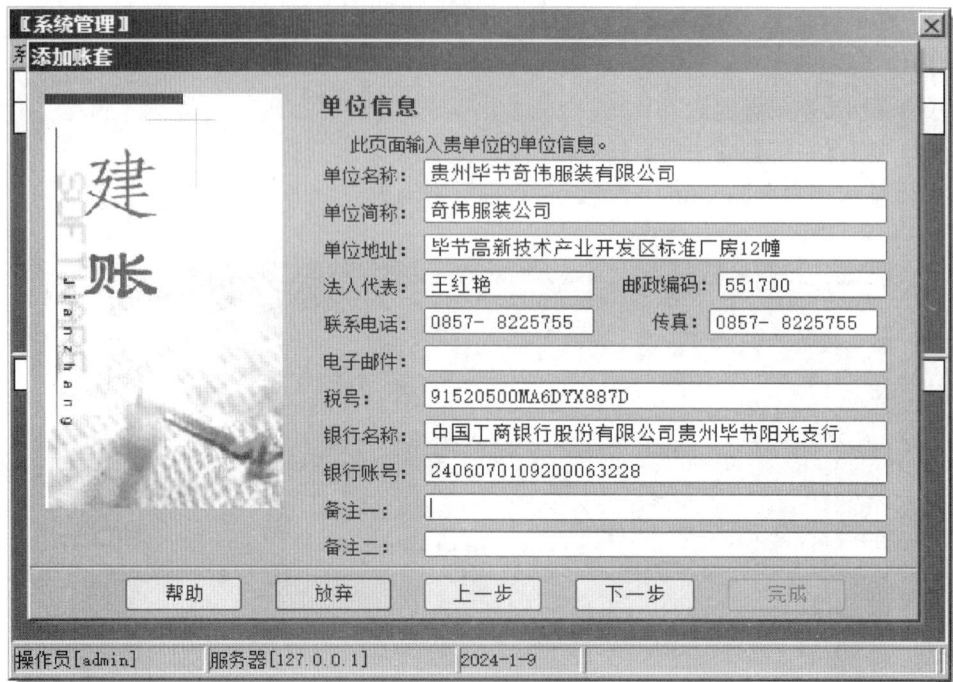

图 2-2-19 输入账套信息

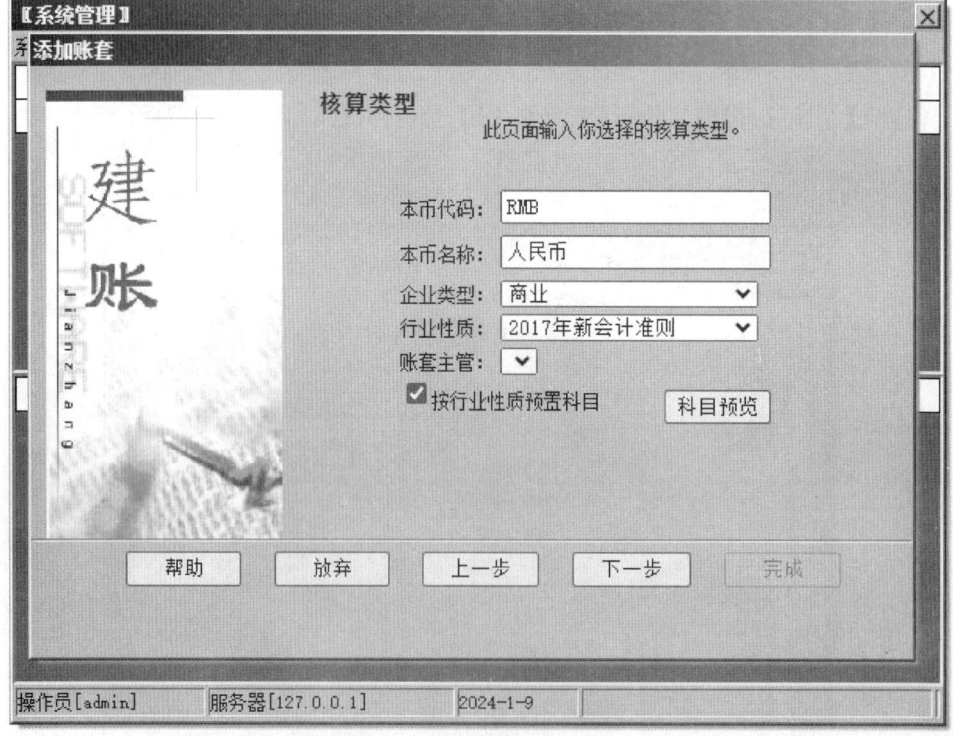

图 2-2-20 设置账套信息 1

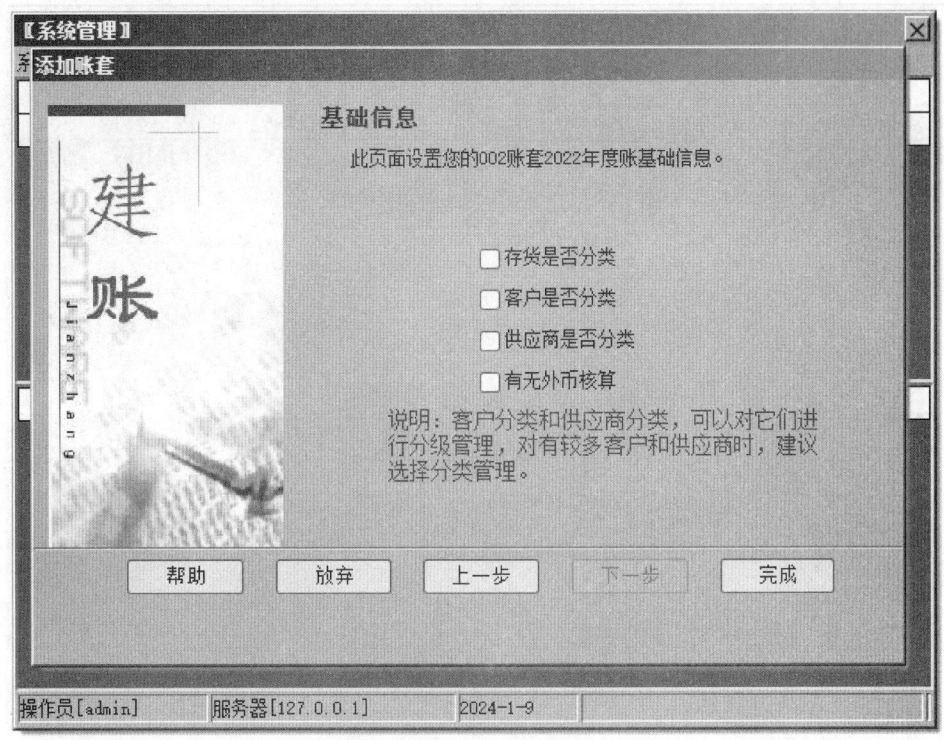

图 2-2-21　设置账套信息 2

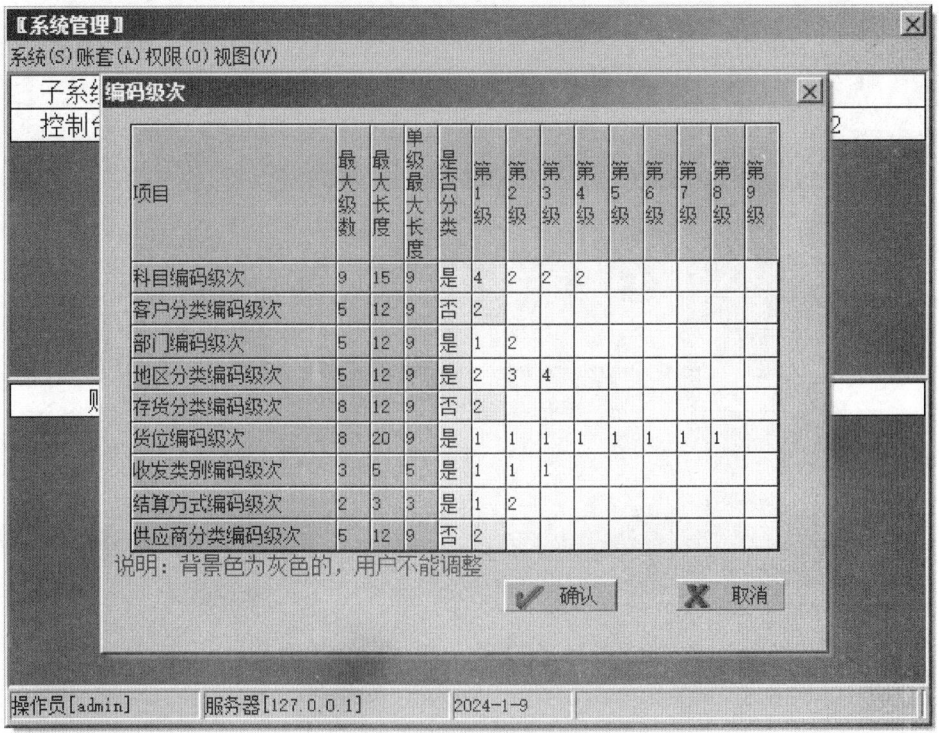

图 2-2-22　设置账套信息 3

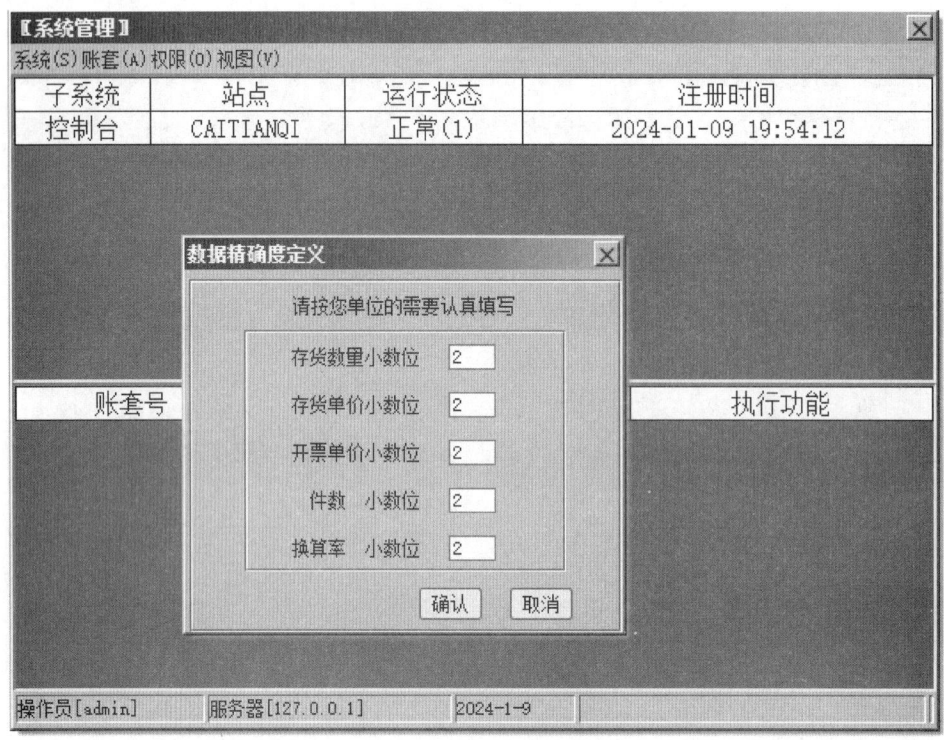

图 2-2-23　设置账套信息 4

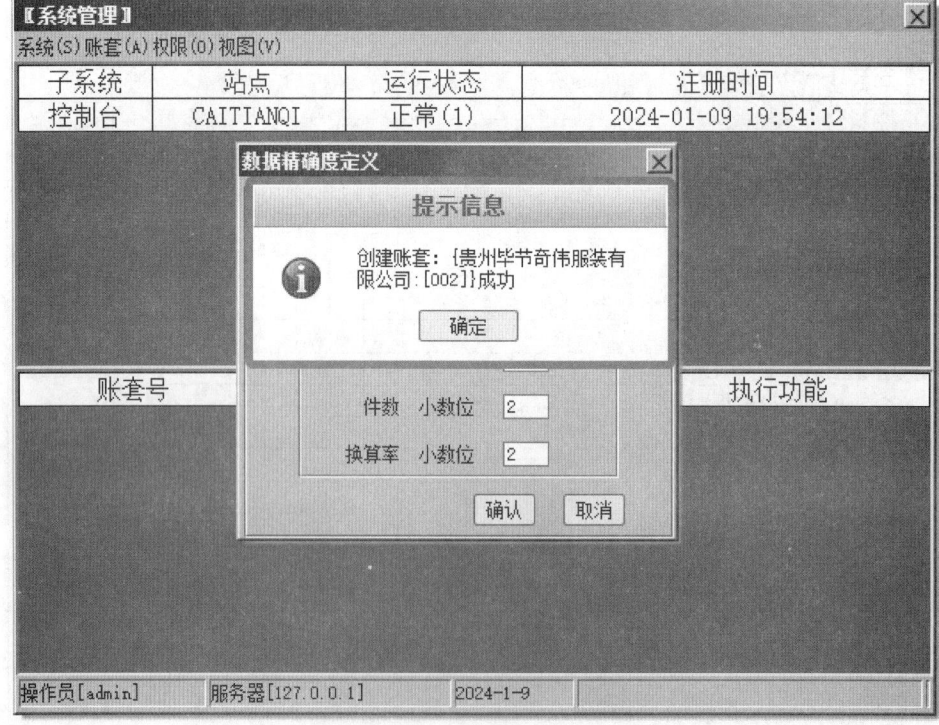

图 2-2-24　账套创建成功

3. 启用账套

创建账套成功后,系统提示"是否立即启用账套",点击【确定】按钮,勾选【总账】和【固定资产】选项,如图 2-2-25 和图 2-2-26 所示。

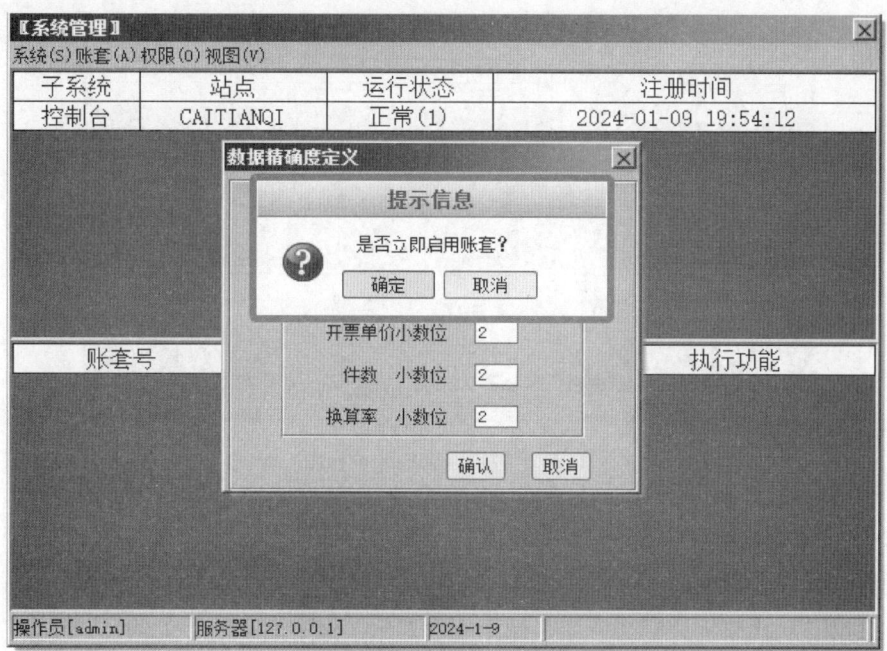

图 2-2-25　启用账套 1

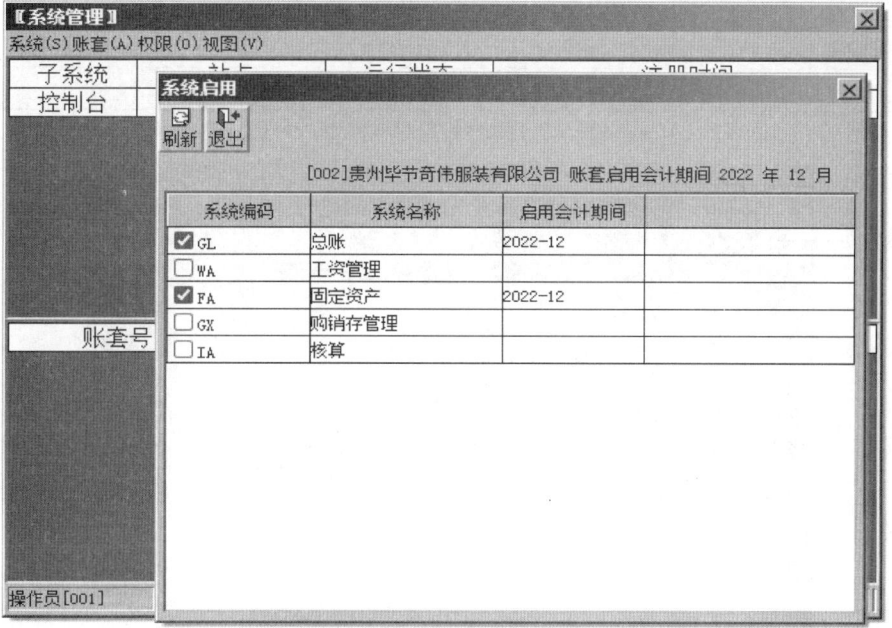

图 2-2-26　启用账套 2

4. 账套的修改、备份、删除与恢复

执行【系统管理】的【账套】命令，即可选择账套修改、备份、恢复等，账套的维护界面如图 2-2-27 所示（特别提醒：平时养成备份数据的习惯，以备数据恢复）。

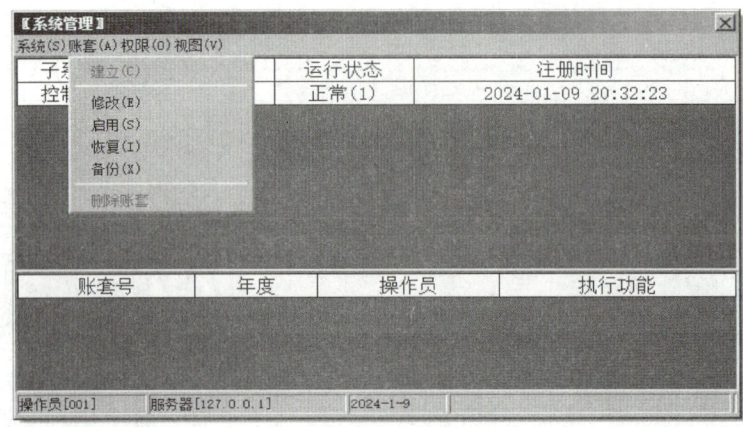

图 2-2-27 账套的维护界面

5. 增加操作员及权限管理

操作员及权限如表 2-2-1 所示，增加操作员及权限管理具体操作步骤为：执行【系统管理】—【权限】—【操作员】—【增加】，操作界面如图 2-2-28 至图 2-2-30 所示。

表 2-2-1　　　　　　　　　操作员及权限

编号	姓名	权限
001	肖婷	账套主管
002	谢雨婷	现金管理
003	何振源	账套主管

图 2-2-28 增加操作员

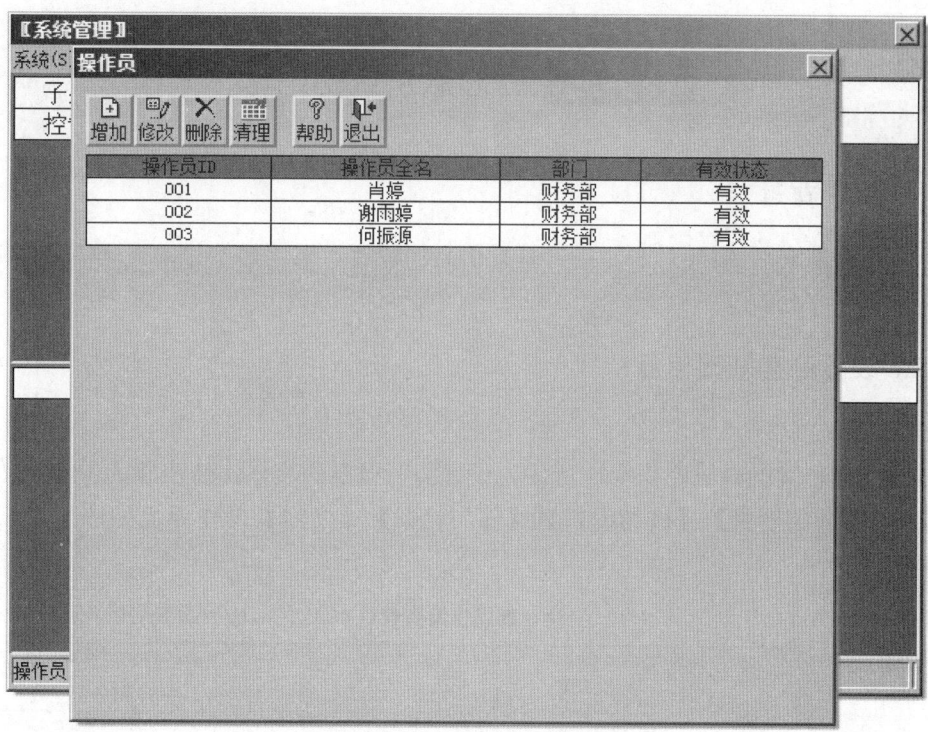

图 2-2-29 增加操作员信息

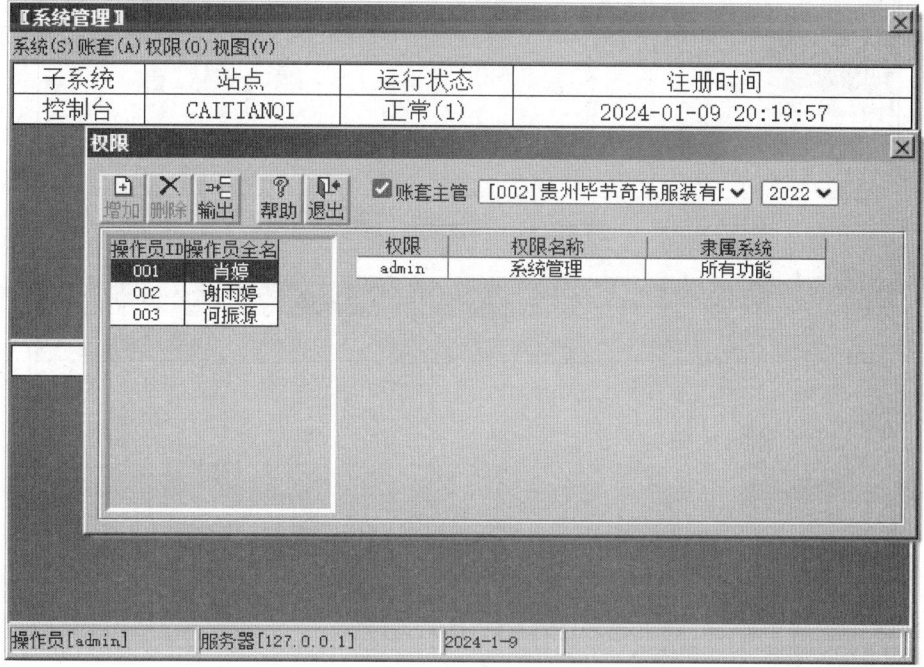

图 2-2-30 操作员权限管理

任务三　总账系统初始化

一、操作背景

成功创建账套后,需要对账套进行基础信息的设置。系统初始化的操作需要以账套主管身份登录平台。

二、设置账套基础信息

1. 设置部门档案

企业部门档案资料如表 2-3-1 所示。设置部门档案的具体操作步骤为:登录【信息门户】,执行【基础设置】—【机构设置】—【部门档案】—【增加】,操作界面如图 2-3-1 至图 2-3-4 所示。

表 2-3-1　　　　　　　　　企业部门档案资料

部门编号	部门名称	部门编号	部门名称
1	总经办	4	财务部
2	行政部	5	生产车间
3	销售部	6	仓储部
7	采购部		

图 2-3-1　考试或练习界面

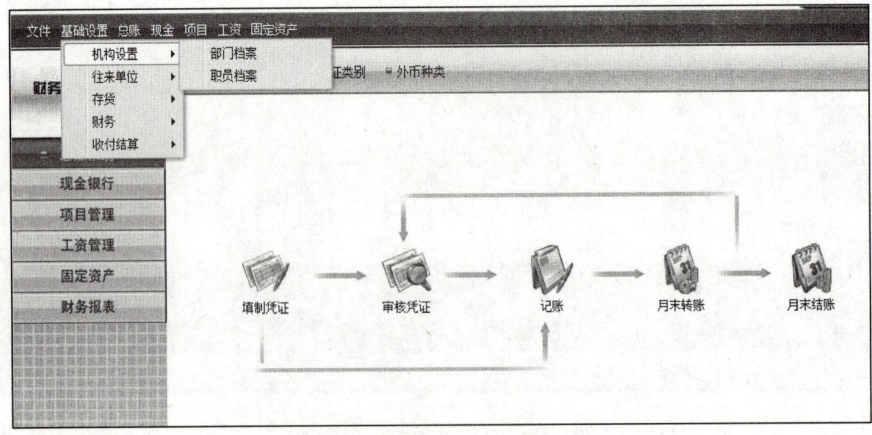

图 2-3-2　部门档案操作界面 1

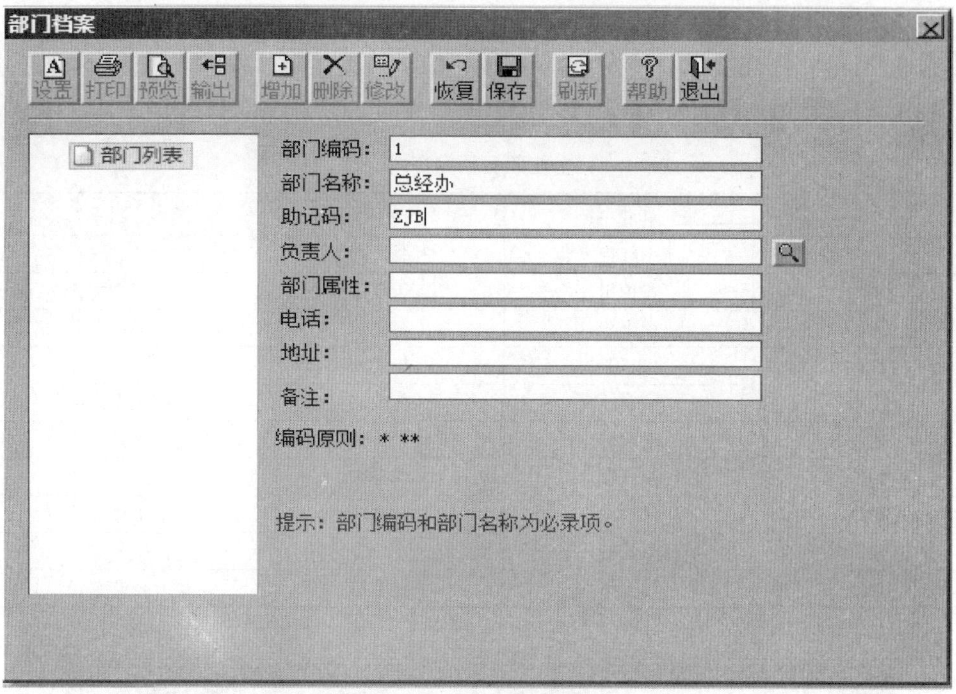

图 2-3-3　部门档案操作界面 2

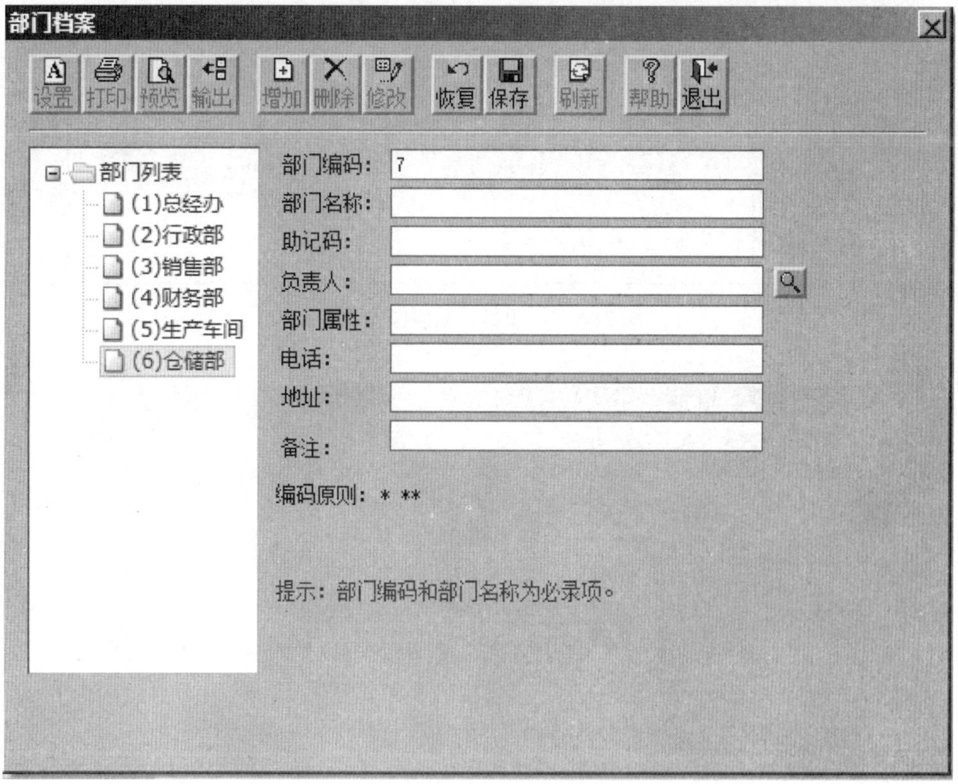

图 2-3-4　部门档案操作界面 3

2. 设置职员档案

企业职员档案资料如表2-3-2所示。设置职员档案的具体操作步骤为：执行【基础设置】—【机构设置】—【职员档案】—【增加】，操作界面如图2-3-5和图2-3-6所示。

表2-3-2　　　　　　　　　　企业职员档案资料

职员编号	职员姓名	所属部门	职务
101	王红艳	总经办	总经理
201	黄柏川	行政部	行政主管
202	李小燕	行政部	工作人员
203	王玥	行政部	工作人员
204	王林	行政部	工作人员
301	梁国浩	销售部	销售主管
401	李薇薇	财务部	财务主管
402	杨付洋	财务部	工作人员
501	王子轩	生产车间	生产主管
601	周金华	仓储部	仓储主管

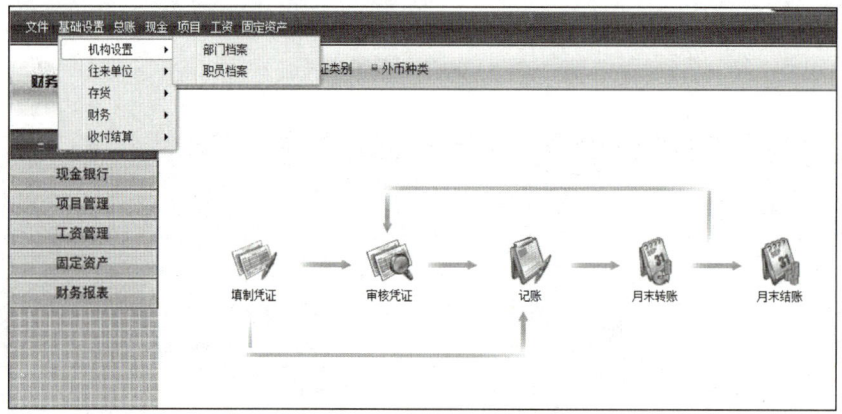

图2-3-5　职员档案操作界面1

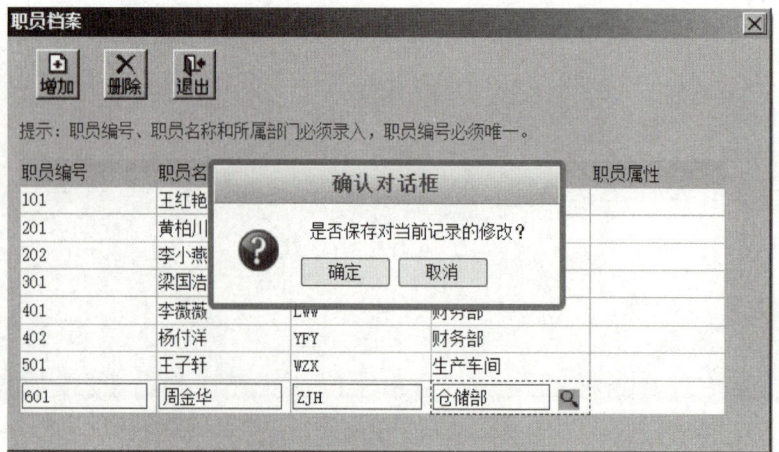

图2-3-6　职员档案操作界面2

3. 设置客户档案

企业客户档案资料如表 2-3-3 所示。设置客户档案的具体操作步骤为：执行【基础设置】—【往来单位】—【客户档案】—【增加】，操作界面如图 2-3-7 至图 2-3-9 所示。

表 2-3-3　　　　　　　　　　　企业客户档案资料

客户编号	客户名称	社会信用代码	法人代表	地址及电话	开户银行及账号
001	毕节百货商厦有限责任公司	91520500MA6KH2D1HK	李华芳	毕节市七星关区桂花路220号 0857-8221755	中国建设银行股份有限公司贵州毕节兴旺支行 5200169413605251675
002	毕节广元商厦有限公司	91520500MA6DKH1EX6	尹丽元	毕节市七星关区清毕路8号 0857-8222496	中国建设银行股份有限公司贵州毕节兴旺支行 5200169413605254858
003	大方县万达商场有限公司	91520521MAB6K2DH1K	钱铭满	毕节市大方县奢香大道125号 0857-5221766	中国工商银行股份有限公司贵州大方银利支行 2406070109400068254

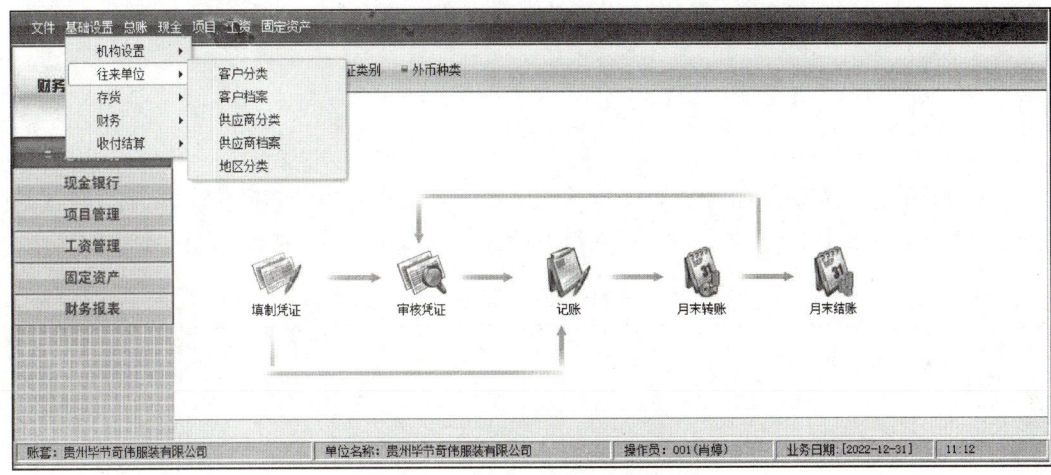

图 2-3-7　客户档案操作界面 1

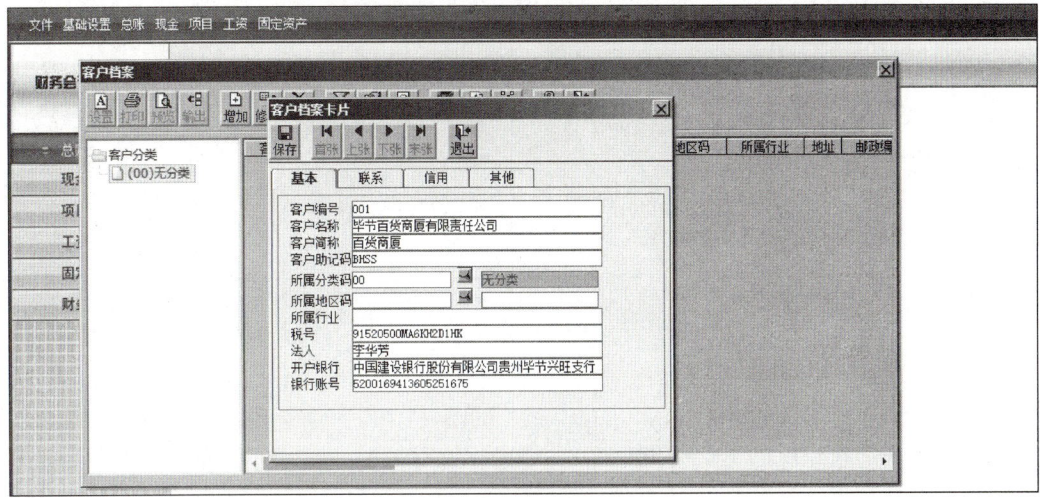

图 2-3-8　客户档案操作界面 2

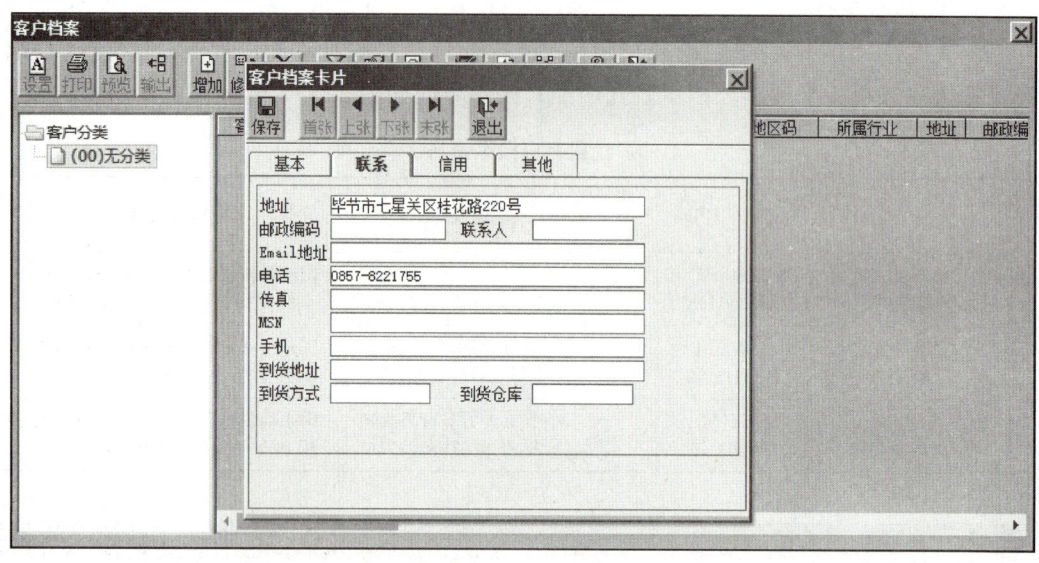

图 2-3-9 客户档案操作界面 3

4. 设置供应商档案

企业供应商档案资料如表 2-3-4 所示。设置供应商档案的具体操作步骤为：执行【基础设置】—【往来单位】—【供应商档案】—【增加】，操作界面如图 2-3-10 至图 2-3-12 所示。

表 2-3-4 　　　　　　　　　　企业供应商档案资料

供应商编号	供应商名称	社会信用名称	法人代表	地址及电话	开户银行及账号
101	贵阳通黔纺织科技有限公司	91520113MA6KH2B1HR	余朝挺	贵阳市云岩区观水路25号，0851-88507551	中国建设银行股份有限公司贵阳振兴支行 5200169414805252487
102	贵阳市金誉纺织有限公司	915201300MA6AH6D1KK	胡昭焕	贵阳市观山湖区金阳路34号，0851-88564551	中国建设银行股份有限公司贵阳金碧支行 5200169414805245567 85
103	贵州清镇纺织有限公司	91520130MA6KK2DAKW	肖明玥	贵阳清镇市富强北路96号，0851-88521666	中国工商银行股份有限公司贵阳市清镇旺存支行 2406070108500084562
104	贵阳通达服装设备有限责任公司	91520130MA667352KW	杜明涛	贵阳市白云区鸡杨路0851-88521666	中国工商银行股份有限公司贵阳市白云杜鹃支行 2406070109433605442
105	贵州电网有限责任公司毕节众利供电局	91520500214402582B	李国福	毕节市桂花路14号 0857-7109182	中国工商银行股份有限公司毕节分行营业部 2406071009200002287
106	贵州毕节甜美水务有限责任公司	9152050221440282BW	杨崇文	毕节市七星关区麻园路三十米大道54号 0857-7118429	中国工商银行股份有限公司毕节分行营业部 2406071009200002256

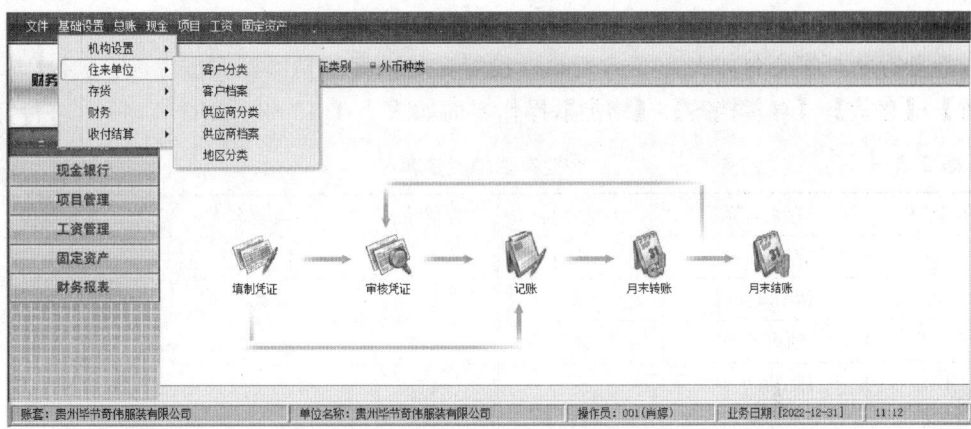

图 2-3-10　供应商档案操作界面 1

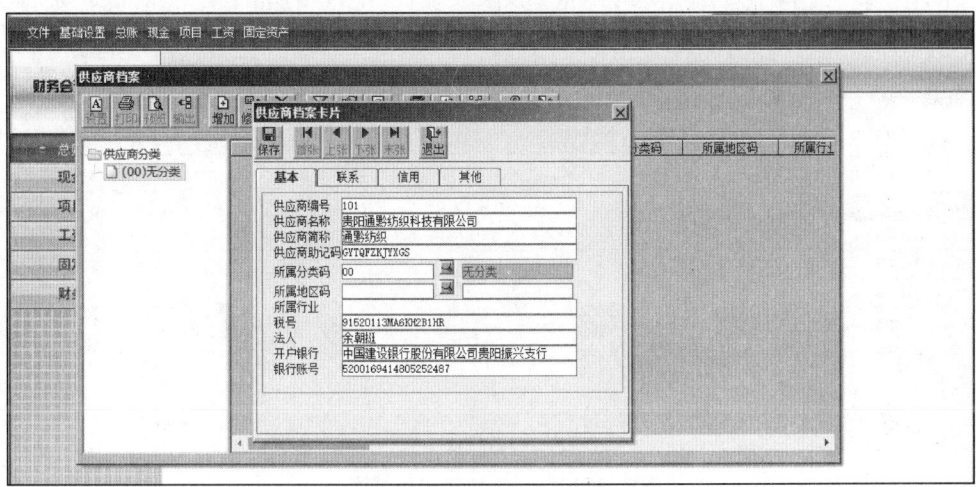

图 2-3-11　供应商档案操作界面 2

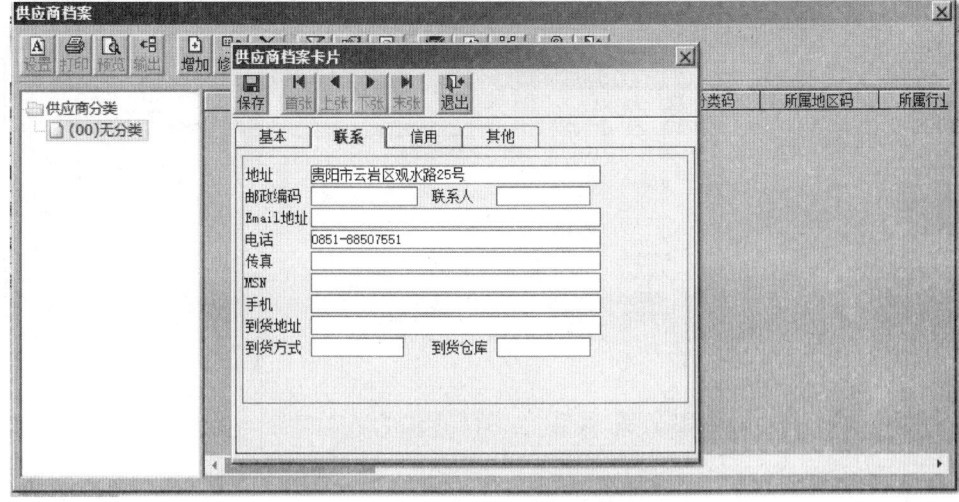

图 2-3-12　供应商档案操作界面 3

5. 设置存货档案

企业存货档案资料如表2-3-5所示。设置存货档案的具体操作步骤为：执行【基础设置】—【存货】—【存货档案】—【增加】，操作界面如图2-3-13和图2-3-14所示。

表2-3-5　　　　　　　　　　企业存货档案资料

存货编码	存货名称	计量单位	存货编码	存货名称	计量单位
101	西服面料	米	108	纸箱	个
102	休闲服面料	米	109	机修配件	套
103	西服里料	米	110	生产工具	套
104	休闲服里料	米	111	男士西服	套
105	拉链	条	112	女士西服	套
106	纽扣	包	113	男士休闲服	件
107	手提纸袋	个	114	女士休闲服	件

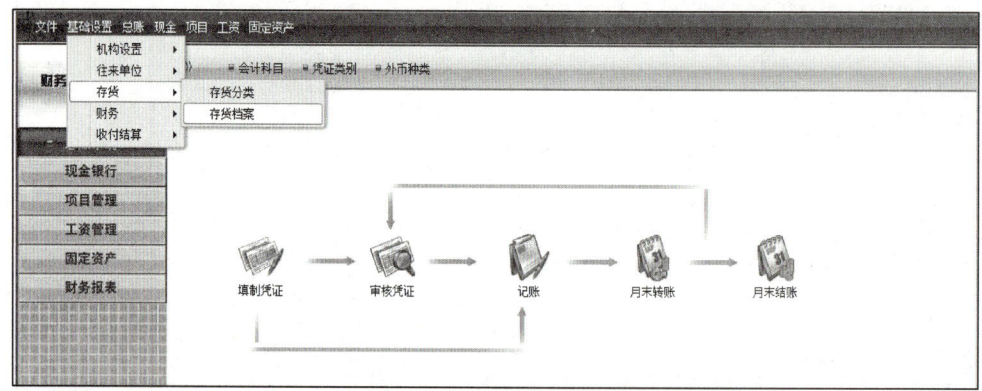

图2-3-13　存货档案操作界面1

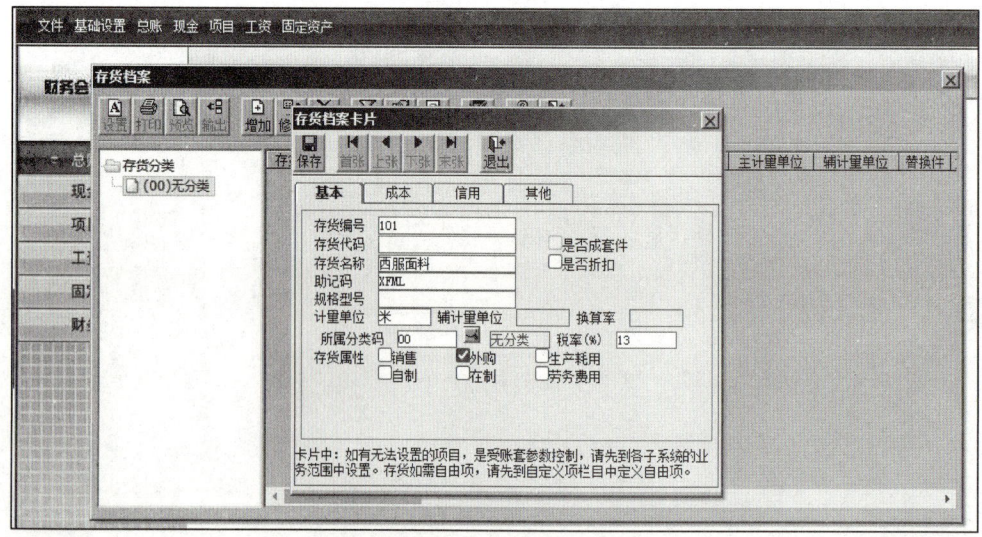

图2-3-14　存货档案操作界面2

6. 设置结算方式

企业结算方式如表 2-3-6 所示。设置结算方式的具体操作步骤为：执行【基础设置】—【收付结算】—【结算方式】—【增加】，操作界面如图 2-3-15 和图 2-3-16 所示。

表 2-3-6　　　　　　　　　　　　企业结算方式

编码	结算名称	票据管理方式	编码	结算名称	票据管理方式
1	现金		5	银行汇票	√
2	现金支票	√	6	电汇	
3	转账支票	√	7	微信支付	
4	网银		8	支付宝转账	

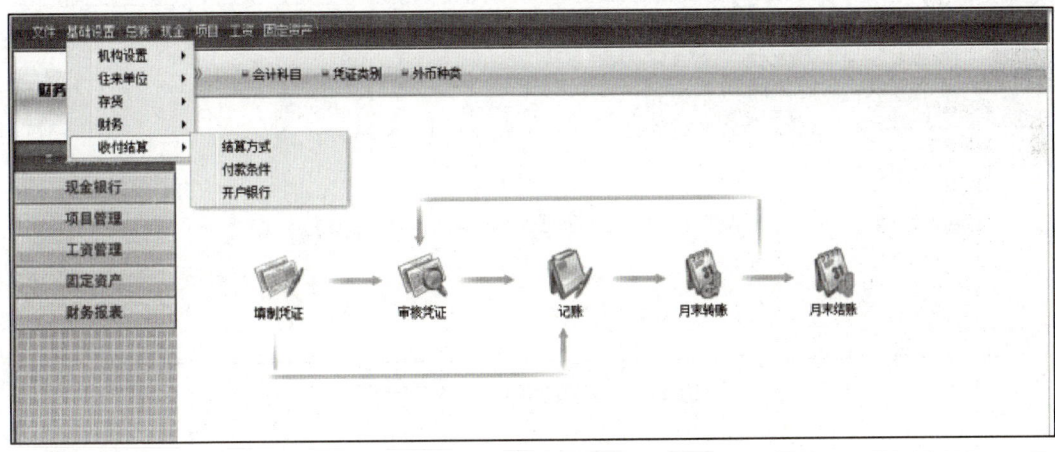

图 2-3-15　结算方式操作界面 1

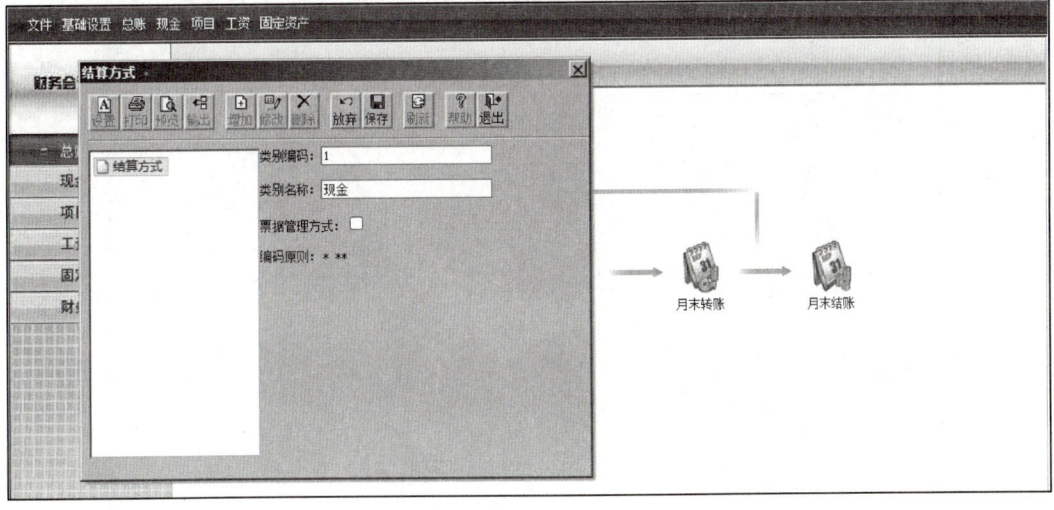

图 2-3-16　结算方式操作界面 2

7. 设置开户银行

企业开户银行如表 2-3-7 所示。设置开户银行的具体操作步骤为：执行【基础设置】—【收付结算】—【开户银行】—【增加】，操作界面如图 2-3-17 和图 2-3-18 所示。

表 2-3-7　　　　　　　　　　企业开户银行信息

银行编码	开户银行	银行账号
1	中国工商银行股份有限公司贵州毕节阳光支行	2406070109200063228
2	中国建设银行股份有限公司贵州毕节兴旺支行	5200169413605261674

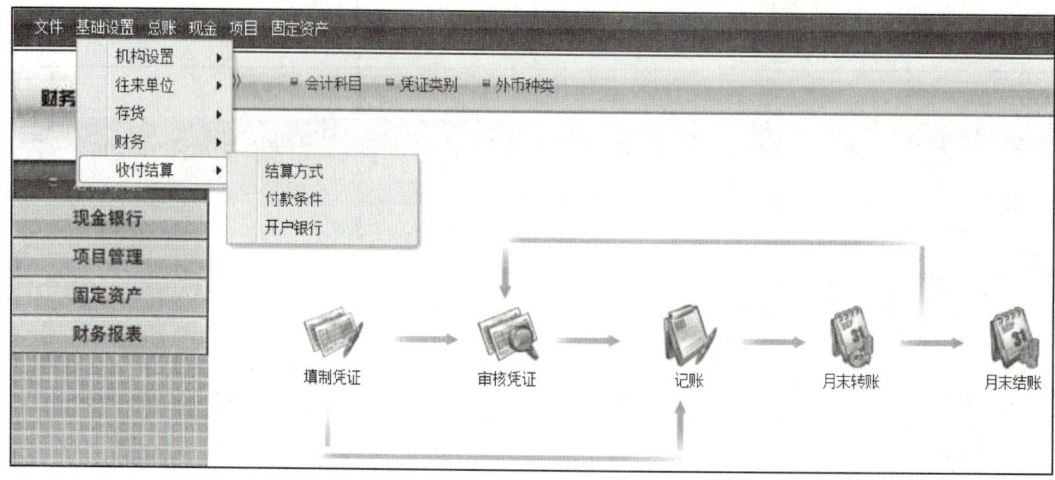

图 2-3-17　开户银行操作界面 1

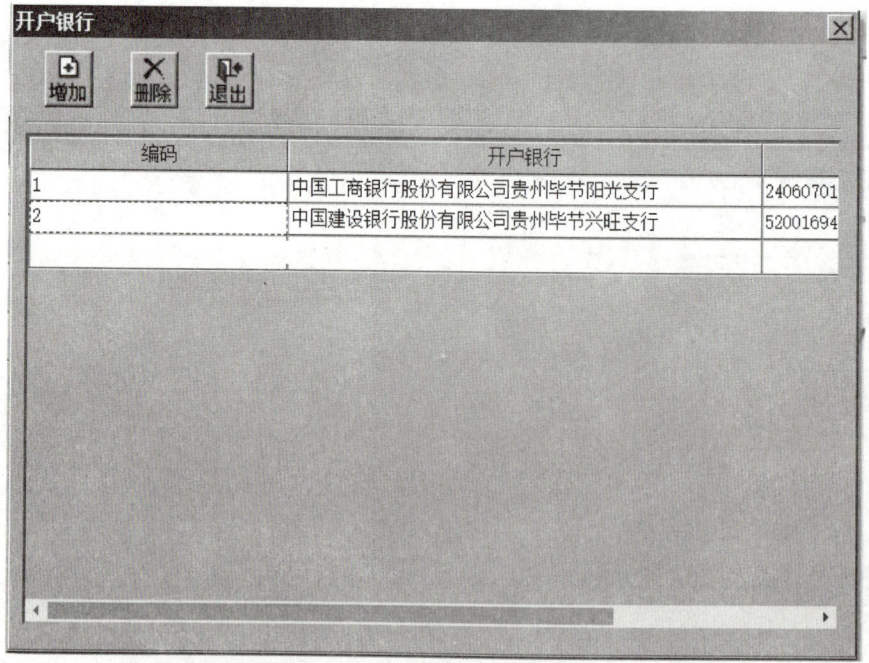

图 2-3-18　开户银行操作界面 2

8. 设置凭证类别

凭证类别预置为记账凭证。设置凭证类别的具体操作步骤为：执行【基础设置】—【财务】—【凭证类别】—【增加】，操作界面如图 2-3-19 至图 2-3-21 所示。

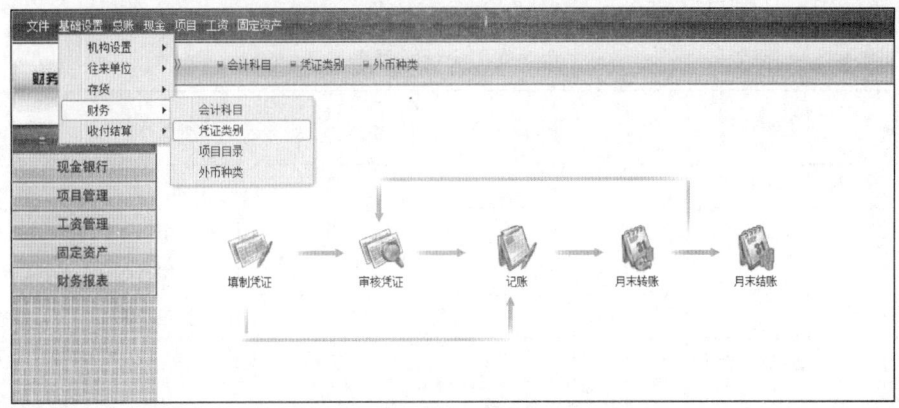

图 2-3-19　凭证类别设置操作界面 1

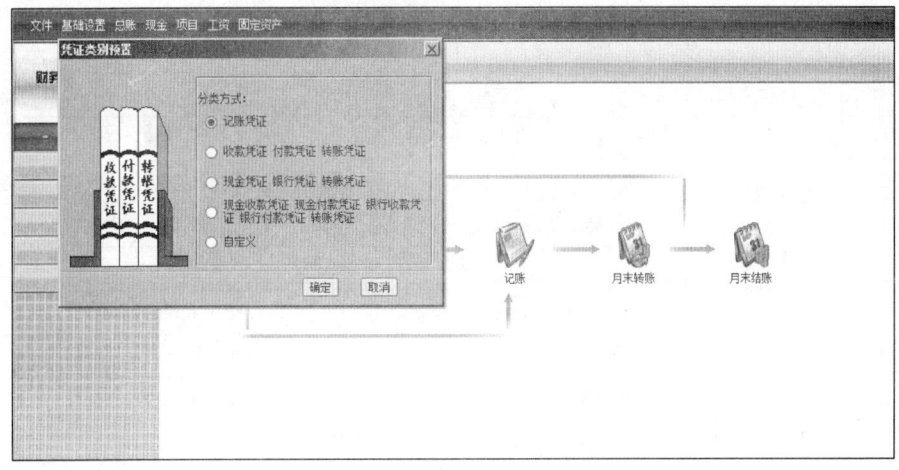

图 2-3-20　凭证类别设置操作界面 2

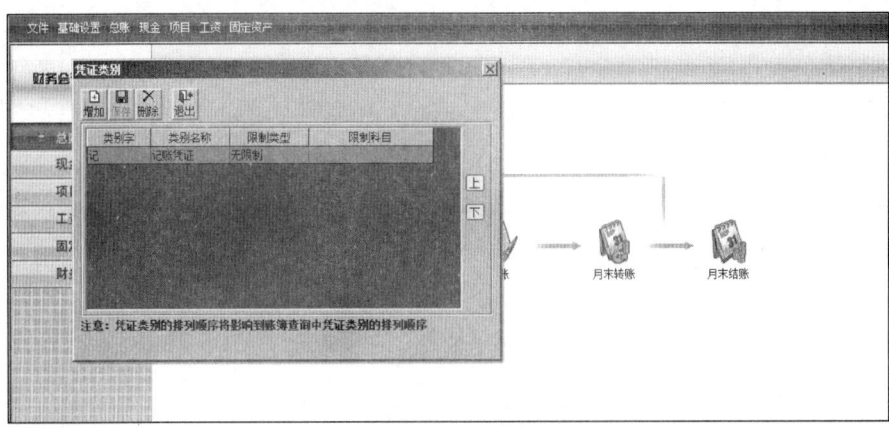

图 2-3-21　凭证类别设置操作界面 3

三、设置会计科目并录入期初余额

1. 设置会计科目

企业常用会计科目表如表 2-3-8 所示。

表 2-3-8　　　　　　　　　　企业常用会计科目表

科目编号	总账科目	明细科目	科目方向	辅助核算	账页格式
1001	库存现金		借	日记账	金额式
1002	银行存款		借	日记账 银行账	金额式
100201		工商银行毕节阳光支行	借	日记账 银行账	金额式
100202		建设银行毕节兴旺支行	借	日记账 银行账	金额式
1012	其他货币资金		借		金额式
101201		存出投资款	借		金额式
101202		银行汇票存款	借		金额式
1121	应收票据		借		金额式
112101		毕节百货商厦有限责任公司	借	客户往来,受控:应收	金额式
1122	应收账款		借		金额式
112201		毕节百货商厦有限责任公司	借	客户往来,受控:应收	金额式
112202		毕节广元商厦有限公司	借	客户往来,受控:应收	金额式
112203		大方县万达商场有限公司	借	客户往来,受控:应收	金额式
1123	预付账款		借		金额式
112301		贵阳通黔纺织科技有限公司	借	供应商往来,受控:应付	金额式
112302		贵阳市金誉纺织有限公司	借	供应商往来,受控:应付	金额式
112303		贵州清镇纺织有限公司	借	供应商往来,受控:应付	金额式
1221	其他应收款		借		金额式
122101		黄柏川	借		金额式
1231	坏账准备		借		金额式
123101		应收账款	借		金额式
1402	在途物资		借		金额式
140201		贵阳市金誉纺织有限公司	借		金额式
1403	原材料		借		金额式
140301		原料及主要材料	借		金额式
14030101		西服面料	借	数量核算	数量金额式
14030102		休闲服面料	借	数量核算	数量金额式
14030103		西服里料	借	数量核算	数量金额式
14030104		休闲服里料	借	数量核算	数量金额式
140302		辅助材料	借		金额式

(续表)

科目编号	总账科目	明细科目	科目方向	辅助核算	账页格式
14030201		拉链	借	数量核算	数量金额式
14030202		纽扣	借	数量核算	数量金额式
14030203		手提纸袋	借	数量核算	数量金额式
1405	库存商品		借		金额式
140501		男士西服	借	数量核算	数量金额式
140502		女士西服	借	数量核算	数量金额式
140503		男士休闲服	借	数量核算	数量金额式
140504		女士休闲服	借	数量核算	数量金额式
1411	周转材料		借		金额式
141101		包装物	借		金额式
14110101		纸箱		数量核算	数量金额式
141102		低值易耗品	借		金额式
14110201		机修配件	借	数量核算	数量金额式
14110202		生产工具	借	数量核算	数量金额式
1601	固定资产		借		金额式
160101		房屋建筑物	借		金额式
160102		机器设备	借		金额式
160103		一般设备	借		金额式
160104		运输工具	借		金额式
160105		其他设备	借		金额式
1602	累计折旧		贷		金额式
160201		房屋建筑物	贷		金额式
160202		机器设备	贷		金额式
160203		一般设备	贷		金额式
160204		运输工具	贷		金额式
160205		其他设备	贷		金额式
1701	无形资产		借		金额式
170101		土地使用权	借		金额式
1702	累计摊销		贷		金额式
170201		土地使用权摊销	贷		金额式
1801	长期待摊费用		借		金额式
180101		门面租赁费	借		金额式
2001	短期借款				金额式

（续表）

科目编号	总账科目	明细科目	科目方向	辅助核算	账页格式
200101		工商银行毕节阳光支行	贷		金额式
2201	应付票据		贷		金额式
220101		贵阳市金誉纺织有限公司	贷		金额式
2202	应付账款		贷		金额式
220201		贵阳通达服装设备有限责任公司	贷	供应商往来	金额式
220202		贵州电网有限责任公司毕节众利供电局	贷	供应商往来	金额式
220203		贵州毕节甜美水务有限责任公司	贷	供应商往来	金额式
2211	应付职工薪酬		贷		金额式
221101		工资	贷		金额式
221102		职工福利费	贷		金额式
221105		工会经费	贷		金额式
221106		职工教育经费	贷		金额式
2221	应交税费		贷		金额式
222101		应交增值税	贷		金额式
22210101		应交增值税——进项税额	贷		金额式
22210102		应交增值税——销项税额	贷		金额式
22210103		应交增值税——转出未交增值税	贷		金额式
22210104		应交增值税——进项税额转出	贷		金额式
22210105		应交增值税——转出多交增值税	贷		金额式
222102		未交增值税	贷		金额式
222103		应交城市维护建设税	贷		金额式
222104		应交教育费附加	贷		金额式
222105		应交地方教育附加	贷		金额式
222106		应交个人所得税	贷		金额式
2231	应付利息		贷		金额式
223101		工商银行毕节阳光支行	贷		金额式
223102		建设银行毕节兴旺支行	贷		金额式
2501	长期借款		贷		金额式
250101		建设银行毕节兴旺支行	贷		金额式
4001	实收资本		贷		金额式
400101		王红艳	贷		金额式
400102		蔡筱雨	贷		金额式
400103		武维齐	贷		金额式
4002	资本公积		贷		金额式

(续表)

科目编号	总账科目	明细科目	科目方向	辅助核算	账页格式
400201		资本溢价	贷		金额式
4101	盈余公积		贷		金额式
410101		法定盈余公积	贷		金额式
410102		任意盈余公积	贷		金额式
4103	本年利润		贷		金额式
4104	利润分配		贷		金额式
410401		未分配利润	贷		金额式
5001	生产成本		借		金额式
500101		基本生产成本	借		金额式
50010101		男士西服	借		金额式
50010102		女士西服	借		金额式
50010103		男士休闲服	借		金额式
50010104		女士休闲服	借		金额式
500102		辅助生产成本(机修车间)	借		金额式
5101	制造费用		借		金额式
6001	主营业务收入		贷		金额式
600101		男士西服	贷		金额式
600102		女士西服	贷		金额式
600103		男士休闲服	贷		金额式
600104		女士休闲服	贷		金额式
6111	投资收益		贷		金额式
6301	营业外收入		贷		金额式
6401	主营业务成本		借		金额式
640101		男士西服	借		金额式
640102		女士西服	借		金额式
640103		男士休闲服	借		金额式
640104		女士休闲服	借		金额式
6403	税金及附加		借		金额式
640301		城市维护建设税	借		金额式
640302		教育费附加	借		金额式
640303		地方教育附加	借		金额式
640304		车船税	借		金额式
6601	销售费用	按费用项目	借		金额式
6602	管理费用	按费用项目	借		金额式

(续表)

科目编号	总账科目	明细科目	科目方向	辅助核算	账页格式
6603	财务费用	按费用项目	借		金额式
6711	营业外支出		借		金额式
6801	所得税费用		借		金额式

（1）设置会计科目的具体操作步骤为：执行【基础设置】—【财务】—【会计科目】—【增加】—【确定】，操作界面如图2-3-22至图2-3-24所示。

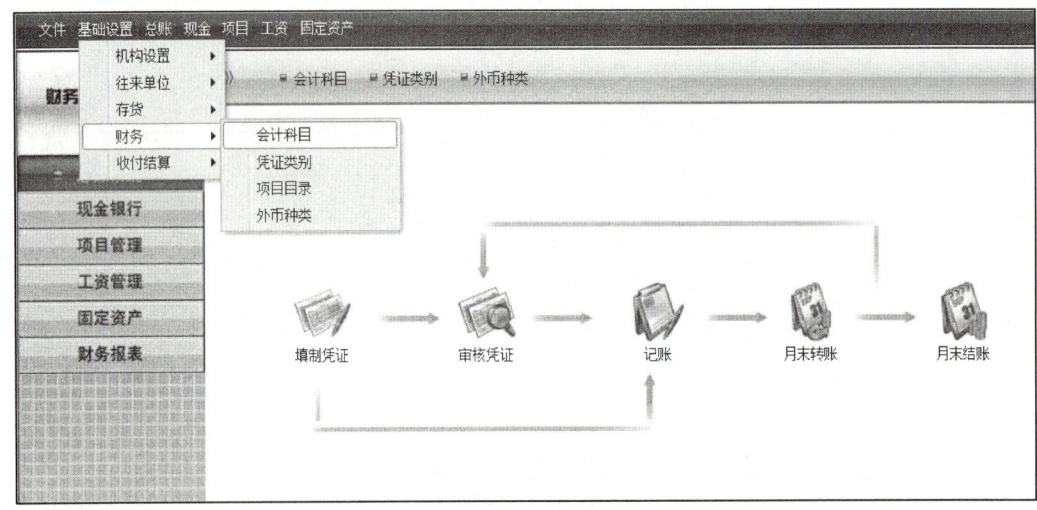

图2-3-22　设置会计科目操作界面1

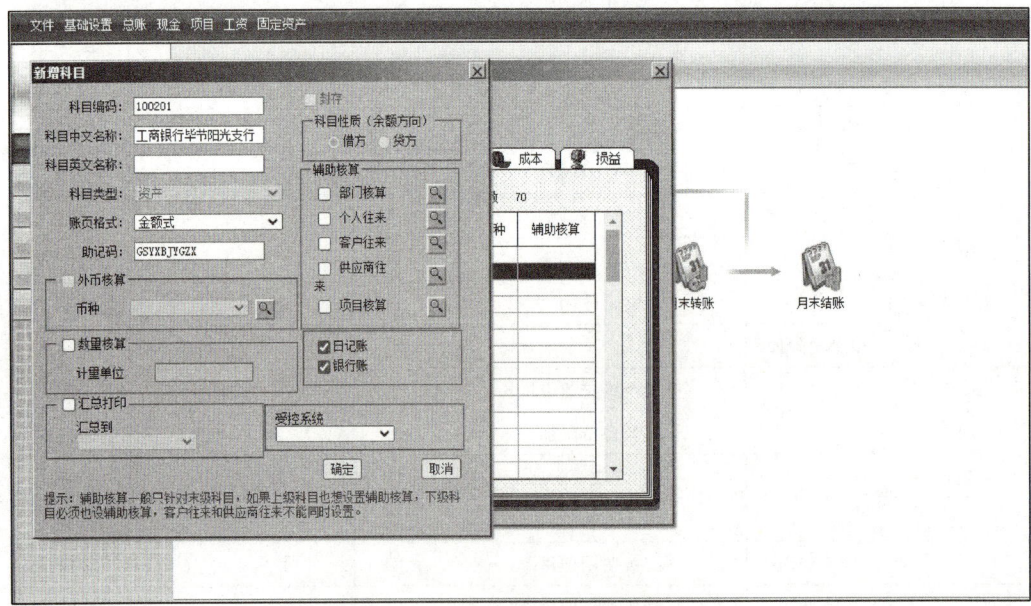

图2-3-23　设置会计科目操作界面2

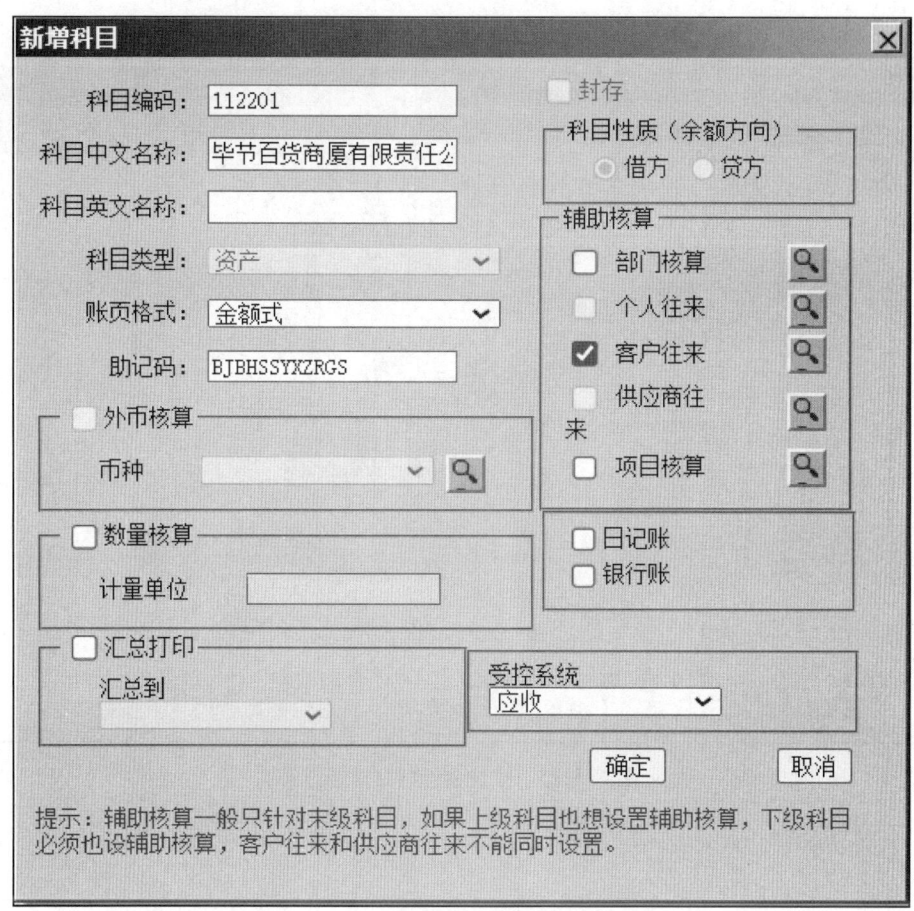

图 2-3-24 设置会计科目操作界面 3

(2) 修改会计科目。如果已建立的会计科目有错误,可以对其进行修改,具体操作步骤为:执行【基础设置】—【财务】—【会计科目】—【修改】(对所选科目进行修改)—【确定】,操作界面如图 2-3-25 所示。

注意:在修改已经输入余额的科目前,必须先删除本级以及下级科目的期初余额,否则不能修改该会计科目。会计科目一经使用,即已输入凭证,只能增加同级科目,不能在科目下增设下级科目。

(3) 删除会计科目。只能删除没有发生额且无下级科目的会计科目。如有下级科目,应先删除下级科目的余额及科目,再删除本级科目。已有发生额的会计科目则不能删除。具体操作步骤为:执行【基础设置】—【财务】—【会计科目】(选中要删除的科目)—【删除】—【确定】—【退出】,操作界面如图 2-3-26 所示。

(4) 指定会计科目。指定会计科目的具体操作步骤为:执行【基础设置】—【财务】—【会计科目】—【编辑】—【指定科目】,单击【现金总账科目】,选择【1001 库存现金】,单击【>】按钮,将库存现金移入已选科目;再单击【银行总账科目】,选择【1002 银行存款】,单击【>】按钮,将银行存款移入已选科目。操作界面如图 2-3-27 至图 2-3-29 所示。

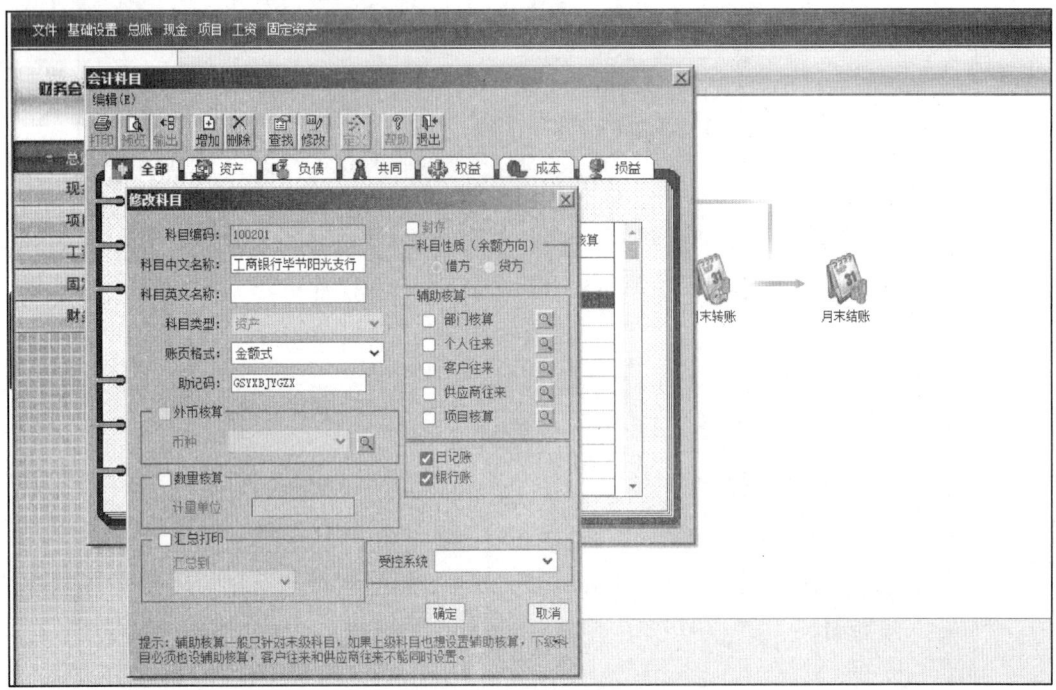

图 2-3-25　修改会计科目操作界面

图 2-3-26　删除会计科目操作界面

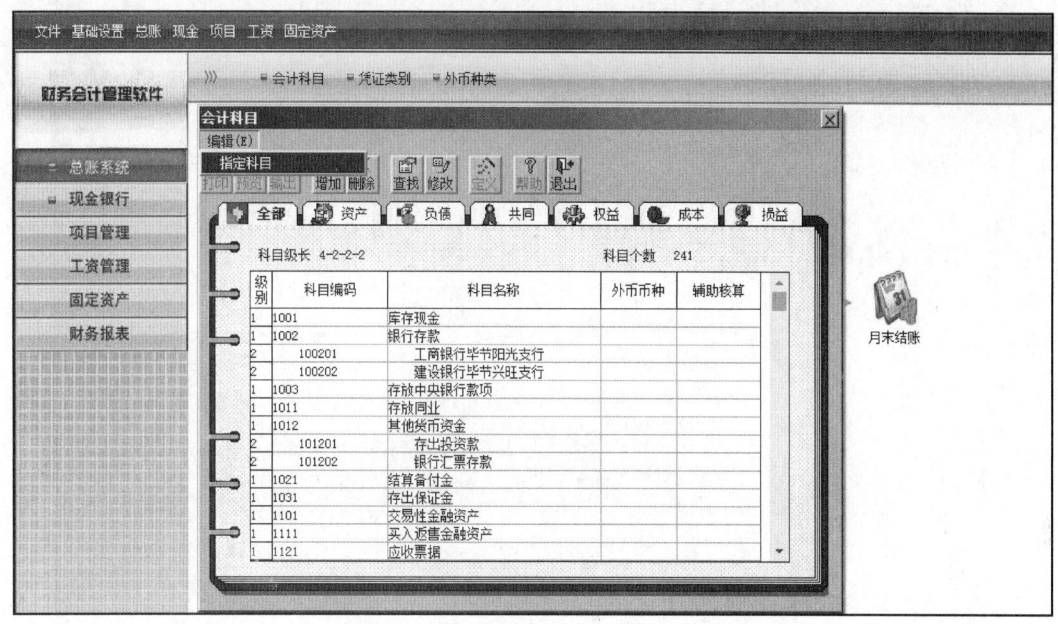

图 2-3-27　指定会计科目操作界面 1

图 2-3-28　指定会计科目操作界面 2

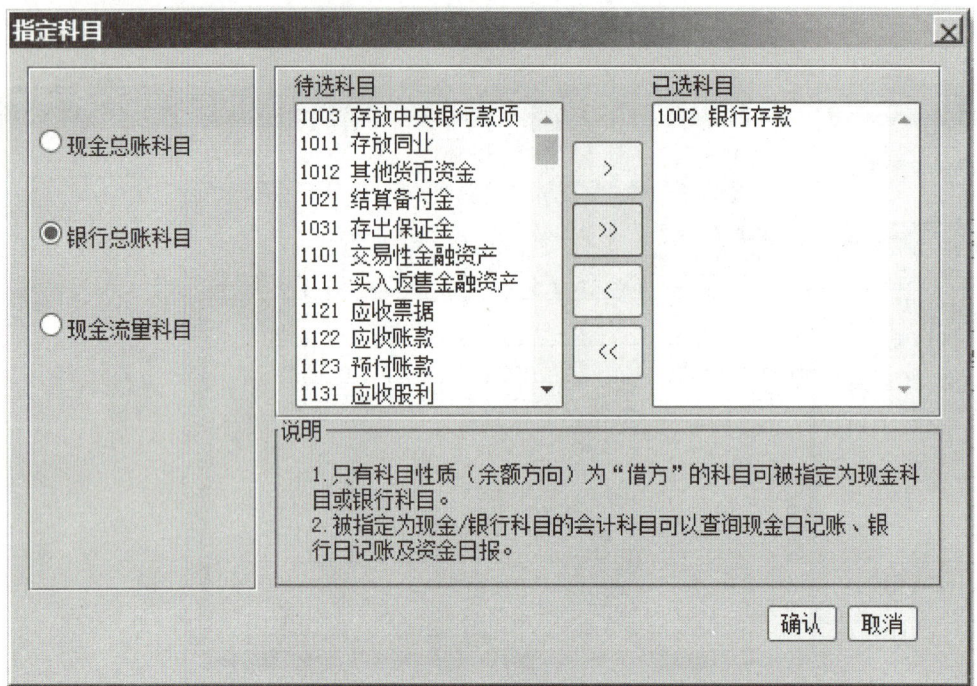

图 2-3-29　指定会计科目操作界面 3

2. 录入期初余额

企业 2022 年 11 月 30 日的科目余额表及有关科目明细表如表 2-3-9 至表 2-3-16 所示。录入期初余额的具体操作步骤为：执行【总账】—【设置】（输入各科目的期初余额，注意科目余额方向）—【试算】—【确认】—【退出】，如需辅助核算，录入辅助核算信息。操作界面如图 2-3-30 至图 2-3-32 所示。

表 2-3-9　　　　　　　　　　2022 年 11 月 30 日科目余额表　　　　　　　　　　单位：元

科目编号	总账科目	明细科目	余额方向	金额
1001	库存现金		借	12 456.45
1002	银行存款		借	840 646.25
100201		工商银行毕节阳光支行	借	542 458.55
100202		建设银行毕节兴旺支行	借	298 187.70
1012	其他货币资金		借	270 000.00
101201		存出投资款	借	120 000.00
101202		银行汇票存款	借	150 000.00
1121	应收票据		借	120 000.00
112101		毕节百货商厦有限责任公司	借	120 000.00
1122	应收账款		借	445 875.20
112201		毕节百货商厦有限责任公司	借	287 584.00
112202		毕节广元商厦有限公司	借	315 854.40

（续表）

科目编号	总账科目	明细科目	余额方向	金额
112203		大方县万达商场有限公司	贷	157 563.20
1123	预付账款		借	194 400.00
112301		贵阳通黔纺织科技有限公司	借	180 000.00
112302		贵阳市金誉纺织有限公司	贷	135 600.00
112303		贵州清镇纺织有限公司	借	150 000.00
1221	其他应收款		借	4 000.00
122101		黄柏川	借	4 000.00
1231	坏账准备		贷	865.00
123101		应收账款	贷	865.00
1402	在途物资		借	80 000.00
140201		贵阳市金誉纺织有限公司	借	80 000.00
1403	原材料		借	342 000.00
140301		原料及主要材料	借	310 000.00
14030101		西服面料	借	120 000.00
14030102		休闲服面料	借	80 000.00
14030103		西服里料	借	60 000.00
14030104		休闲服里料	借	50 000.00
140302		辅助材料	借	32 000.00
14030201		拉链	借	18 000.00
14030202		纽扣	借	4 000.00
14030203		手提纸袋	借	10 000.00
1405	库存商品		借	536 500.00
140501		男士西服	借	225 000.00
140502		女士西服	借	136 000.00
140503		男士休闲服	借	112 500.00
140504		女士休闲服	借	63 000.00
1411	周转材料		借	44 920.00
141101		包装物	借	4 000.00
14110101		纸箱	借	4 000.00
141102		低值易耗品	借	40 920.00
14110201		机修配件	借	25 500.00
14110202		生产工具	借	15 420.00
1601	固定资产		借	1 820 000.00
160101		房屋建筑物	借	800 000.00
160102		机器设备	借	530 000.00
160103		一般设备	借	120 000.00

(续表)

科目编号	总账科目	明细科目	余额方向	金额
160104		运输工具	借	220 000.00
160105		其他设备	借	150 000.00
1602	累计折旧		贷	653 984.76
160201		房屋建筑物	贷	201 083.33
160202		机器设备	贷	232 738.93
160203		一般设备	贷	55 891.67
160204		运输工具	贷	87 083.33
160205		其他设备	贷	77 187.50
1701	无形资产		借	450 000.00
170101		土地使用权	借	450 000.00
1702	累计摊销		贷	9 000.00
170201		土地使用权摊销	贷	9 000.00
1801	长期待摊费用		借	120 000.00
180101		门面租赁费	借	120 000.00
2001	短期借款		贷	500 000.00
200101		工商银行毕节阳光支行	贷	500 000.00
2201	应付票据		贷	226 000.00
220101		贵阳市金誉纺织有限公司	贷	226 000.00
2202	应付账款		贷	322 052.40
220201		贵阳通达服装设备有限责任公司	贷	250 000.00
220202		贵州电网有限责任公司毕节众利供电局	贷	58 760.00
220203		贵州毕节甜美水务有限责任公司	贷	13 292.40
2211	应付职工薪酬		贷	364 450.40
221101		工资	贷	272 721.90
221102		职工福利费	贷	54 685.00
221105		工会经费	贷	12 456.00
221106		职工教育经费	贷	24 587.50
2221	应交税费		贷	29 566.10
222101		应交增值税	贷	
22210101		应交增值税——进项税额	借	285 845.45
22210102		应交增值税——销项税额	贷	395 845.20
22210103		应交增值税——转出未交增值税	借	160 113.60
22210104		应交增值税——进项税额转出	贷	32 485.20
22210105		应交增值税——转出多交增值税	贷	17 628.65
222102		未交增值税	贷	25 856.00
222103		应交城市维护建设税	贷	1 292.80

（续表）

科目编号	总账科目	明细科目	余额方向	金额
222104		应交教育费附加	贷	775.68
222105		应交地方教育附加	贷	517.12
222106		应交个人所得税	贷	1 124.50
2231	应付利息		贷	31 500.00
223101		工商银行毕节阳光支行	贷	4 000.00
223102		建设银行毕节兴旺支行	贷	27 500.00
2501	长期借款		贷	500 000.00
250101		建设银行毕节兴旺支行	贷	500 000.00
4001	实收资本		贷	1 000 000.00
400101		王红艳	贷	500 000.00
400102		蔡筱雨	贷	300 000.00
400103		武维齐	贷	200 000.00
4002	资本公积		贷	100 000.00
400201		资本溢价	贷	100 000.00
4101	盈余公积		贷	457 304.73
410101		法定盈余公积	贷	305 019.90
410102		任意盈余公积	贷	152 284.83
4103	本年利润		贷	654 785.60
4104	利润分配		贷	501 748.91
410401		未分配利润	贷	501 748.91
5001	生产成本		借	70 460.00
500101		基本生产成本	借	70 460.00
50010101		男士西服	借	
50010102		女士西服	借	
50010103		男士休闲服	借	44 580.00
50010104		女士休闲服	借	25 880.00

表 2-3-10　　　　　　　　　2022 年 11 月 30 日应收票据明细表　　　　　　　　　单位：元

日期	凭证号	客户	摘要	方向	金额
2022-11-20	记48	毕节百货商厦有限责任公司	销售商品	借	120 000.00

表 2-3-11　　　　　　　　　2022 年 11 月 30 日应收账款明细表　　　　　　　　　单位：元

日期	凭证号	客户	摘要	方向	金额
2022-10-20	记43	毕节百货商厦有限责任公司	销售商品	借	287 584.00
2022-11-8	记25	毕节广元商厦有限公司	销售商品	借	315 854.40
2022-11-15	记36	大方县万达商场有限公司	销售商品	贷	157 563.20

表 2-3-12　　　　2022 年 11 月 30 日预付账款明细表　　　　单位：元

日期	凭证号	客户	摘要	方向	金额
2022-11-20	记 49	贵阳通黔纺织科技有限公司	购买材料	借	180 000.00
2022-11-22	记 55	贵阳市金誉纺织有限公司	购买材料	贷	135 600.00
2022-11-28	记 70	贵州清镇和美纺织有限公司	购买材料	借	150 000.00

表 2-3-13　　　　2022 年 11 月 30 日其他应收款明细表　　　　单位：元

日期	凭证号	个人	摘要	方向	金额
2022-11-25	记 63	黄柏川	出差借款	借	4 000.00

表 2-3-14　　　　2022 年 11 月 30 日应付账款明细表　　　　单位：元

日期	凭证号	客户	摘要	方向	金额
2022-11-25	记 61	贵阳通达服装设备有限责任公司	购买设备	贷	250 000.00
2022-11-30	记 91	贵州电网有限责任公司毕节众利供电局	分配本月电费	贷	58 760.00
2022-11-30	记 92	贵州毕节甜美水务有限责任公司	分配本月水费	贷	13 292.40

表 2-3-15　　　　2022 年 11 月 30 日应付票据款明细表　　　　单位：元

日期	凭证号	客户	摘要	方向	金额
2022-11-25	记 62	贵阳市金誉纺织有限公司	购买材料	贷	226 000.00

表 2-3-16　　　　2022 年 11 月 30 日存货明细表　　　　金额单位：元

存货类别	小类	品名	单位	数量	单价	金额
原材料	原料及主要材料	西服面料	米	800	150	120 000.00
		休闲服面料	米	1 000	80	80 000.00
		西服里料	米	1 000	60	60 000.00
		休闲服里料	米	1 000	50	50 000.00
	辅助材料	拉链	条	500	36	18 000.00
		纽扣	包	40	100	4 000.00
		手提纸袋	个	1 000	10	10 000.00
周转材料	包装物	纸箱	个	200	20	4 000.00
	低值易耗品	机修配件	套	30	850	25 500.00
		生产工具	套	40	385.5	15 420.00
库存商品	西服	男士西服	套	300	750	225 000.00
		女士西服	套	200	680	136 000.00
	休闲服	男士休闲服	件	300	375	112 500.00
		女士休闲服	件	150	420	63 000.00
生产成本（在产品）	休闲服	男士休闲服	件	150	297.2	44 580.00
		女士休闲服	件	120	215.67	25 880.00
在途物资	金誉纺织	休闲服面料	米	1 000	80	80 000.00

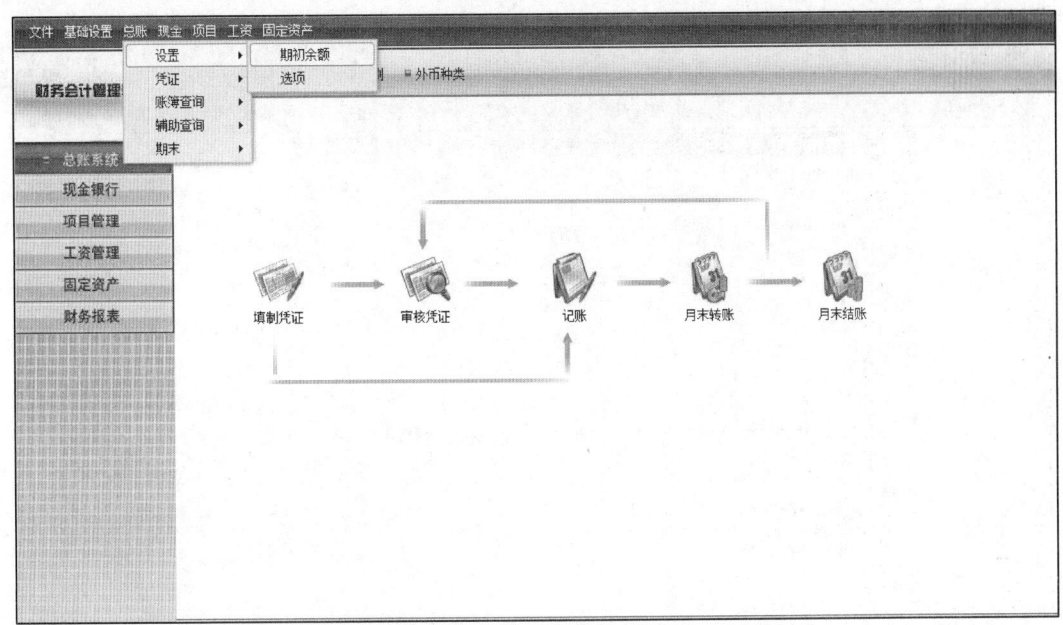

图 2-3-30 录入期初余额操作界面 1

科目编码	科目名称	方向	币别/计量	年初余额	累计借方	累计贷方	期初余额
1001	库存现金	借		12,456.45			12,456.45
1002	银行存款	借		840,646.25			840,646.25
100201	工商银行毕节阳光支行	借		542,458.55			542,458.55
100202	建设银行毕节兴旺支行	借		298,187.70			298,187.70
1003	存放中央银行款项	借					
1011	存放同业	借					
1012	其他货币资金	借		270,000.00			270,000.00
101201	存出投资款	借		120,000.00			120,000.00
101202	银行汇票存款	借		150,000.00			150,000.00
1021	结算备付金	借					
1031	存出保证金	借					
1101	交易性金融资产	借					
1111	买入返售金融资产	借					
1121	应收票据	借		120,000.00			120,000.00
112101	毕节百货商厦有限责任公司	借		120,000.00			120,000.00
1122	应收账款	借		445,875.20			445,875.20
112201	毕节百货商厦有限责任公司	借		287,584.00			287,584.00
112202	毕节广元商厦有限公司	借		315,854.40			315,854.40
112203	大方县万达商场有限公司	借		-157,563.20			-157,563.20
1123	预付账款	借		194,400.00			194,400.00
112301	贵阳通黔纺织科技有限公司	借		180,000.00			180,000.00
112302	贵阳金誉纺织有限公司	借		-135,600.00			-135,600.00
112303	贵州清镇纺织有限公司	借		150,000.00			150,000.00
1131	应收股利	借					
1132	应收利息	借					

提示：科目余额录入从明细科目录入，如遇有辅助科目核算，则先完成辅助科目余额的初始，完成期初余额录入后，应进行"对账"和"试算"二个功能操作，在系统已经记账后，不能进行期初余额的修改操作。

图 2-3-31 录入期初余额操作界面 2

图 2-3-32 录入期初余额操作界面 3

3. 总账选项设置

首次启动总账系统时，企业可以根据个体核算要求设置选项中的各种参数，需以账套主管或系统管理员的身份登录，并进行选项设置，具体操作步骤为：执行【总账】—【设置】—【选项】(选择或修改各选项)—【确认】。操作界面如图 2-3-33 和图 2-3-34 所示。

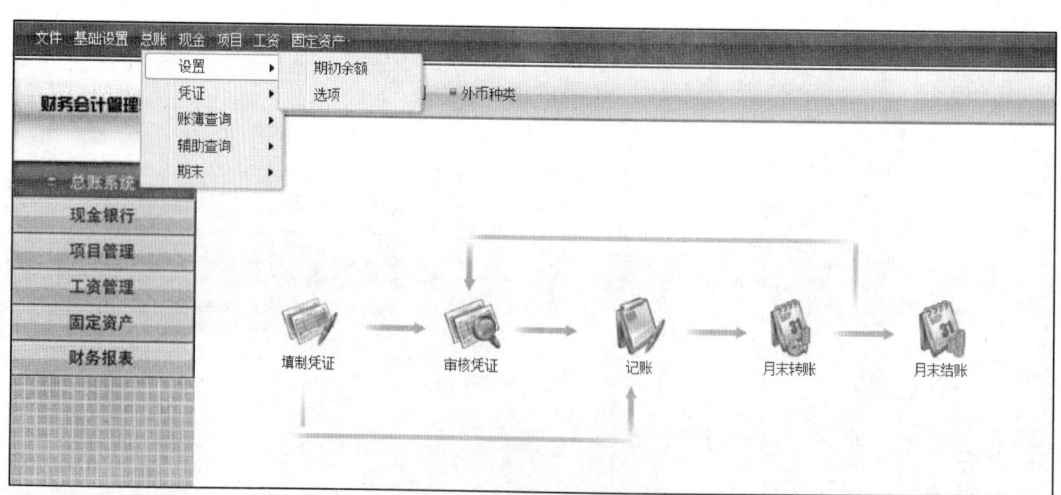

图 2-3-33 总账选项设置操作界面 1

模块二 会计信息化综合模拟实训

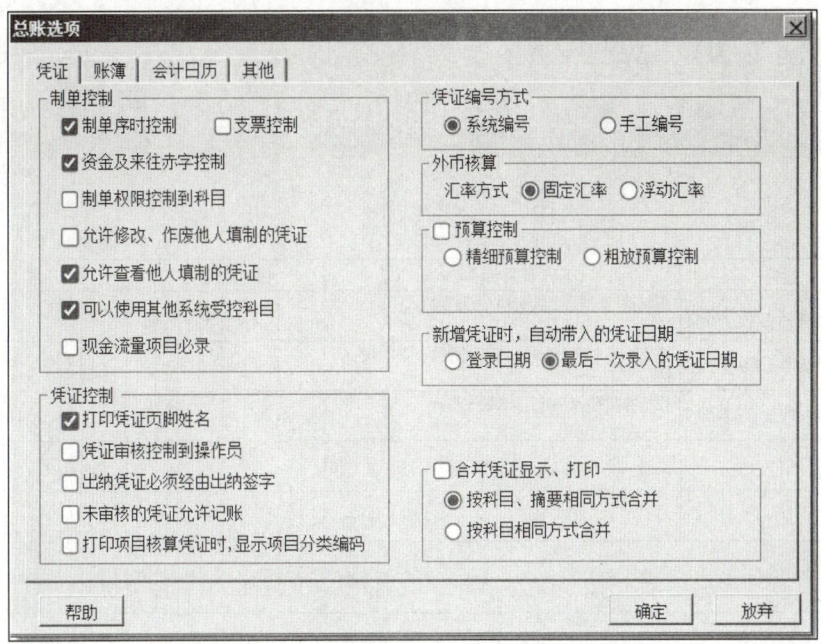

图 2-3-34 总账选项设置操作界面 2

任务四　日常业务核算

一、凭证处理

1. 填制凭证

具体操作步骤为：执行【总账】—【凭证】—【增加】（根据已发生的经济业务及已审核无误的原始凭证填制记账凭证，如有辅助核算录入辅助核算信息）—【保存】。操作界面如图 2-4-1 至图 2-4-3 所示。

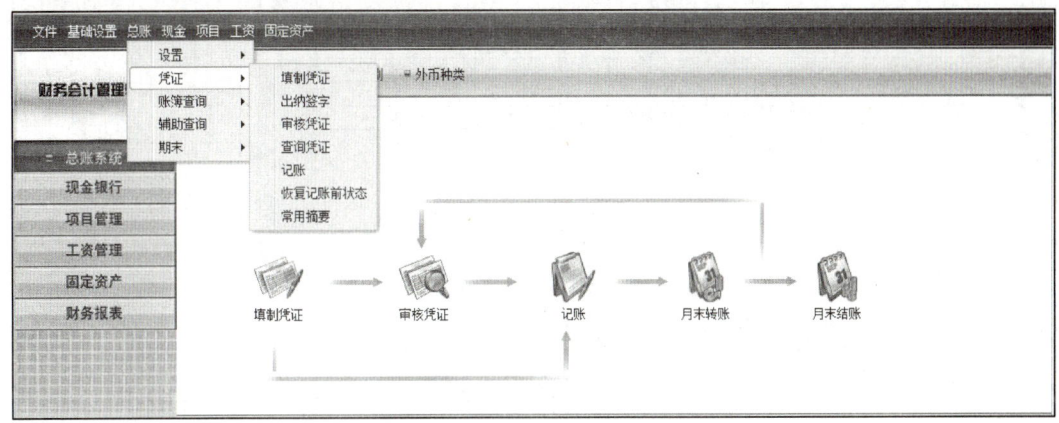

图 2-4-1　填制凭证操作界面 1

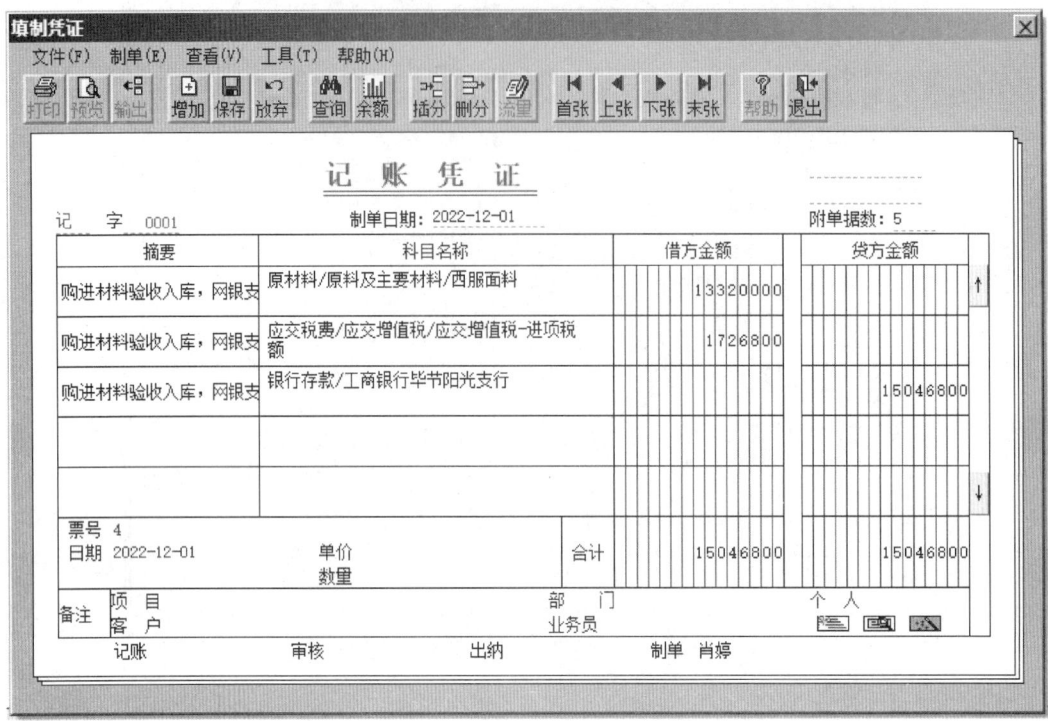

图 2-4-2 填制凭证操作界面 2

图 2-4-3 填制凭证操作界面 3

2. 修改凭证

具体操作步骤为：执行【总账】—【凭证】—【填制凭证】(找到需要修改的记账凭证，光标移到要修改处，直接修改)—【保存】。操作界面如图2-4-4所示。

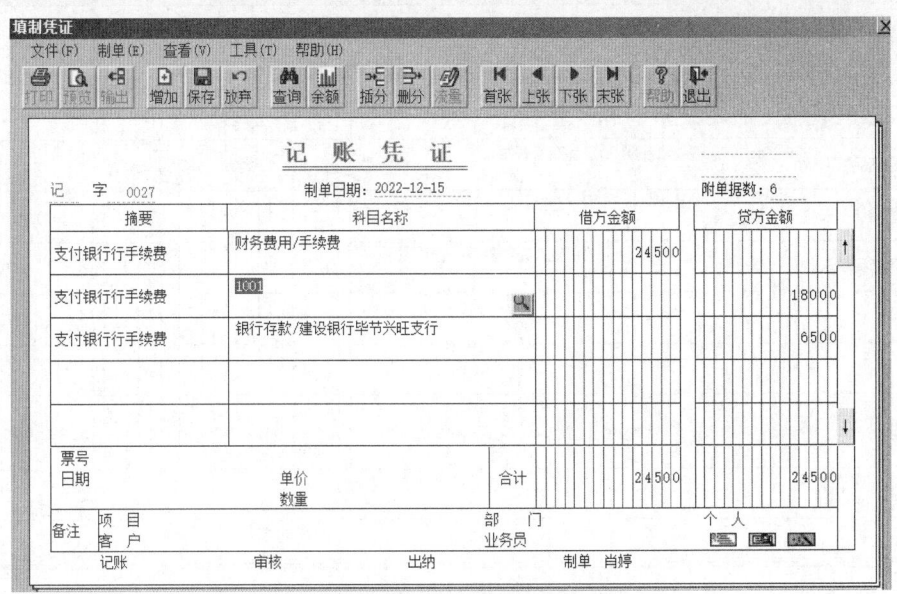

图 2-4-4　修改凭证操作界面

3. 删除凭证

在填制凭证窗口，找到需要删除的记账凭证，并作废凭证，具体操作步骤为：执行【制单】—【作废/恢复】—【制单】—【整理凭证】。操作界面如图2-4-5至图2-4-7所示。

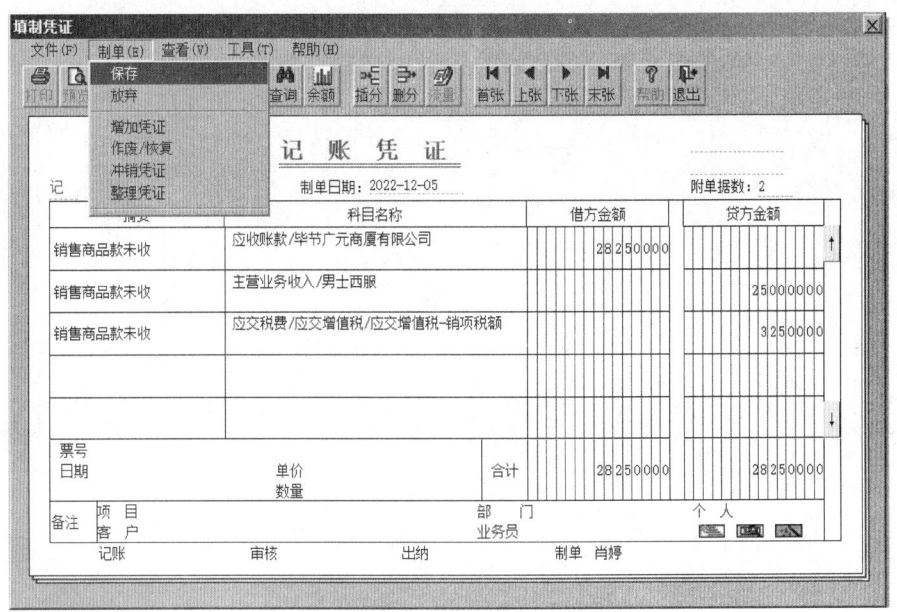

图 2-4-5　删除凭证操作界面1

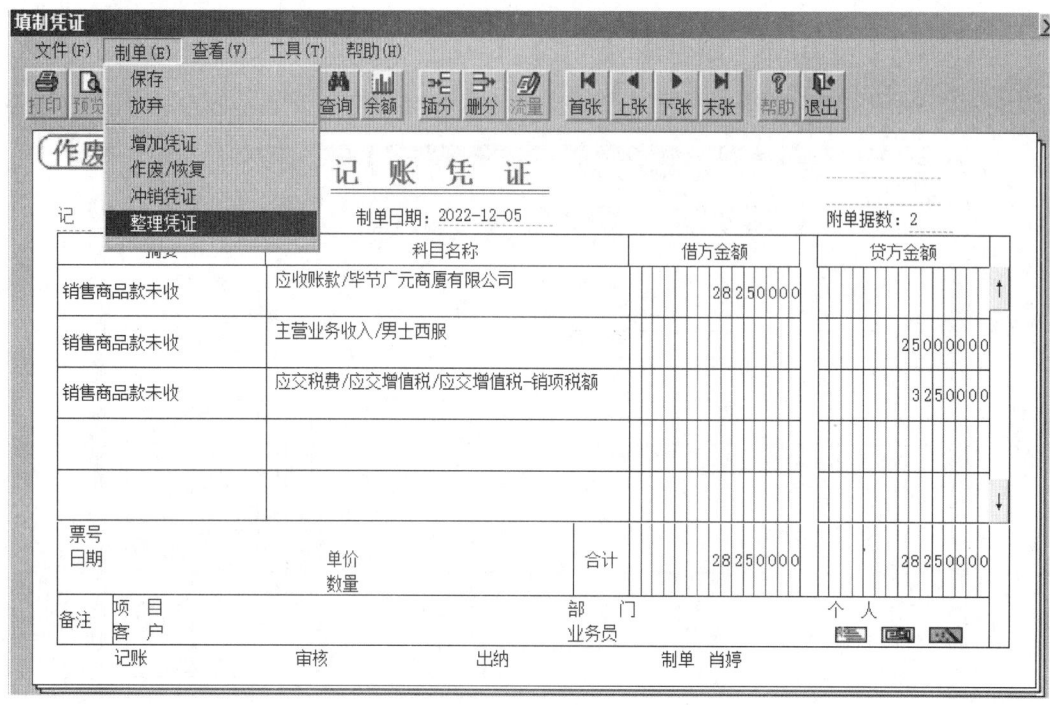

图 2-4-6 删除凭证操作界面 2

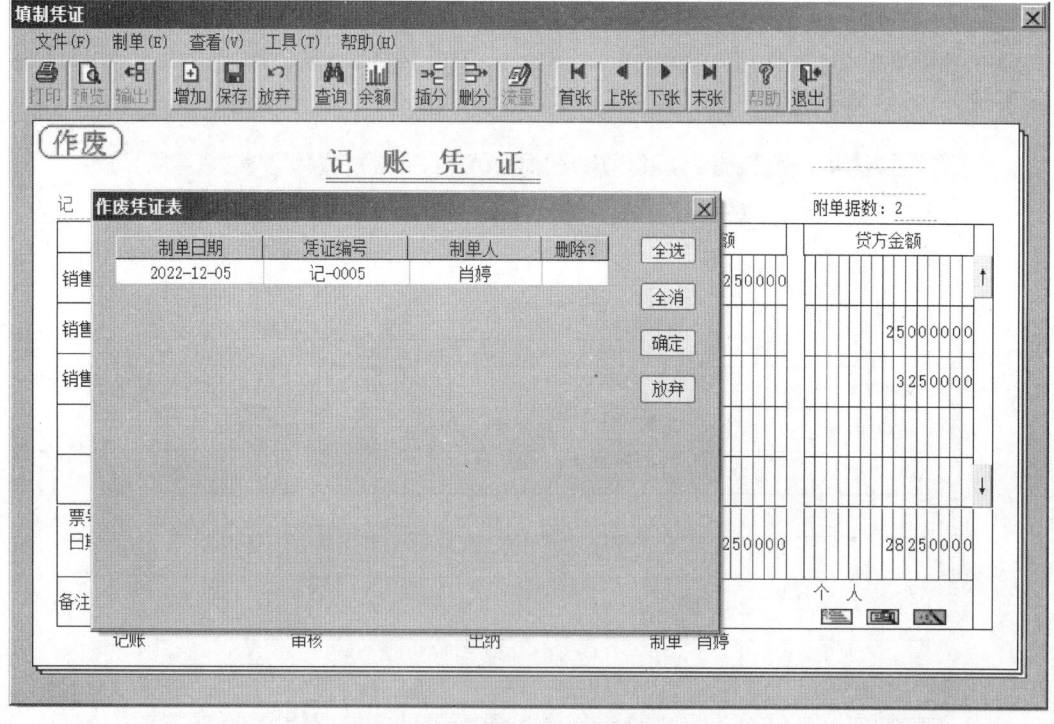

图 2-4-7 删除凭证操作界面 3

4. 新增明细科目

在填制凭证过程中,新增明细科目的具体操作步骤为:执行【基础设置】—【财务】—【会计科目】—【增加】—【确定】,操作界面如图 2-4-8 所示。

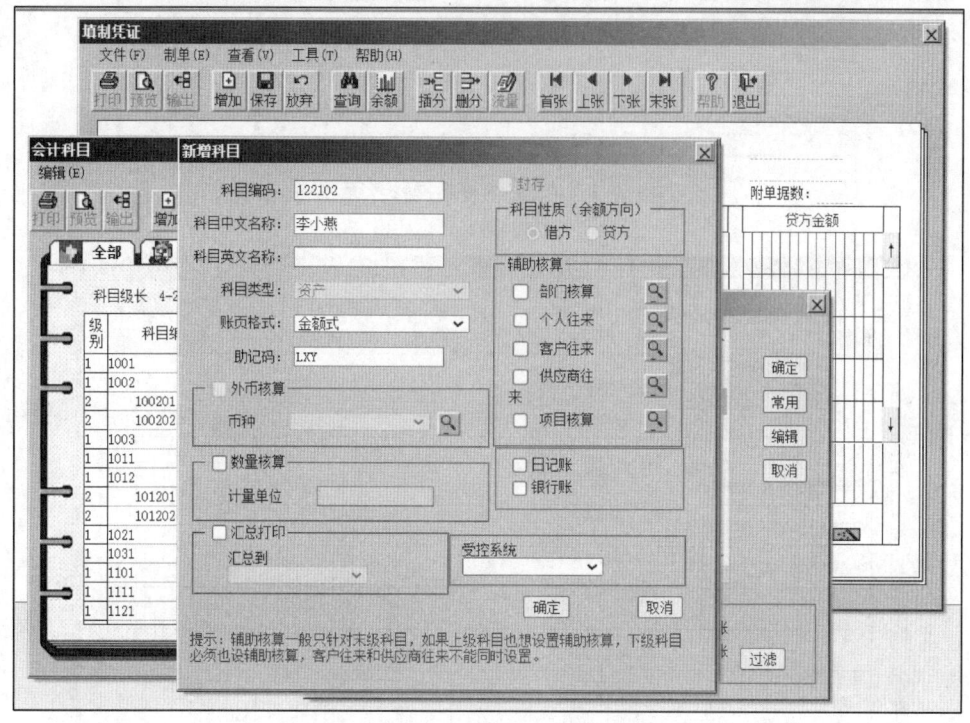

图 2-4-8　新增会计科目操作界面

5. 出纳签字

对涉及库存现金和银行存款的记账凭证必须由出纳人员审核签字,目的是保证收付款凭证的准确性,加强收付款的管理。由出纳员 002 登录平台,执行出纳签字的操作。出纳签字的具体操作步骤为:执行【总账】—【凭证】—【出纳签字】,选择 2022 年全部凭证,逐一完成出纳签字,也可以成批出纳签字,操作界面如图 2-4-9 至图 2-4-12 所示(提示:在该界面还可以取消出纳签字)。

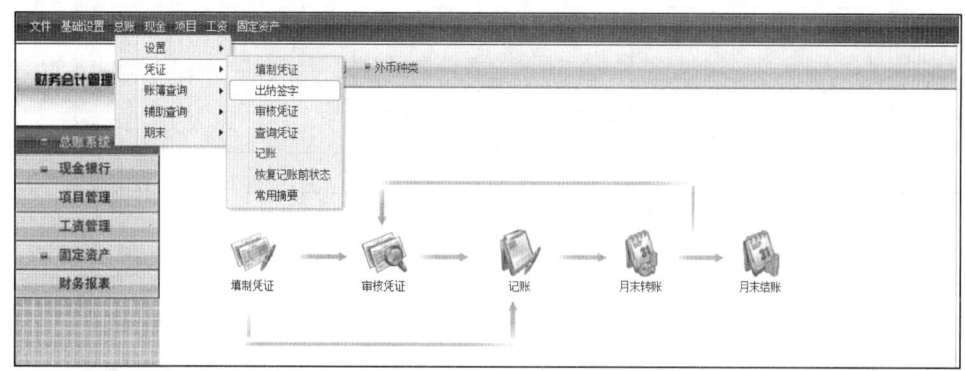

图 2-4-9　出纳签字操作界面 1

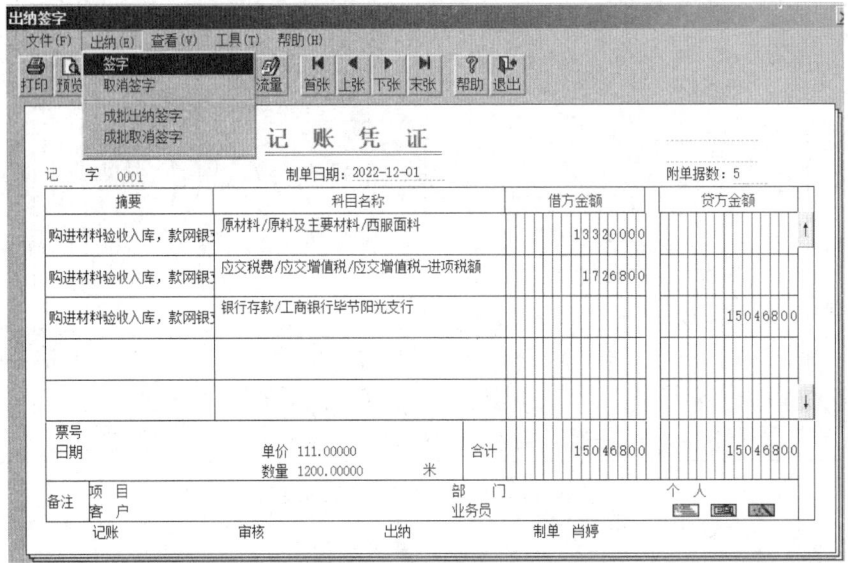

图 2-4-10 出纳签字操作界面 2

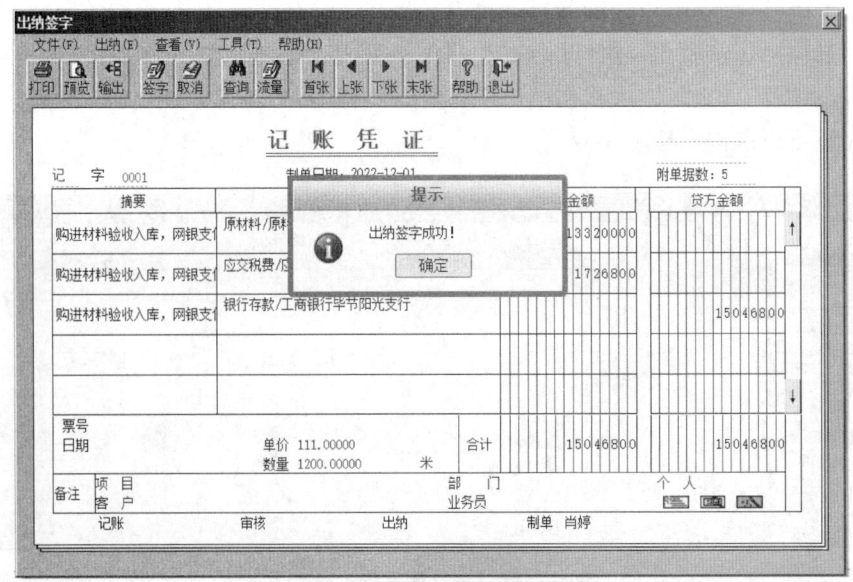

图 2-4-11 出纳签字操作界面 3

图 2-4-12 出纳签字操作界面 4

6. 审核凭证

以财务主管 003 登录平台,并对凭证进行审核,具体操作步骤为:执行【总账】—【凭证】—【审核凭证】,选择 2022 年 12 月全部凭证,逐一完成审核,也可以成批审核,操作界面如图 2-4-13 至图 2-4-15 所示(提示:在该界面还可以取消凭证审核)。

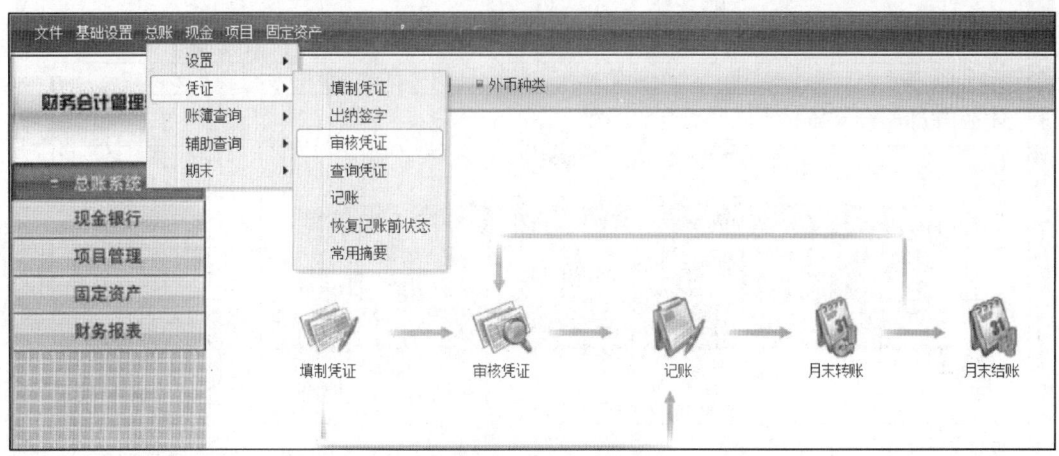

图 2-4-13　审核凭证操作界面 1

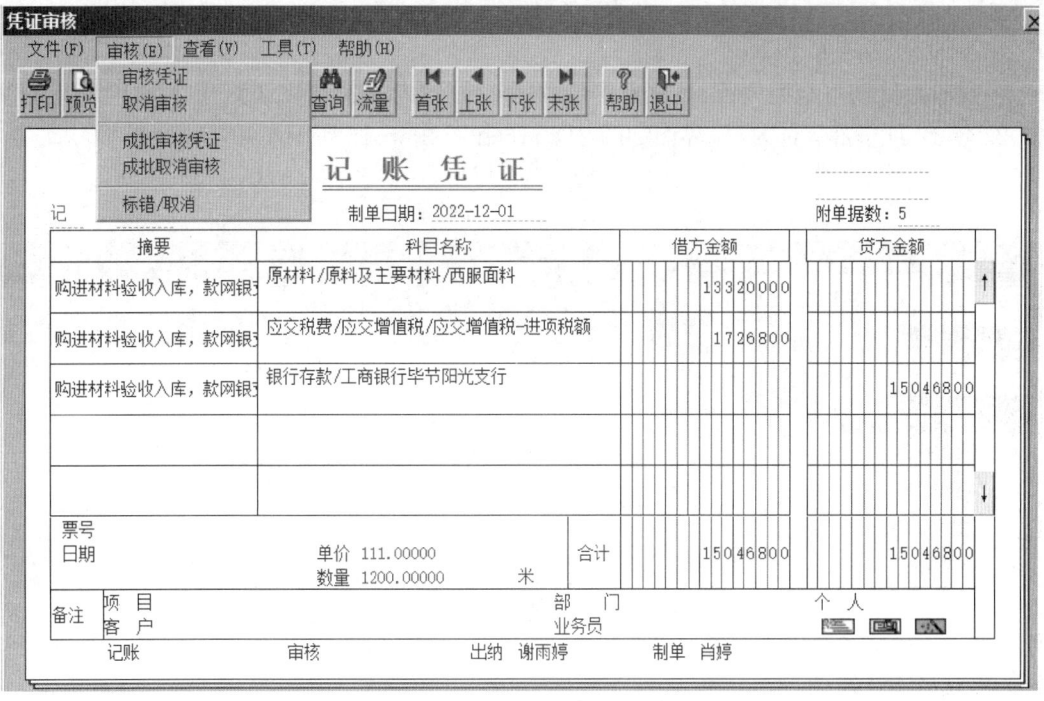

图 2-4-14　审核凭证操作界面 2

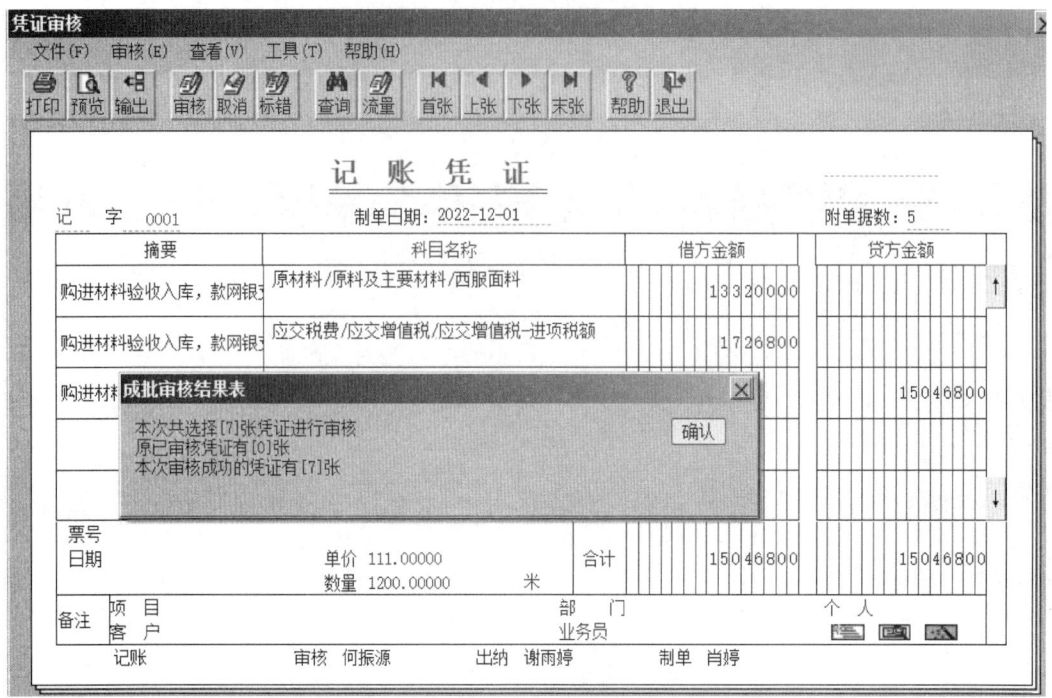

图 2-4-15 审核凭证操作界面 3

7. 查询凭证

财务人员均可查询凭证,具体操作步骤为:执行【总账】—【凭证】—【查询凭证】,选择 2022 年 12 月全部凭证,操作界面如图 2-4-16 和图 2-4-17 所示。

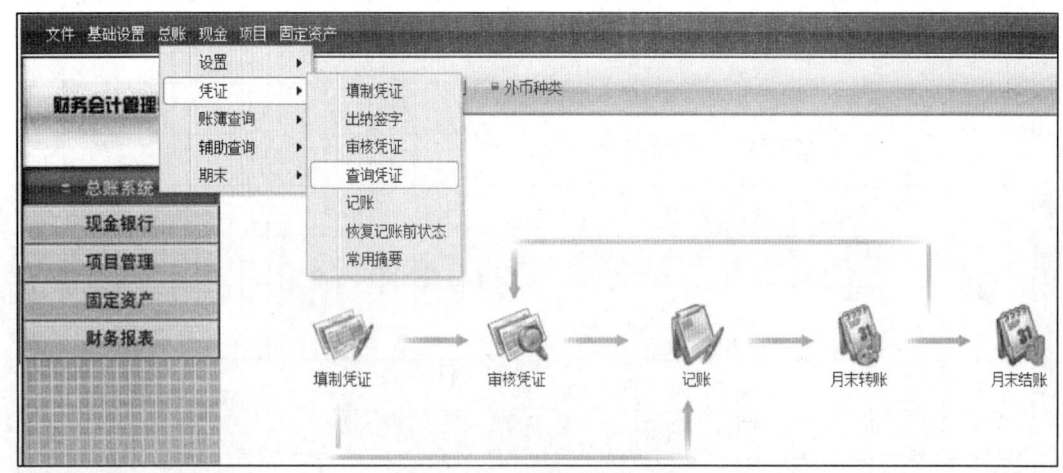

图 2-4-16 查询凭证操作界面 1

图 2-4-17 查询凭证操作界面 2

8. 凭证记账

以财务主管 003 身份登录平台,对凭证进行记账,记账前须对凭证审核。具体操作步骤为:执行【总账】—【凭证】—【记账】—【全选】(选择 2022 年 12 月全部凭证)—【下一步】—【记账】,系统自动进行试算平衡。操作界面如图 2-4-18 至图 2-4-21 所示,完成记账后即可进行账表查询。

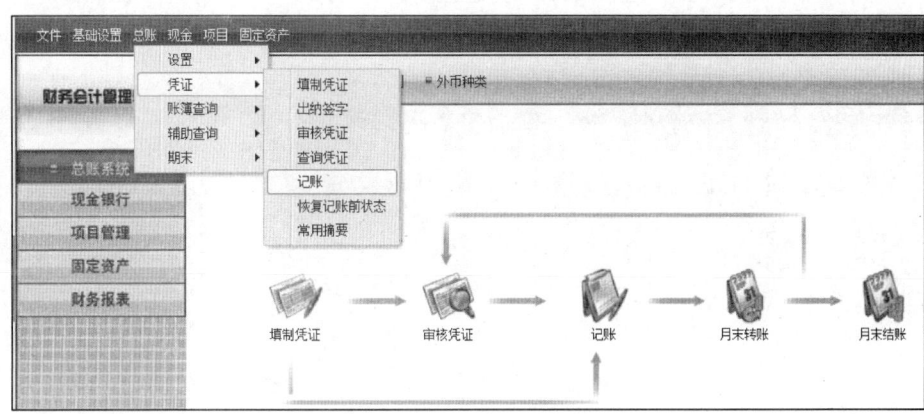

图 2-4-18 凭证记账操作界面 1

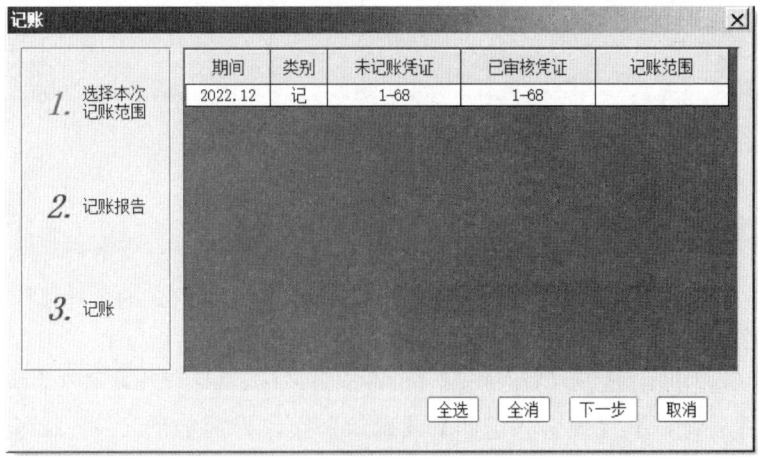

图 2-4-19 凭证记账操作界面 2

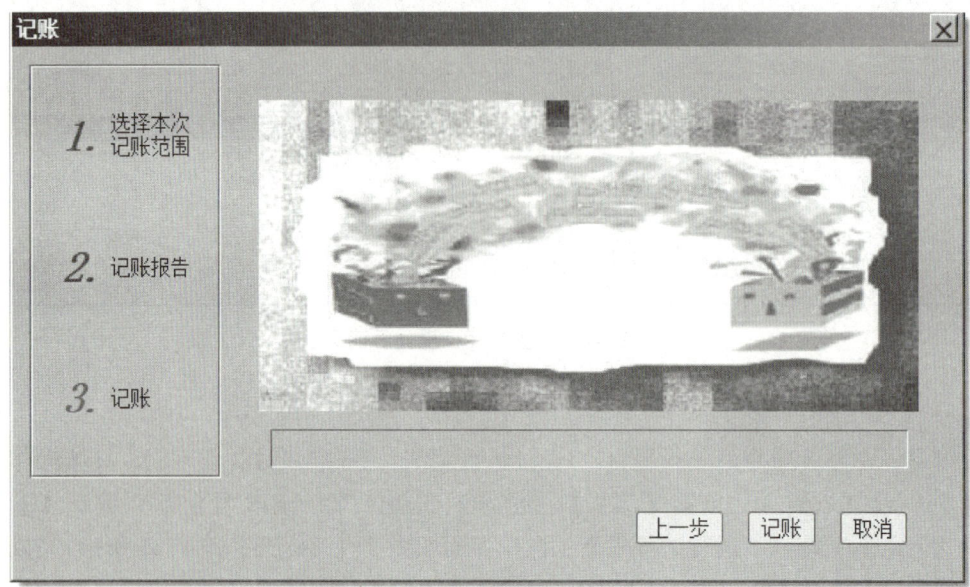

图 2-4-20　凭证记账操作界面 3

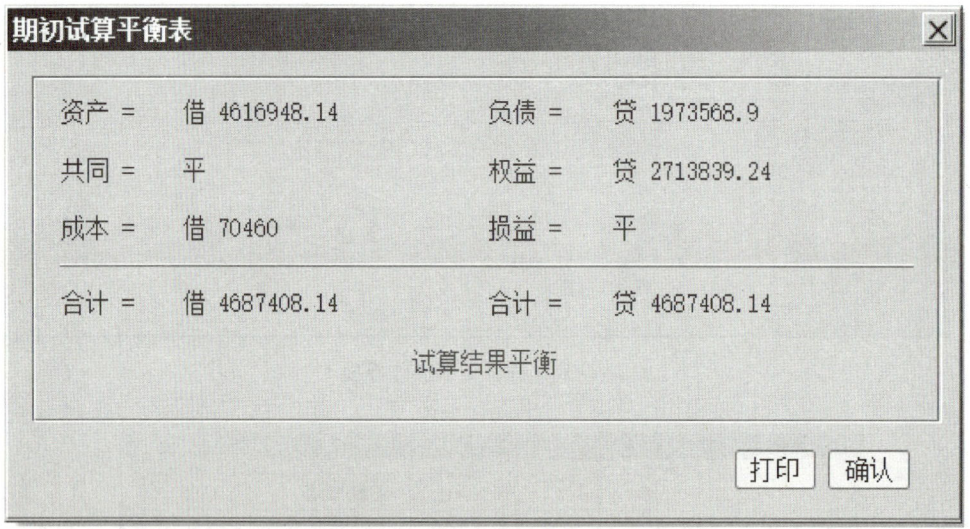

凭证 2-4-21　凭证记账操作界面 4

二、账簿查询

企业发生的经济业务,经过制单、审核、记账后,便形成了正式的会计账簿。

1. 日记账查询

以账套主管或出纳员的身份登录云平台,查询日记账,具体操作步骤为:执行【现金】—【现金管理】—【日记账】—【现金日记账】—【确认】,操作界面如图 2-4-22 至图 2-4-24 所示。

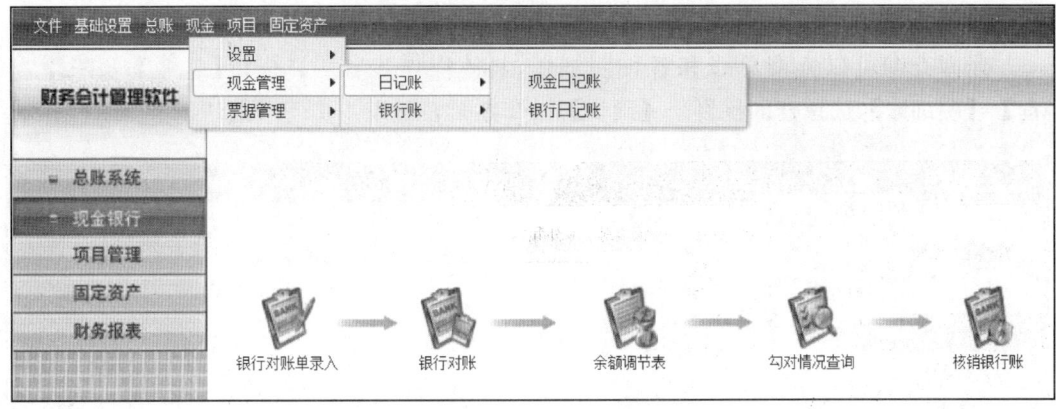

图 2-4-22　日记账查询操作界面 1

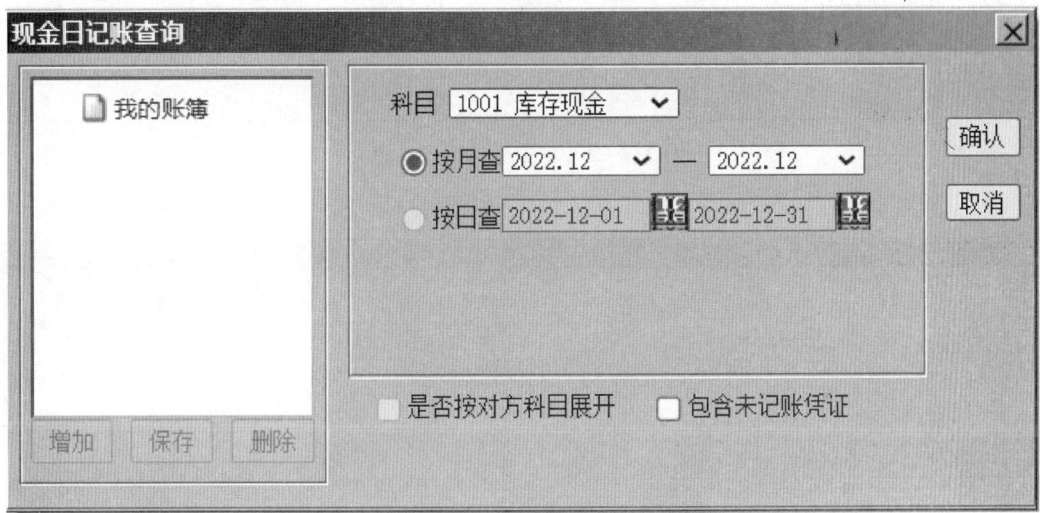

图 2-4-23　日记账查询操作界面 2

2022年		凭证号	摘要	对方科目	借方	贷方	方向	余额
月	日							
12			期初余额				借	12456.45
12	06	记-7	提现备用	100201	10000		借	22456.45
12	12	记-13	报销差旅费,退回多余现金	660204,22210101,122102…	200		借	22656.45
12	15	记-23	现金支付食堂购食材款	221102		4500.00	借	18156.45
12	22	记-37	销售纸箱	6051,22210102	3390		借	21546.45
12	24	记-38	现金支付职工住院慰问费	221102		500.00	借	21046.45
12	29	记-46	支付燃油费及通行费	660210		800.00	借	20246.45
12	31	记-49	现金存银行	100201		5000.00	借	15246.45
12			当前合计(月净额:2790.00)		13590	10800.00	借	15246.45
12			当前累计		13590	10800.00	借	15246.45

图 2-4-24　日记账查询操作界面 3

2. 账簿查询

账簿查询可以查询总账和各种明细账,具体操作步骤为:执行【总账】—【账簿查询】—【明细账】(选择查询科目)—【确认】,操作界面如图2-4-25至图2-4-27所示。

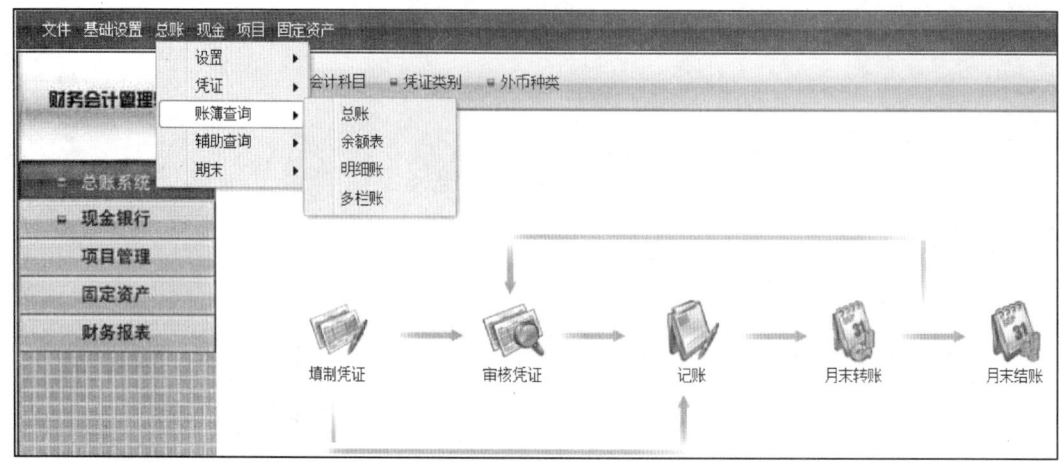

图 2-4-25　账簿查询操作界面 1

图 2-4-26　账簿查询操作界面 2

图 2-4-27　账簿查询操作界面 3

三、期末处理

1. 自动结转

以会计的身份登录云平台软件,将损益类账户余额转入"本年利润"账户。

(1) 转账定义。具体操作步骤为：执行【总账】—【期末】—【转账定义】—【期间损益】(选择"本年利润"科目编码)—【确定】,操作界面如图 2-4-28 至图 2-4-30 所示。

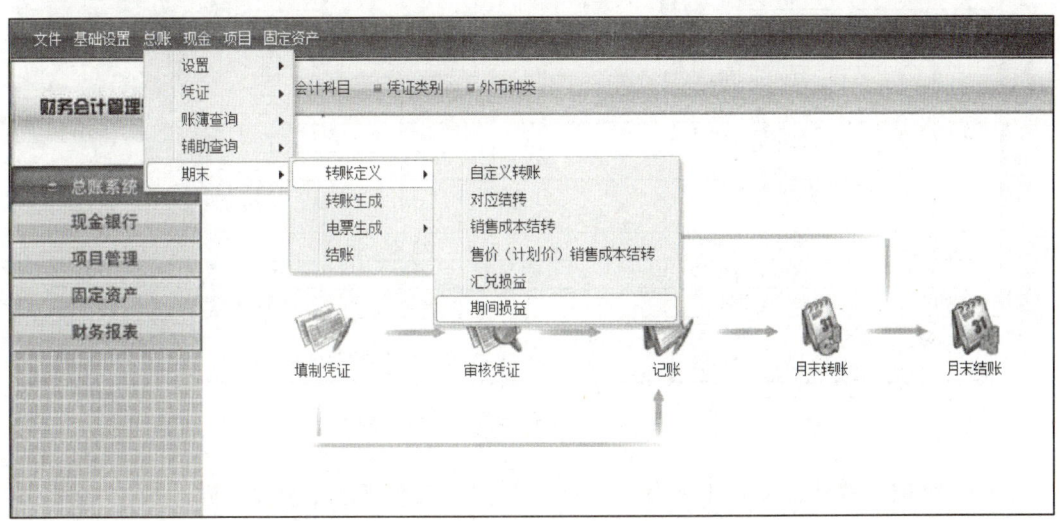

图 2-4-28　期末转账定义操作界面 1

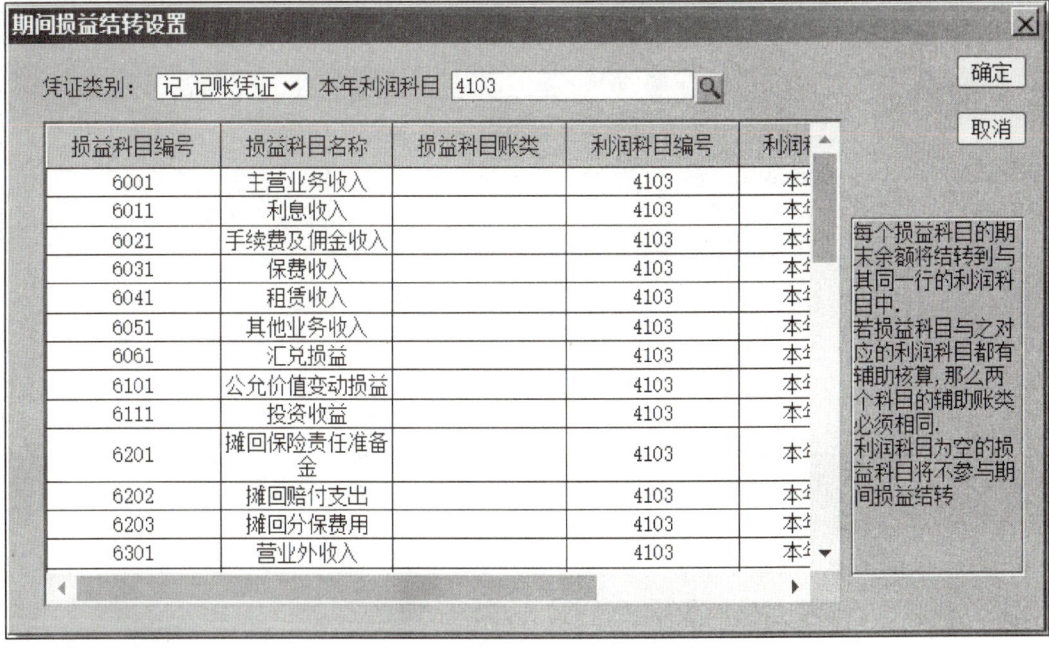

图 2-4-29　期末转账定义操作界面 2

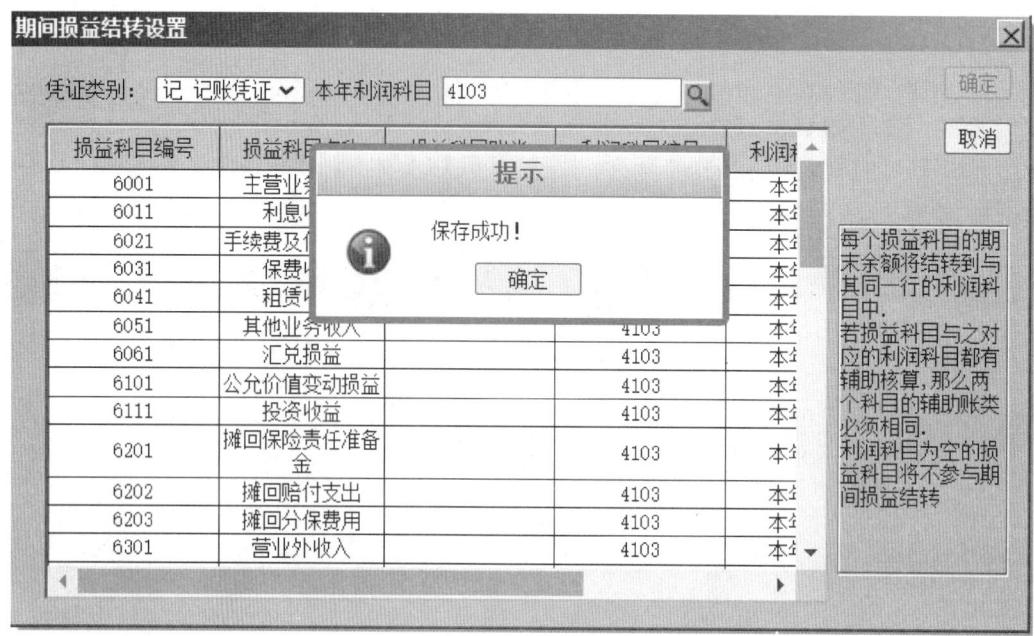

图 2-4-30 期末转账定义操作界面 3

（2）转账生成凭证。具体操作步骤为：执行【总账】—【期末】—【转账生成】（选择"期间损益结转"，选择自动结转的科目）—【确认】（选择制单日期）—【保存】—【退出】，操作界面如图 2-4-31 和图 2-4-32 所示。

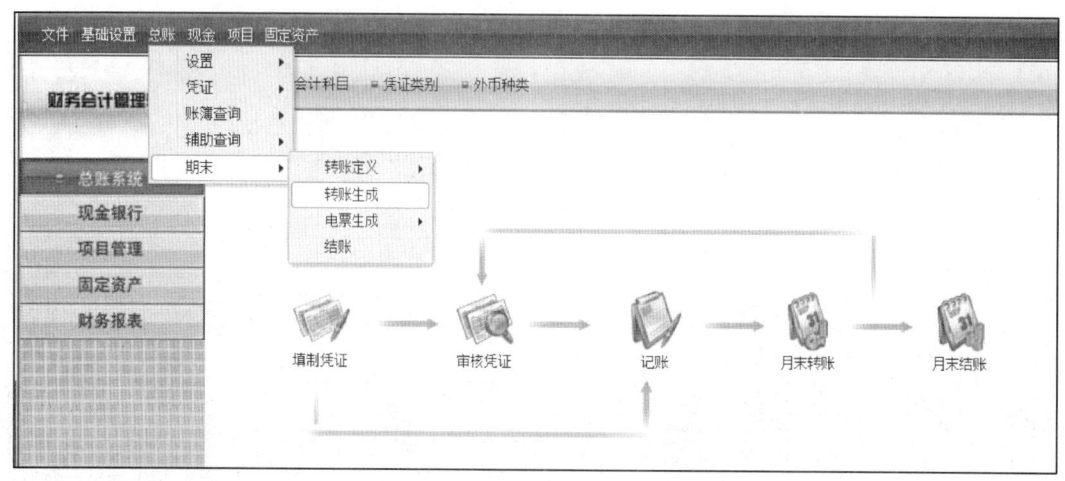

图 2-4-31 期末损益结转操作界面 1

（3）审核凭证。以账套主管的身份登录云平台，并对自动生成的结转损益凭证进行审核。操作界面如图 2-4-33 和图 2-4-34 所示。

（4）记账。以会计的身份登录云平台，并对自动生成的两张凭证记账，操作界面如图 2-4-35 和图 2-4-36 所示。

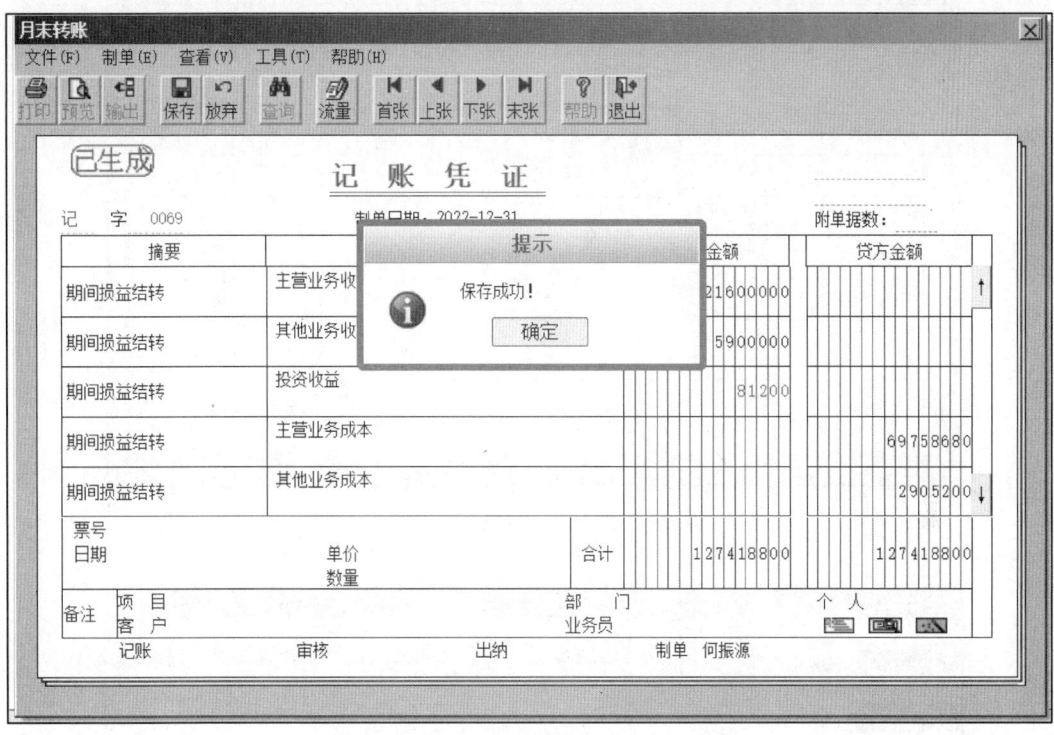

图 2-4-32 期末损益结转操作界面 2

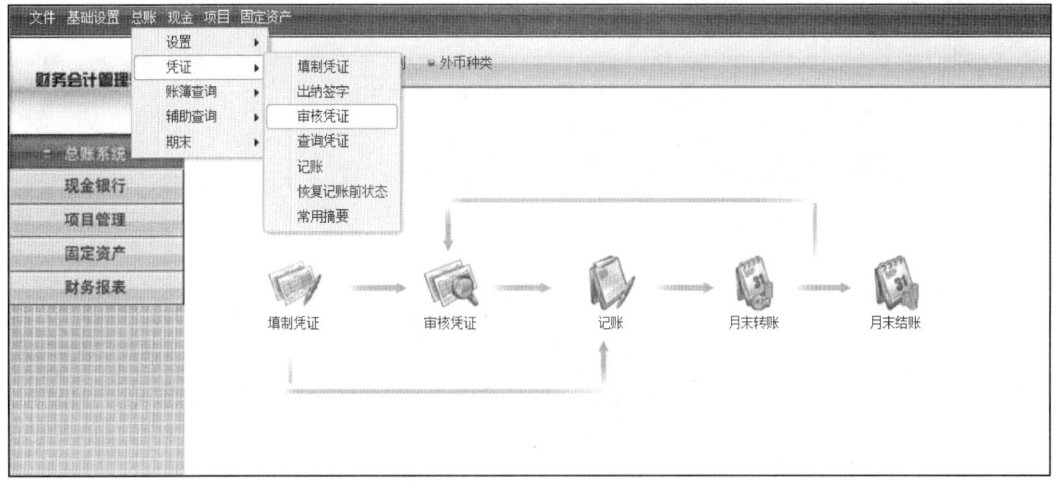

图 2-4-33 审核期末结转凭证 1

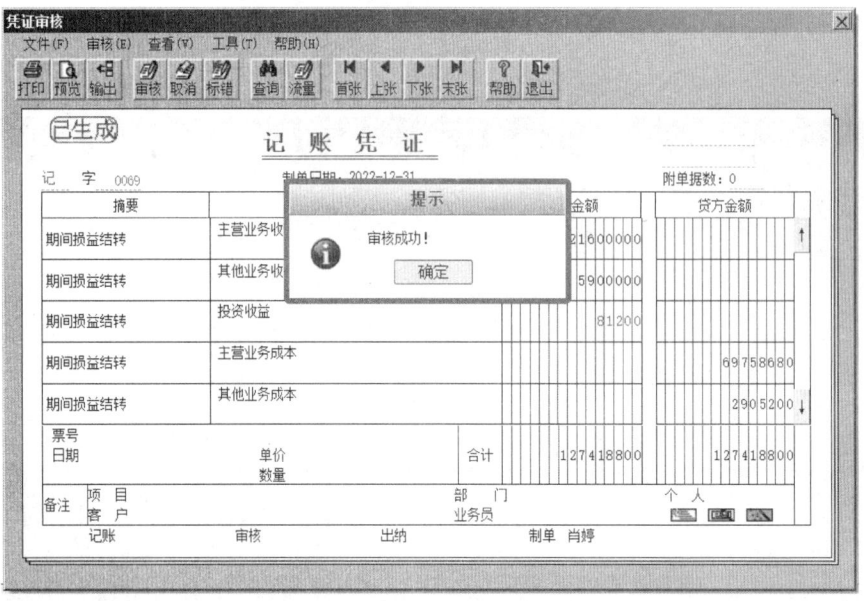

图 2-4-34 审核期末结转凭证 2

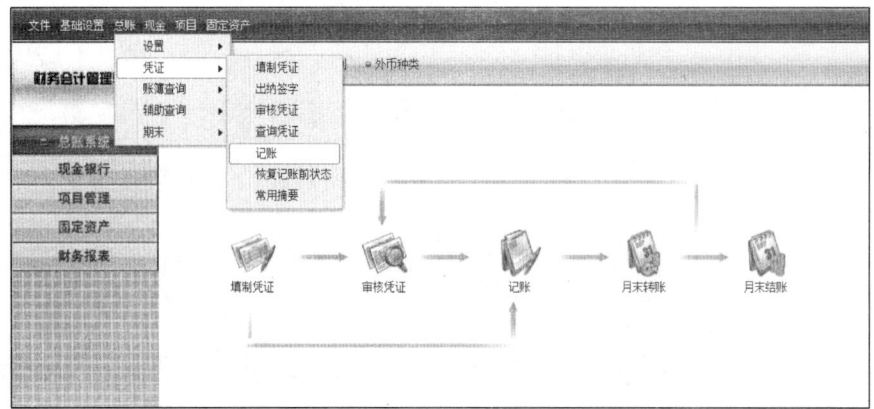

图 2-4-35 期末结转凭证记账 1

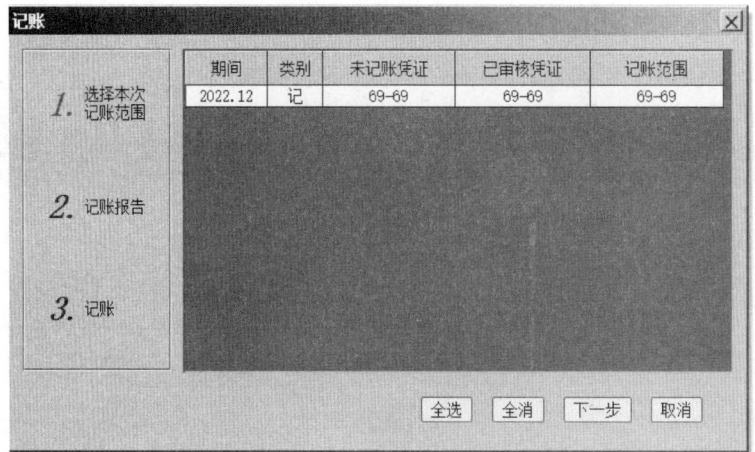

图 2-4-36 期末结转凭证记账 2

2. 对账与结账

确保本月所有的账务处理结束后可以对账和结账,具体操作步骤为:执行【总账】—【期末】—【结账】(选择要结账的月份)—【下一步】—【对账】—【下一步】—【结账】,操作界面如图 2-4-37 至图 2-4-41 所示。

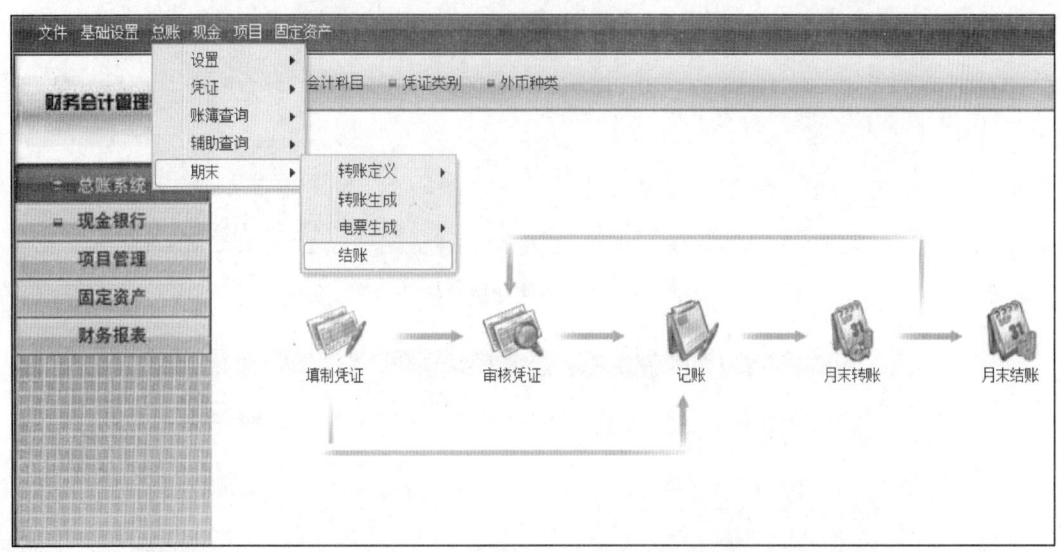

图 2-4-37 月末对账和结账操作界面 1

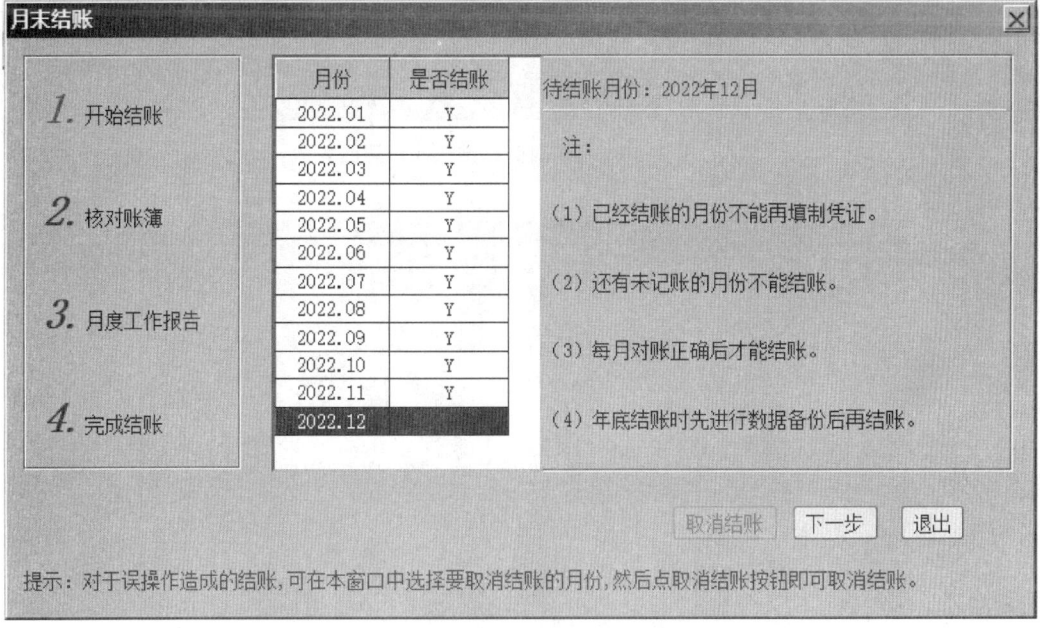

图 2-4-38 月末对账和结账操作界面 2

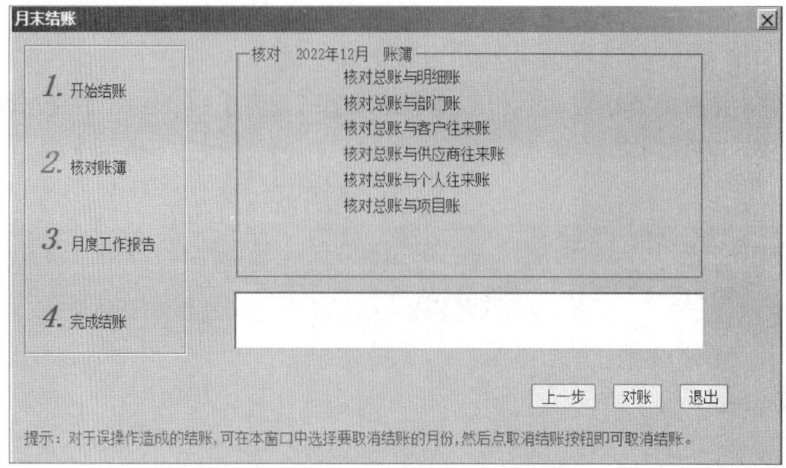

图 2-4-39　月末对账和结账操作界面 3

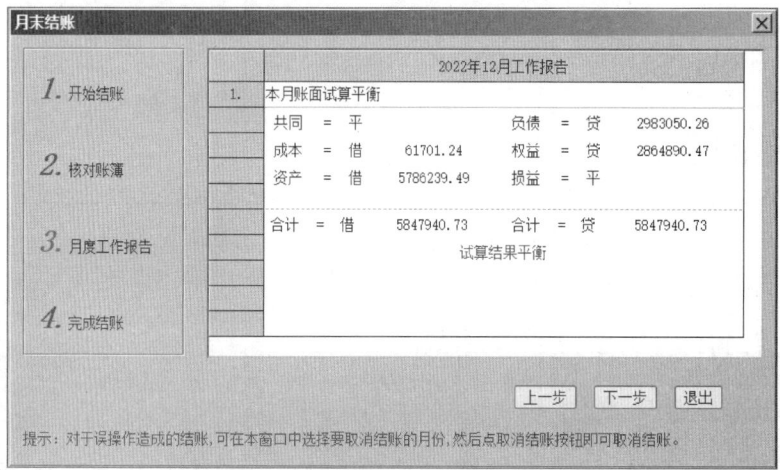

图 2-4-40　月末对账和结账操作界面 4

图 2-4-41　月末对账和结账操作界面 5

3. 取消结账

当总账系统结账以后,发现当月账务处理有错误时,可以采取反结账的方法进行修改。反结账操作以账套主管的身份登录,具体操作步骤为:执行【总账】—【期末】—【结账】(选择反结账的月份)—【取消结账】,操作界面如图 2-4-42 所示。

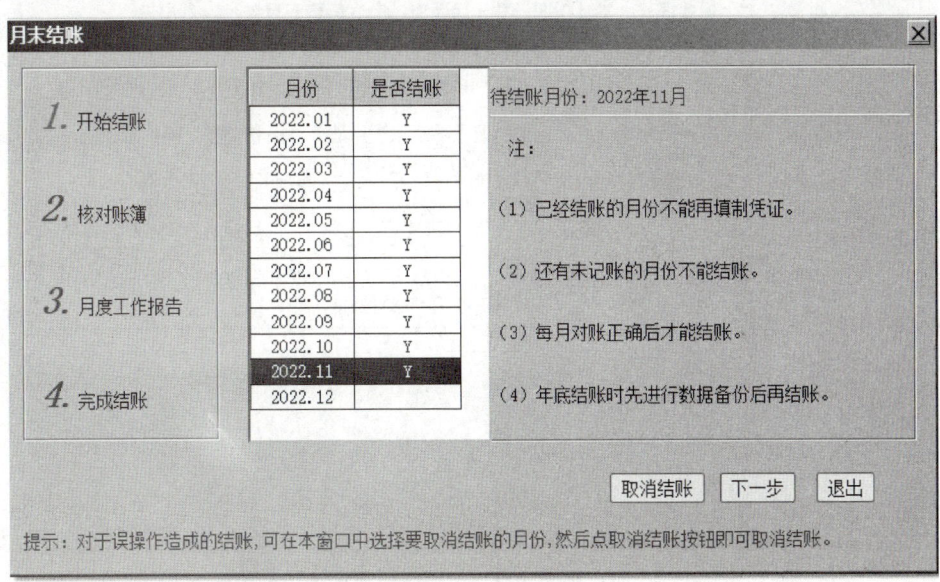

图 2-4-42　反结账操作界面 1

四、固定资产管理

1. 固定资产模块初始化

初次进入固定资产子系统,需要进行固定资产模块初始化,单击【固定资产】模块,弹出确认对话框"这是第一次打开此账套,还未进行过初始化,是否进行初始化?",单击【确定】按钮后进入【固定资产初始化向导】页面,其操作界面如图 2-4-43 至图 2-4-48 所示。

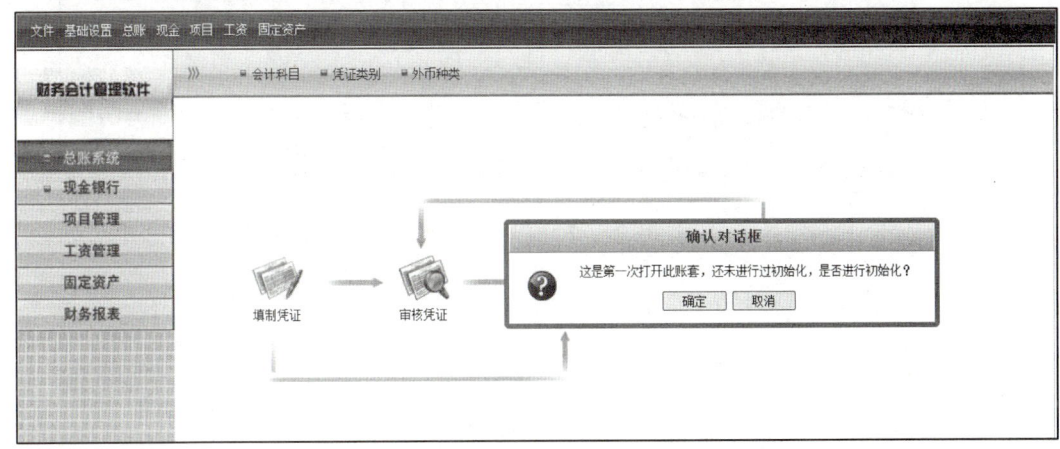

图 2-4-43　固定资产子系统初始化操作界面 1

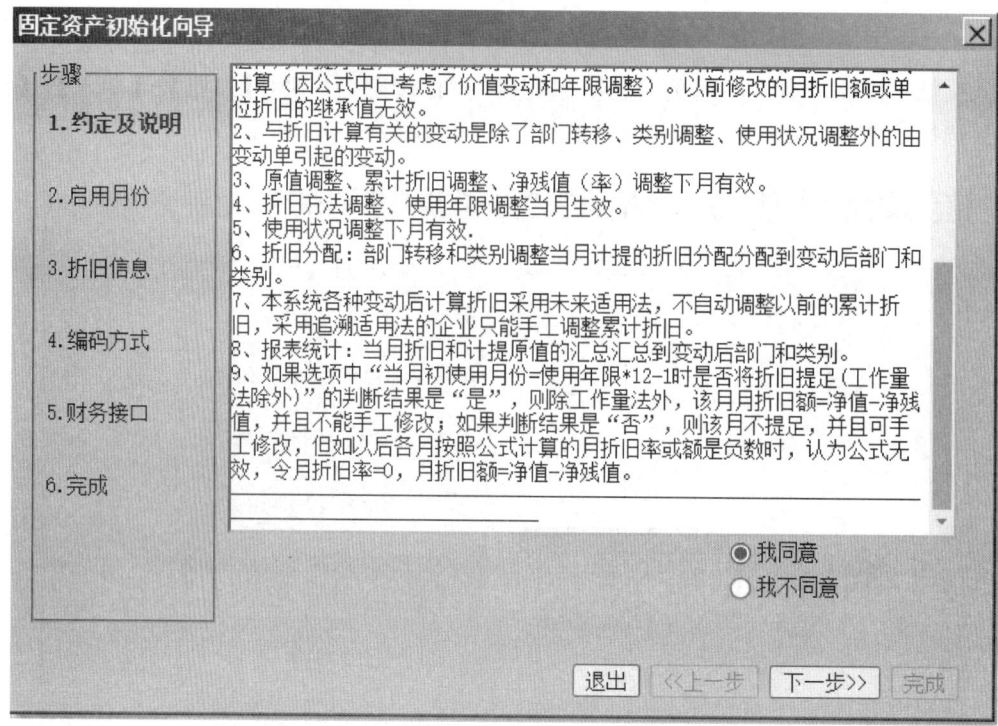

图 2-4-44 固定资产子系统初始化操作界面 2

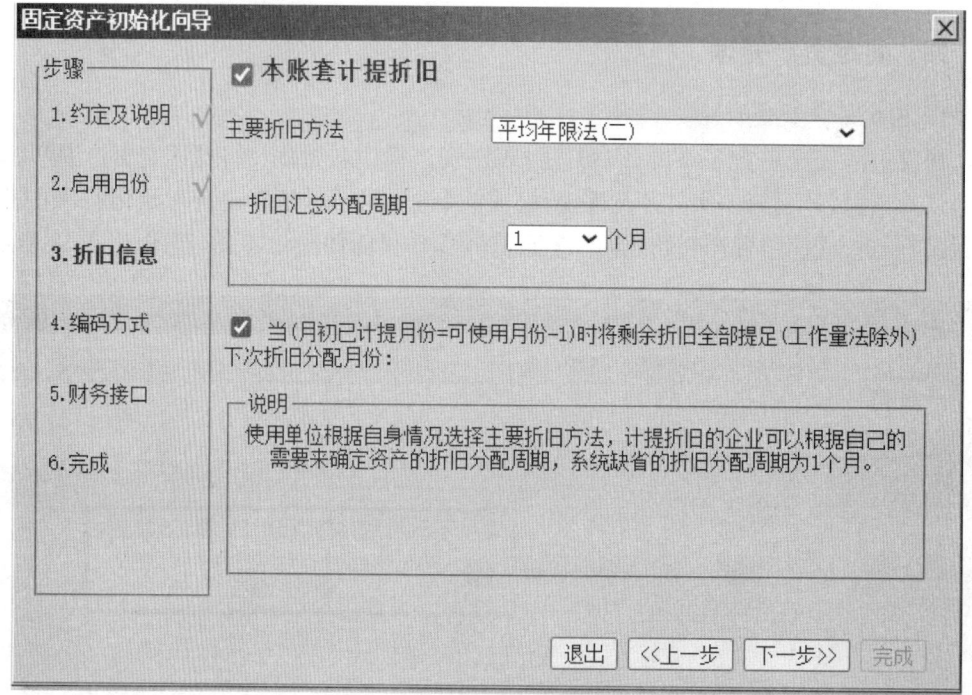

图 2-4-45 固定资产子系统初始化操作界面 3

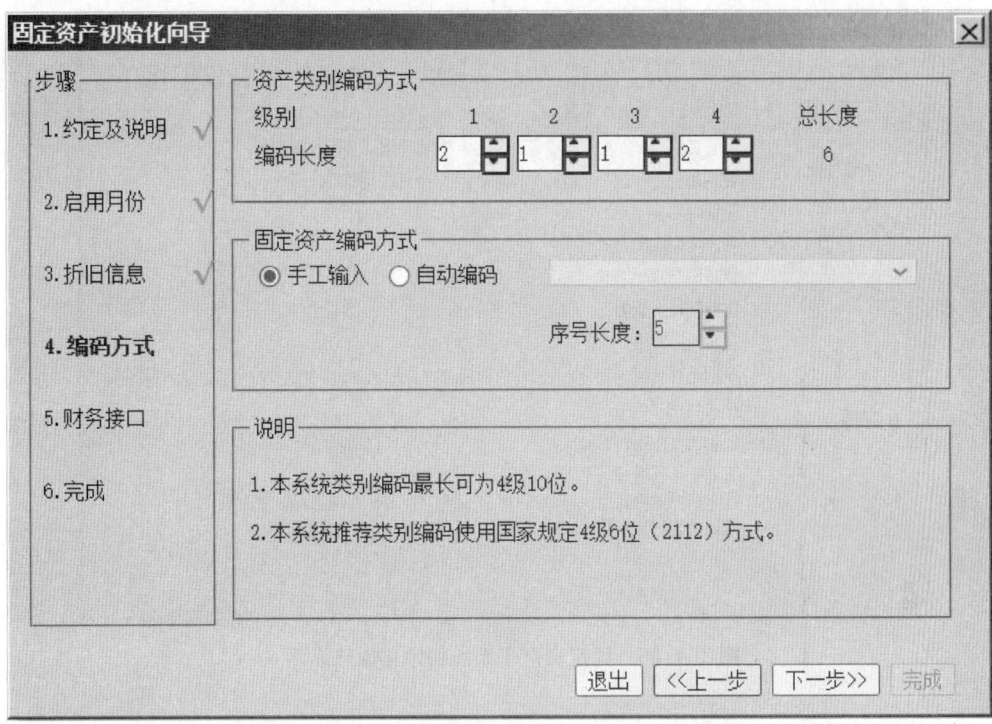

图 2-4-46　固定资产子系统初始化操作界面 4

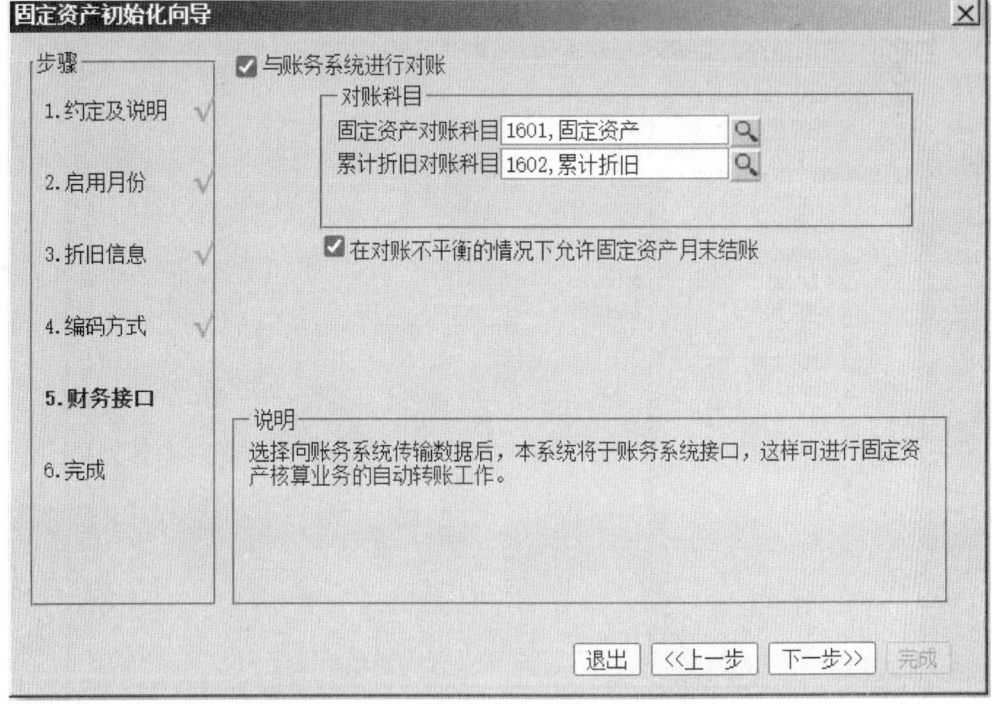

图 2-4-47　固定资产子系统初始化操作界面 5

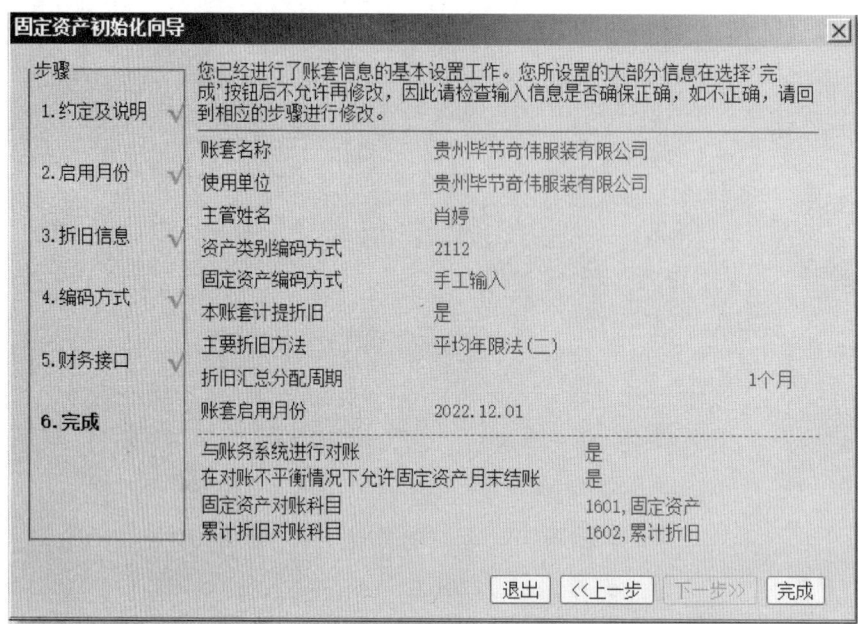

图 2-4-48　固定资产子系统初始化操作界面 6

2. 设置部门对应折旧科目

设置部门对应折旧科目的具体操作步骤为：执行【固定资产】—【设置】—【部门对应折旧科目】，操作界面如图 2-4-49 至图 2-4-51 所示。

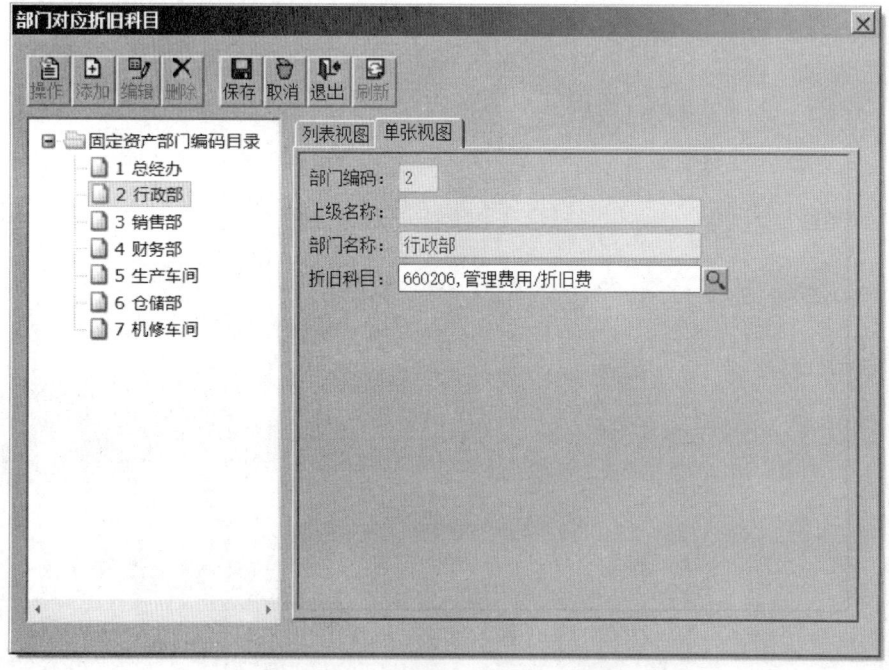

图 2-4-49　设置部门对应折旧科目 1

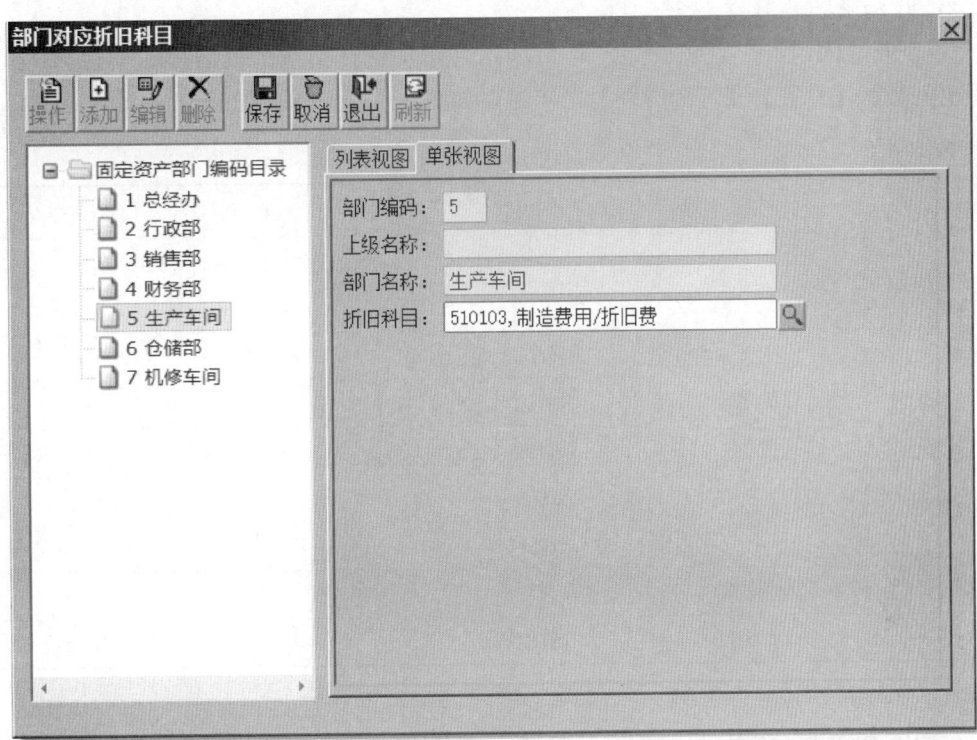

图 2-4-50　设置部门对应折旧科目 2

图 2-4-51　设置部门对应折旧科目 3

3. 增加资产类别

本企业的固定资产类别如表 2-4-1 所示。增加资产类别的具体操作步骤为：执行【固定资产】—【设置】—【资产类别】，操作界面如图 2-4-52 和图 2-4-53 所示。

表 2-4-1　　　　　　　　　　　　　　固定资产类别

类别编码	资产类别	资产名称	预计使用年限	净残值率
01	房屋建筑物	办公楼	20	5%
		生产厂房	20	5%
02	机器设备	缝纫机	5	5%
		裁剪机	5	5%
		锁边机	5	5%
03	一般设备	变压器	5	5%
		维修设备机器	5	5%
04	运输设备	大众牌轿车	5	5%
05	其他设备	计算机	5	5%

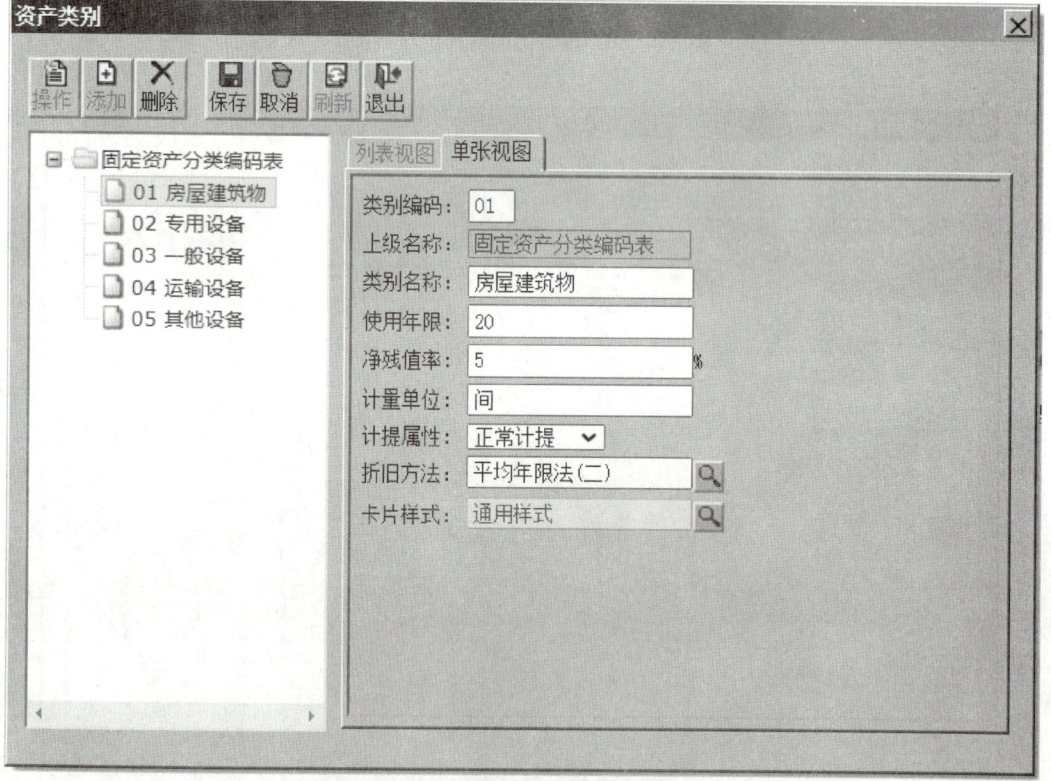

图 2-4-52　新增固定资产类别操作界面 1

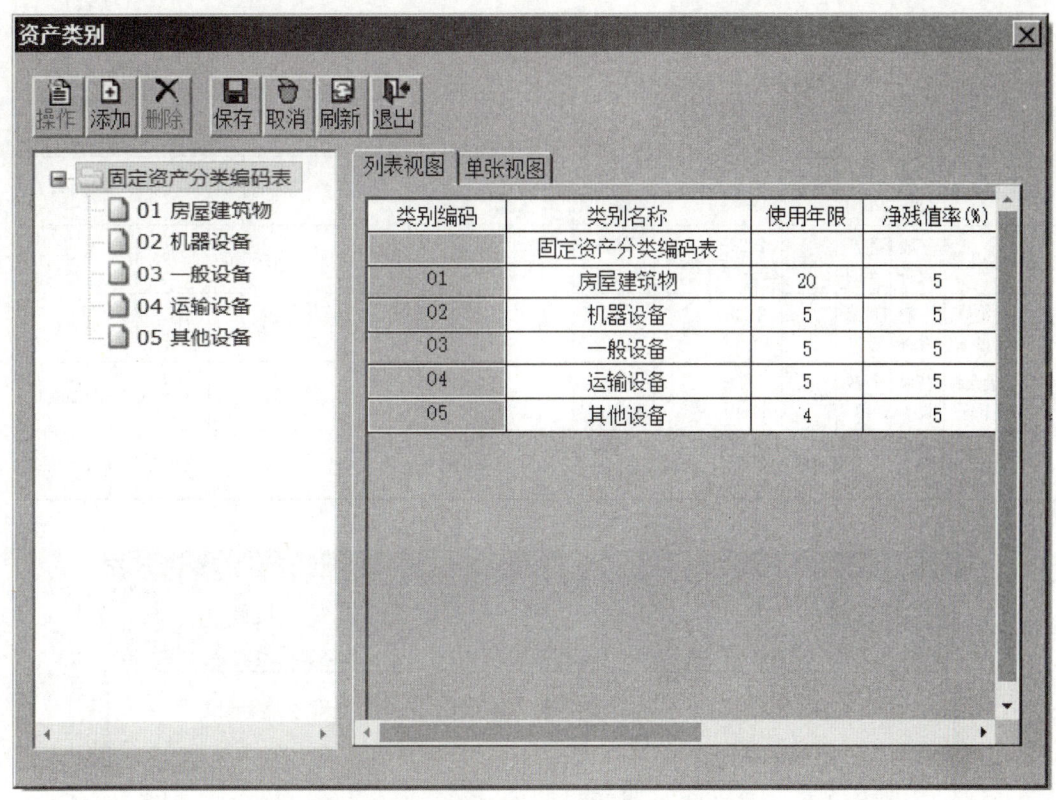

图 2-4-53　新增固定资产类别操作界面 2

4. 录入固定资产原始卡片

企业 11 月 30 日固定资产清单如表 2-4-2 所示。根据固定资产清单逐一录入固定资产卡片，具体操作步骤为：执行【固定资产】—【卡片】—【录入原始卡片】，操作界面如图 2-4-54 所示（特别说明：为减少期初固定资产卡片录入，固定资产明细清单作了简化）。

表 2-4-2　　　　　　　　2022 年 11 月 30 日固定资产明细清单

代码	名称	类别	使用部门	使用情况	入账日期	增加方式	折旧方法	预计使用期间（工作总量）	原值	累计折旧	净值	月折旧额	预计净残值
0111	办公楼	房屋及建筑物	行政部	在用	2017-06-10	自建	平均年限法（二）	240	500 000.00	128 645.83	371 354.17	1 979.17	25 000.00
0112	厂房	房屋及建筑物	生产车间	在用	2017-10-20	自建	平均年限法（二）	240	300 000.00	72 437.5	227 562.5	1 187.5	15 000.00
0211	缝纫机	专用设备	生产车间	在用	2019-10-01	购入	平均年限法（二）	72	300 000.00	143 888.89	156 111.11	3 888.89	20 000.00
0212	裁剪机	专用设备	生产车间	在用	2020-04-01	购入	平均年限法（二）	60	150 000.00	74 916.67	75 083.33	2 416.67	5 000.00

（续表）

代码	名称	类别	使用部门	使用情况	入账日期	增加方式	折旧方法	预计使用期间（工作总量）	原值	累计折旧	净值	月折旧额	预计净残值
0213	锁边机	专用设备	生产车间	在用	2021-12-28	购入	平均年限法(二)	60	80 000.00	13 933.37	66 066.63	1 266.67	4 000.00
0311	变压器	一般设备	生产车间	在用	2020-05-10	购入	平均年限法(二)	60	50 000.00	23 750.00	26 250.00	791.67	2 500.00
0312	维修设备	一般设备	机修车间	在用	2020-06-01	购入	平均年限法(二)	60	70 000.00	32 141.67	37 858.33	1 108.33	3 500.00
0411	大众牌轿车	其他设备	行政部	在用	2020-10-01	购入	平均年限法(二)	60	220 000.00	87 083.33	132 916.67	3 483.33	11 000.00
0511	计算机	其他设备	行政部	在用	2020-09-05	购入	平均年限法(二)	48	150 000.00	77 187.5	72 812.5	2 968.75	7 500.00

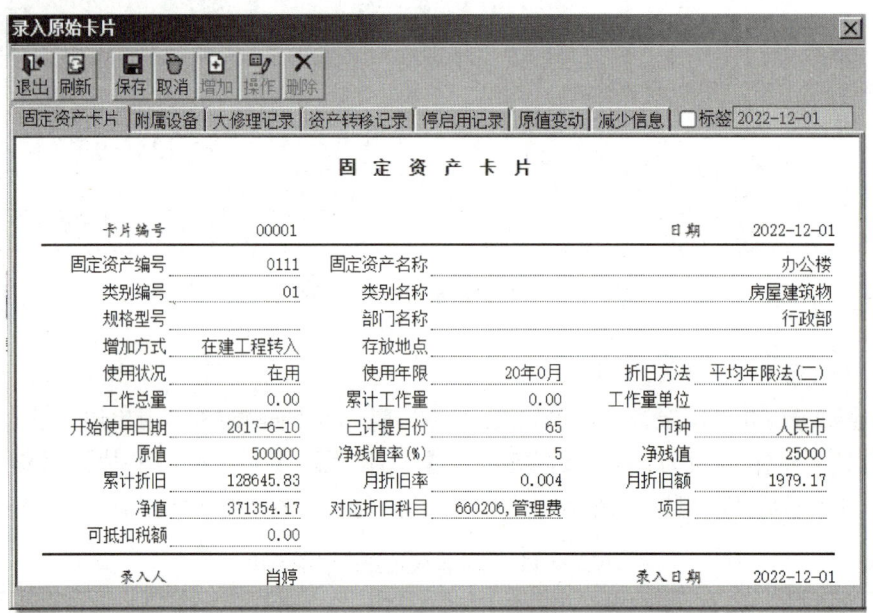

图 2-4-54　录入期初固定资产卡片操作界面

参照"办公楼"固定资产原始卡片录入方法，录入"厂房""缝纫机"等其他固定资产的原始卡片。

任务五　编制会计报表

一、编制资产负债表

（1）登录报表系统。以会计人员001的身份登录云平台，日期选择"2022-12-31"，编制资产负债表的具体操作步骤为：执行【财务报表】—【新建报表】（选择"2017年新会计准则"和"资产负债表"）—【确定】，操作界面如图2-5-1所示。

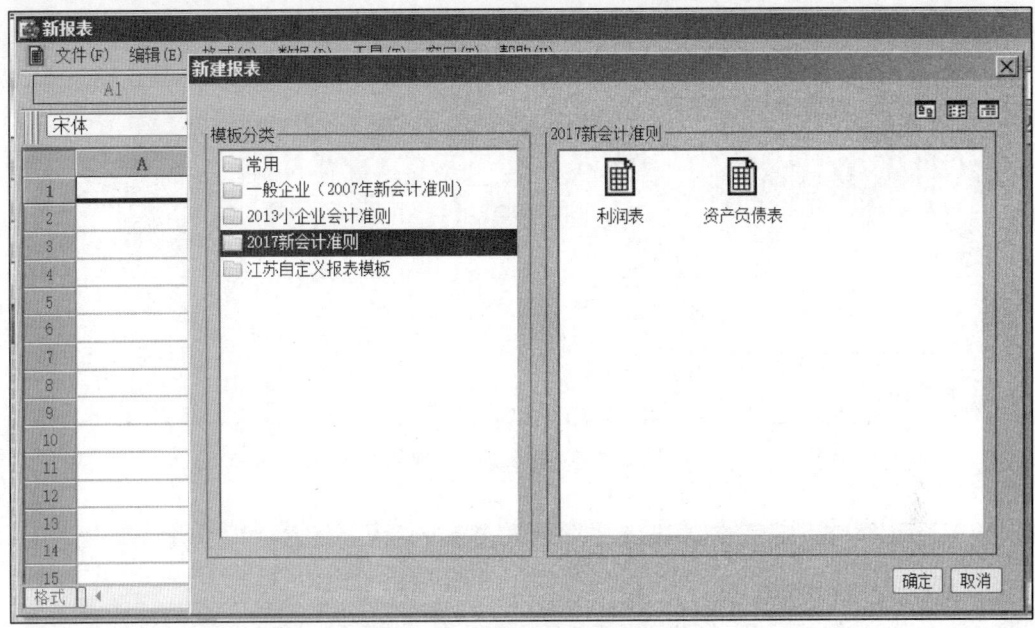

图2-5-1　登录报表系统界面

（2）报表重算，单击资产负债表左下角的【格式】，系统自动切换为"数据"状态，根据系统提示重算全表，具体操作步骤为：执行【数据】—【关键字】—【报表重算】—【确定】，操作界面如图2-5-2所示。

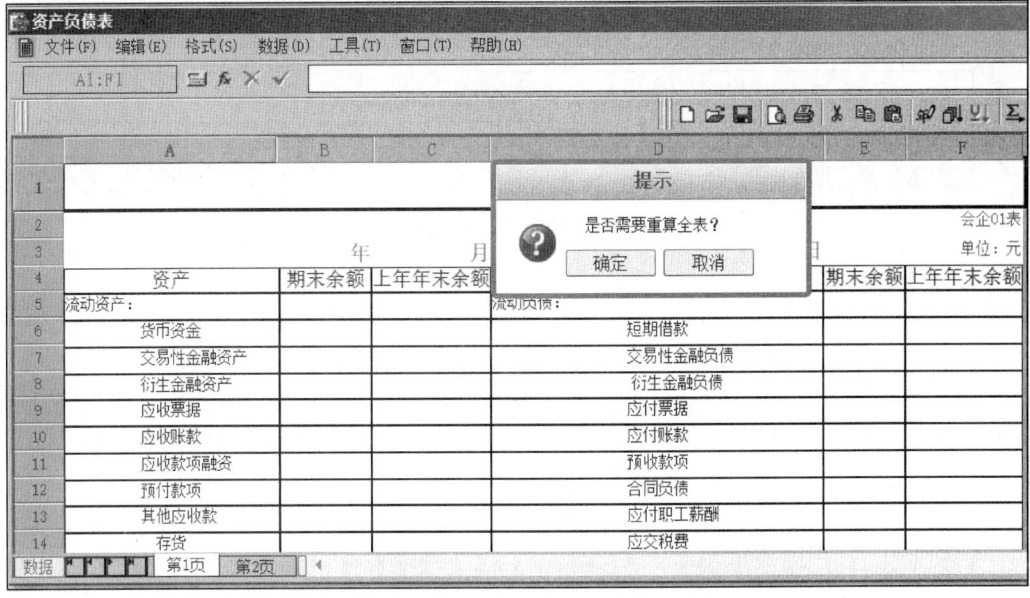

图2-5-2　报表数据重算

(3) 完善单位信息及报表日期,具体操作步骤为:执行【数据】—【关键字】—【录入】(录入单位名称及报表日期)—【确定】,操作界面如图2-5-3和图2-5-4所示。

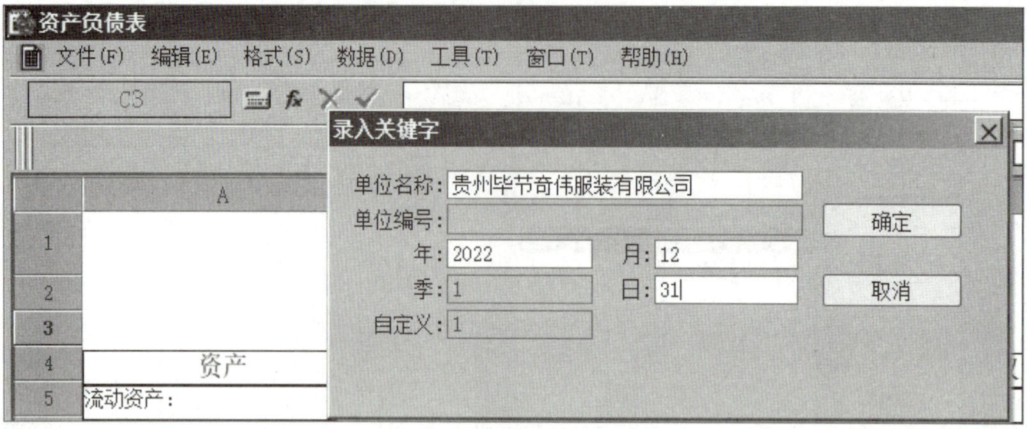

图 2-5-3 报表关键字录入

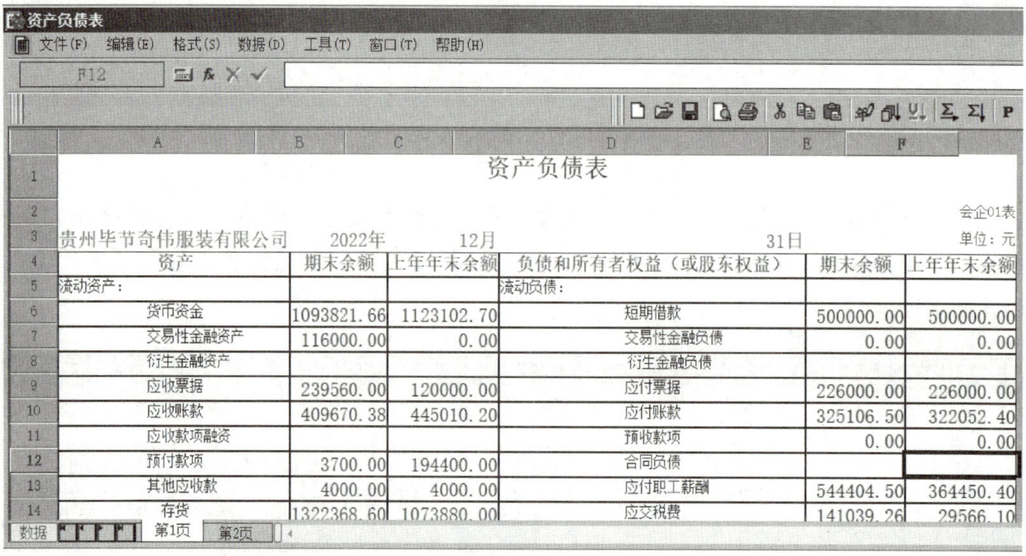

图 2-5-4 资产负债表

二、编制利润表

(1) 登录报表系统。以会计人员001的身份登录云平台,日期选择"2022-12-31",编制利润表的具体操作步骤为:执行【财务报表】—【新建报表】(选择"2017年新会计准则"和"利润表")—【确定】,操作界面如图2-5-5所示。

(2) 报表重算。单击利润表左下角的【格式】,系统自动切换为"数据"状态,根据系统提示重算全表,具体操作步骤为:执行【数据】—【关键字】—【报表重算】—【确定】,操作界面如图2-5-6所示。

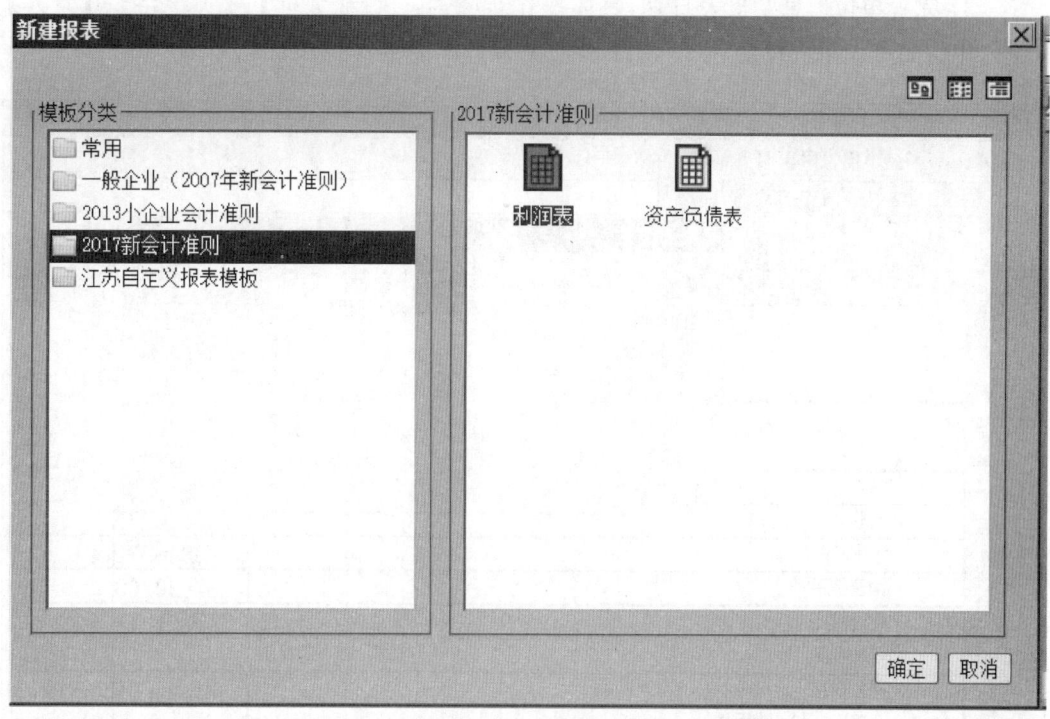

图 2-5-5　登录报表系统

图 2-5-6　报表数据重算

(3) 完善单位信息及报表日期,具体操作步骤为:执行【数据】—【关键字】—【录入】(录入单位名称及报表日期)—【确定】,操作界面如图 2-5-7 所示。

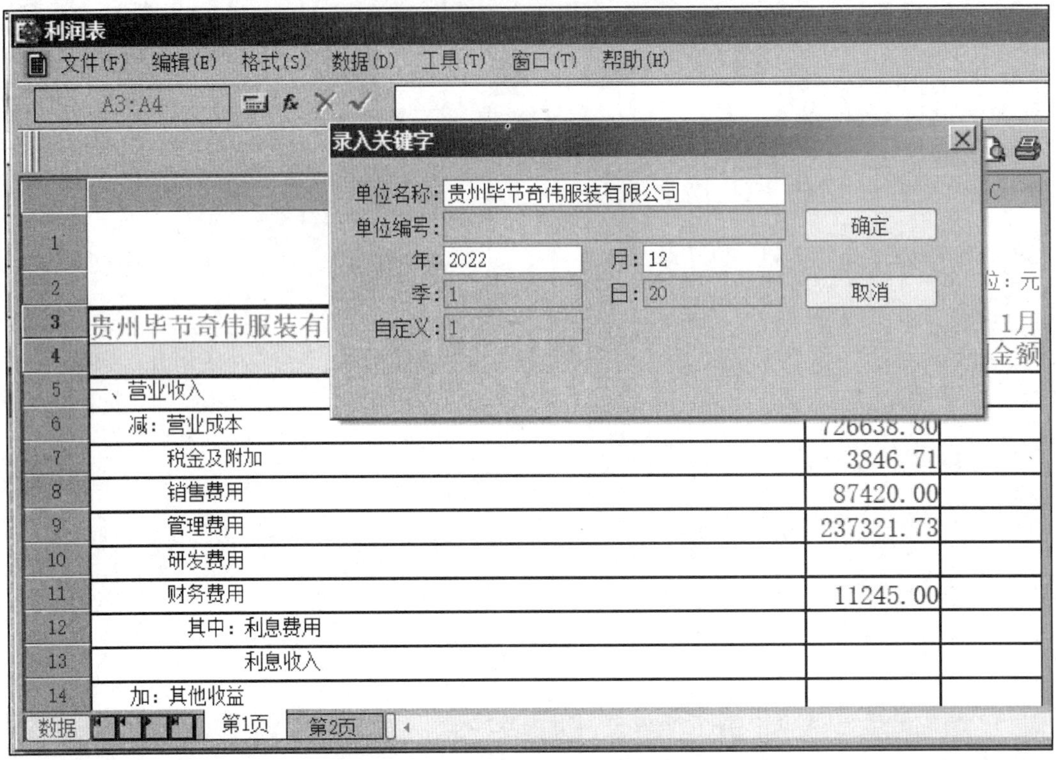

图 2-5-7　报表关键字录入